땅 위의 예수 † 하늘의 그리스도

땅 위의 예수 + 하늘의 그리스도

초판 1쇄 인쇄 2025년 6월 20일
초판 1쇄 발행 2025년 6월 30일

지은이	김상기
펴낸이	김은희
펴낸곳	8N 블루앤노트
등록	제313-2009-201호(2009.9.11)
주소	서울시 양천구 남부순환로 48길 1, 2층
전화	02) 718-6258
팩스	02) 718-6253
이메일	blue_note23@naver.com
ISBN	979-11-85485-21-8 03230
값	19,000원

사중복음신앙시리즈 02

땅 위의 예수
하늘의 그리스도

김상기

지은이의 변

〈땅 위의 예수〉 지식 없는
〈하늘의 그리스도〉 신앙은 우상숭배요,
〈하늘의 그리스도〉 신앙 없는
〈땅 위의 예수〉 지식은 인본주의입니다

이 책 『땅 위의 예수 + 하늘의 그리스도』는 제가 갓 스무 살에 신학대학에 들어가서 신학을 공부하고 목회자로 살아온 지 35년의 세월 동안 교회에서 성경공부와 설교를 통해 전한 "예수 그리스도"에 관한 풀이를 집약한 것입니다. 이 책은 학술서가 아니라 기독교 교양서입니다. 그래서 각주나 참고문헌도 없습니다. 오롯이 저의 오랜 성경 지식을 자연스럽게 풀어낸 에세이 같은 책입니다. 목회자로서, 한편으로는 신학연구자로서 살아오면서 저는 교회와 학교에서 성경공부와 강의를 하면서 느꼈던 안타까움이 있었습니다. 그 안타까움이 이 책을 쓰게 된 동기가 되었습니다. 그 안타까움이란 한국 기독교인들이 겪고 있는 두 가지 혼란입니다.

첫째는 "성경에 대한 혼란"입니다. 기독교인이 된다는 것은 성경을 신앙의 원천으로 믿는다는 것입니다. 그런데 성경 66권은 구약과 신약으로 되어 있습니다. 모든 기독교인은 신구약을 모두 성경으로 읽고 있습니다. 그러다 보니 구약과 신약을 똑같은 관점으로 봅니다. 둘 사이에 우선순위를 생각하지 않습니다. 그러나 분명한 사실은 구약은 유대교의 경전이고, 신약은 기독교의 경전이라는 점입니다. 우리 기독교인은 옛 언약(Old Testament)인 구약을 벗어나 새 언약(New Testament)인 신약을 믿는 사람들입니다. 새 계약서가 오면 옛 계약서는 폐기되는 법입니다. 예수 그리스도로 말미암아 신약의 세계가 펼쳐지고 기독교가 탄생했습니다. 우리에게 최고의 우선순위는 신약성경입니다. 그중에서도 가장 중요한 것은 예수 그리스도의 삶과 십자가와 부활을 전하는 복음서입니다. 그다음은 예수를 그리스도로 고백한 사도들이 쓴 편지들입니다. 그럼에도 구약을 기독교 성경에 넣은 이유는 예수 그리스도를 이해하기 위한 배경이 되기 때문입니다. 그러나 오늘날 많은 기독교인들은 예수의 말씀과 사도들의 가르침보다는 구약의 역사, 구약의 축복, 구약의 율법, 구약의 신관을 기독교 신앙에 섞어서 이해하는 경향이 있습니다. 심지어 구약에 나오는 1,000건 이상의 폭력 이야기를 오늘날 상황에 문자 그대로 적용하려는 경우도 있습니다.

예수 그리스도로 말미암아 탄생한 신약성경은 구약의 거

칠고 폭력적이고 율법적인 내용을 극복한 기독교의 경전입니다. 심지어 유대인들조차도 구약의 폭력성을 극복하기 위해 탈무드라는 생활경전을 만들 정도입니다. 적어도 그리스도인이라면 최고 우선순위를 신약성경, 특히 복음서의 예수 그리스도의 말씀에 기초해야 합니다. 기독교의 성경 해석의 최고 기준은 "예수께서 어떻게 말씀하시는가? 예수라면 어떻게 하셨을까?"입니다. 기독교의 목사로서 가슴 아픈 일은 구약의 광대한 내용에 빠져 정작 복음서의 예수와 사도 서신서의 그리스도가 외면당한다는 사실입니다. 그래서 저는 새로 기독교 신앙을 갖는 교인들에게 복음서를 가장 먼저 읽고, 사도들의 편지를 다음에 읽고, 구약은 가장 마지막에 배경지식으로 읽으라고 권합니다. 그리고 구약은 항상 신약의 빛, 특히 예수 그리스도의 삶과 말씀과 십자가와 부활의 빛에서 재해석되어야 합니다.

둘째는 "예수 그리스도에 대한 혼란"입니다. 이 부분이 제가 책을 쓰게 된 가장 간절한 동기입니다. 구약성경에 가려 신약성경이 외면받는 것도 안타깝지만, 더 안타까운 것은 예수 그리스도에 대한 편향된 신앙입니다. 기독교 신앙에서 가장 중요한 질문은 "예수는 누구인가?"입니다. 이 질문은 기독교 역사 2,000년 동안 지속된 문제였습니다. 다른 종교와 달리 기독교는 예수를 하나님으로 믿는 종교입니다. 불교는 석가모니를 신으로 섬기지 않습니다. 유교는 공자를 천자로 모시지 않습니다. 이슬람은 마호메트를 신으로 예배하지 않습니다. 그러나 기독교는 예수를 하나님으로 섬기고 예배합니다. 예수는 하나님의 아들이요, 창세 전에 하나님과 함께 계신 분이며, 나아가 하나님 자신입니다.

바로 여기에서 다른 종교와 달리 그리스도인들만의 혼란이 시작됩니다. 예수는 하나님이자 인간이라는 이중적 존재, 이른바 신이자 인간이라는 이중적 정체성 때문입니다. 이 문제 때문에 기독교 신학의 역사는 피비린내 나는 이단 논쟁을 겪어야 했습니다. 어떤 이는 예수를 신으로만 섬겨야 한다고 주장하다 쫓겨났고, 어떤 이는 예수를 인간으로만 보겠다고 하다가 이단이 되었습니다. 그러나 기독교는 예수를 완전한 신이자 완전한 인간으로 고백합니다. 2,000년 전 역사 속에 사셨던 완전한 인간 예수와 하나님의 본체이신 그리스도를 믿습니다. 저는 이를 〈땅 위의 예수〉와 〈하늘의 그리스도〉로 표현했습니다.

그럼에도 불구하고 어떤 그리스도인들은 하늘의 그리스도만을 믿으려 합니다. 그들은 예수를 찬양하고 경배하고 기도합니다. 그러나 그들은 '땅 위의 예수'의 말씀과 삶에는 관심이 없습니다. 특히 '산 위의 예수'께서 전한 산상수훈의 가르침에는 무지합니다. 예수를 하나님으로 예배하지만, 정작 예수의 삶과 말씀을 따르는 제자도는 찾아볼 수 없습니다. 반면, '땅 위의 예수'만을 연구하는 사람들은 예수를 그리스도로 경배하지 않습니다. 예수를 하나님으로 상대하기보다 훌륭한 교사요,

위대한 사상가로 존경합니다. 역사의 수많은 지식인과 혁명가들이 그러했습니다.

『땅 위의 예수 + 하늘의 그리스도』는 우리들의 의식 속에서 분리해 버린 '예수'와 '그리스도'를 통합적으로 이해하고자 하는 작은 시도입니다. 저는 중학교 3학년 때 〈하늘의 그리스도〉를 만나서 구원을 받았고, 하나님의 자녀가 되었습니다. 그 후, 신학 공부와 목회를 하면서 복음서를 통해 〈땅 위의 예수〉를 만났고, 그분의 가르침을 배웠고, 그분의 하나님 나라 정신을 따르고자 하는 제자가 되었습니다. 〈하늘의 그리스도〉 없이 우리는 구원을 받을 수 없습니다. 동시에 〈땅 위의 예수〉를 모르고는 구원 이후의 삶을 살 수 없습니다. 〈하늘의 그리스도〉를 믿지 않고 〈땅 위의 예수〉만을 공부하는 것은 율법주의와 인본주의이며, 〈땅 위의 예수〉를 배우지 않고 〈하늘의 그리스도〉만을 믿는 것은 맹목주의와 우상숭배가 될 것입니다.

이 책은 3부로 구성되었습니다. 제1부(PART 1) 「땅 위의 예수」는 2,000년 전 이스라엘 팔레스타인 땅에 태어나셔서 33년을 사셨던 인간 예수께서 복음서를 통해서 우리에게 보여주신 모습을 그려 보았습니다. 예수는 어떤 시대에 태어났을까? 예수의 제자들은 어떤 사람들이었을까? 예수는 경제적으로 어떻게 생활했을까? 예수는 어떤 언어철학을 가졌을까? 예수는 돈에 대해서 어떻게 생각하셨을까? 예수는 정치와 무관했을까? 예수는 왜 하나님을 아버지로 불렀을까? 예수는 어떤 논쟁을 했을까? 예수가 외친 하나님 나라 비유는 무슨 내용일까? 평소에 제가 궁금했던 주제들을 담아 보았습니다.

제2부(PART 2) 「산 위의 예수」는 이 책에서 제가 가장 심혈을 기울인 부분입니다. 예수께서 갈릴리 바닷가의 언덕 같은 낮은 산에서 사람들을 모아 놓고 펼친 산상수훈을 18가지 주제로 나누어 순서에 따라 풀어 보았습니다. 산상수훈은 구약의 모세가 펼친 시내산 율법 선포를 넘어선 신약의 새로운 토라입니다. 구약성경과 유대교인들의 핵심 가치가 모세오경, 즉 토라에 담겨 있다면, 신약성경과 기독교인들의 핵심 가치는 바로 예수의 산상수훈에 담겨 있기 때문입니다. 산상수훈은 하나님에 대한 신앙과 사람에 대한 윤리를 모두 쏟아 낸 예수 사상의 핵심입니다. 기독교인의 모든 현실 해석과 세계관은 여기로부터 흘러나옵니다. 산상수훈을 모르고 우리는 기독교 신앙과 윤리를 말할 수 없습니다. 구약의 위대한 예언자들의 사상도, 신약의 바울과 요한과 야고보와 베드로의 어떤 사상도 예수의 산상수훈을 앞설 수 없습니다. 땅 위의 예수를 만난 사람은 산 위의 예수에게 배워 제자가 되어야 하고, 산 위에 머물렀던 제자만이

하늘의 그리스도가 베푸신 구원의 깊이를 알 수 있습니다.

제3부(PART 3) 「하늘의 그리스도」는 우리의 구원자 되신 예수를 통하여 인간이 어떻게 구원을 받게 되었는지를 저의 실제 이야기와 함께 풀어 본 '기독교 구원론', 혹은 '기독교 중생론', 즉 '거듭남의 원리' 입니다. 여기에서 저는 아홉 가지 구원 메시지를 펼쳐 놓았습니다. 이른바, 창조론, 타락론, 죄론, 성육신론, 예수론, 그리스도론, 믿음론, 구원의 확신, 구원 이후의 삶으로 이어지는 구원의 과정을 설명했습니다. 기독교 구원론은 구약의 창세기부터 시작하여 신약의 복음서와 사도들의 편지 내용 전부가 예수 그리스도 한 분께 모입니다. 기독교의 구원 신학에 있어서 가장 큰 영향을 준 사람은 사도 바울입니다. 그는 오늘날 기독교의 구원론의 틀을 잡아준 위대한 신학자입니다. 이로써 성경 66권의 모든 말씀이 예수 그리스도를 통한 구원에 수렴된다고 하겠습니다.

한편, 기독교대한성결교회에서 자라고 안수받는 목사로서 저는 특별히 사중복음을 사랑합니다. 사중복음이란 예수께서 펼치신 복음을 네 가지로 요약하여 전파한 성결교회만의 독특한 교리입니다. 이른바 중생의 복음, 성결의 복음, 신유의 복음, 재림의 복음입니다. 우리를 중생케 하시는 예수 그리스도, 우리를 성결케 하시는 예수 그리스도, 우리를 치유하시는 예수 그리스도 그리고 마지막 날에 우리에게 다시 오실 예수 그리스도를 말합니다. 이 책 제3부(PART 3)는 중생, 즉 거듭남의 원리를 종합적으로 담고 있으며, 제2부(PART 2) 산상수훈은 성결의 모든 내용을 풀고 있습니다. 제1부(PART 1) 3장(QUESTION 3)은 신유의 실제적 모델로서 예수의 치유를 해석하고 있으며, 제1부(PART 1) 9장(QUESTION 9)과 제2부(PART 2) 18장(THEME 18)은 인간의 종말과 내세에 있을 하나님 나라의 현실과 가치를 재림의 틀 안에서 설명하고 있습니다.

요컨대, 이 책은 〈땅 위의 예수〉를 통해서 예수의 삶과 말씀을 우리의 궁금증을 담아 그 면면을 살펴보았고, 〈산 위의 예수〉에서 예수의 가르침의 핵심을 18가지 테마로 펼쳐보았으며, 〈하늘의 그리스도〉를 통해 은혜의 믿음으로 어떻게 구원을 받는지를 9가지 메시지를 통해 풀어 냈습니다. 아무쪼록 〈하늘의 그리스도〉를 통해 구원받아 하나님의 자녀가 되어 〈산 위의 예수〉를 통해 그리스도의 제자된 삶을 살고 〈땅 위의 예수〉를 살피면서 예수 그리스도를 사랑하는 그리스도인이 될 수 있다면 더할 나위가 없겠습니다.

이 책이 나오기까지는 35년이라는 저의 신학과 목회의 여정이 녹아 있습니다. 감사하게도 하나님께서는 저에게 신학과 목회를 함께하도록 인도하셨습니다. 스무 살 나이에 신학대학에 들어가 훌륭한 신학자가 되고 싶어 열심히 공부하여 박사학위까지 받았지만, 동시에 한 번도 교회를 떠난 적이 없는 목회자의 삶을 살아왔습니다. 학자의 이론적 지평과 목회자의 현실적 감각을 잃지 않으려 노력했습니다. 이 책에는 그런 저의 두 줄기 사고가 녹아 있습니다.

동시에 이 책에는 저의 성경공부를 즐거운 마음으로 듣고 토론하며 함께 하신 갈릴리겨자나무교회의 모든 교우분의 오랜 격려와 사랑의 에너지가 담겨 있습니다. 그분들은 성경을 지극히 사랑하는 분들이자 열린 마음으로 성경을 공부하는 이 시대의 아름다운 그리스도인들입니다. 편협하지 않고 배타적이지도 않으며, 오히려 넓은 마음으로 다양한 지식을 수용하면서 성경을 깊이 보는 분들입니다. 특별히 이상만 원로장로님, 심재현 원로장로님 그리고 김근종 시무장로님을 비롯한 교우분들은 이 책을 내는 데 재정적인 후원 또한 부담해 주셨습니다. 깊은 감사의 마음을 전합니다.

아울러 제가 처음 교회에 발을 디디고 구원을 받고 신학을 공부하고 목사가 되기까지 모든 자양분과 밭이 되어준 기독교대한성결교회를 잊을 수 없습니다. 특별히 글로벌사중복음연구소와 장헌익 이사장님을 비롯한 이사회는 이 부족한 책을 낼 수 있도록 지원을 아끼지 않았습니다. 깊은 감사의 마음을 전합니다.

아무쪼록 이 책을 읽는 독자들께서 〈하늘의 그리스도〉 안에서 믿음으로 구원을 받아 하나님의 자녀가 되고, 〈땅 위의 예수〉로 말미암아 그리스도의 제자가 되어 이 땅에서 하나님의 나라를 살아갈 뿐만 아니라, 영광 중에 맞이할 부활의 소망 안에서 살아가시기를 간절히 바랍니다.

2025년 6월 20일

차례

지은이의 변   5

PART 1
땅 위의 예수

QUESTION 1	예수는 어떤 시대를 살았을까?	21
QUESTION 2	예수는 어떤 제자들을 부르셨을까?	45
QUESTION 3	예수는 어떻게 사람들을 치유했을까?	65
QUESTION 4	예수는 탁월한 언어철학자인가?	75
QUESTION 5	예수는 타고난 논쟁가인가?	89
QUESTION 6	예수는 돈을 어떻게 말했을까?	109
QUESTION 7	예수는 세속적 정치가인가?	123
QUESTION 8	예수는 왜 하나님을 아버지로 불렀을까?	141
QUESTION 9	예수의 하나님 나라는 어떤 나라일까?	169

PART 2
산 위의 예수

†	기독교 사상의 대헌장, 산상수훈	187
THEME 1	팔복: 새로운 복의 패러다임	197
THEME 2	소금과 빛: 그리스도인의 정체성	207
THEME 3	율법 수호자 예수	217
THEME 4	분노와 살인	223
THEME 5	소유적 시선과 간음	227
THEME 6	이혼과 양성평등	231
THEME 7	맹세와 거짓말	235
THEME 8	강자의 폭력과 약자의 보복	239
THEME 9	원수와 이웃	245
THEME 10	구제와 정의	251
THEME 11	영혼의 골방기도	257
THEME 12	금식과 자랑	261
THEME 13	보물과 마음	265
THEME 14	염려와 하나님 나라	269
THEME 15	비판과 분별	277
THEME 16	자유기도와 아버지	287
THEME 17	역지사지와 황금률	297
THEME 18	천국입장론과 천국지위론	303

PART 3
하늘의 그리스도

†	땅 위의 예수에서 하늘의 그리스도로	319
MESSAGE 1	창조: "하나님이 인간을 창조하셨다"	323
MESSAGE 2	타락: "인간은 하나님을 떠나 타락했다"	327
MESSAGE 3	원죄: "하나님을 떠난 인간은 죄인이다"	333
MESSAGE 4	성육신: "하나님이 인간에게 찾아오셨다"	337
MESSAGE 5	인간 예수: "예수는 네 가지 모습으로 나타나셨다"	341
MESSAGE 6	십자가와 부활: "예수는 십자가에서 죽고 부활하셨다"	345
MESSAGE 7	믿음: "나는 예수를 믿음으로 구원을 받았다"	351
MESSAGE 8	구원의 확신: "나는 내가 구원받은 것을 안다"	357
MESSAGE 9	구원 이후: "나는 흔들릴지언정 버림받지 않는다"	365

PART 1

땅 위의 예수

QUESTION 1
예수는 어떤 시대를 살았을까?

삶의 이유

    우리가 예수의 가장 실제적인 면모를 볼 수 있는 유일한 자료는 복음서다. 4권의 복음서는 어떻게 만들어졌을까? 먼저 30년 정도의 예수 시대가 있다. 그중에 3년 정도의 공생애가 중요하다. 예수께서 승천하신 후, 그때부터 이스라엘 땅에는 예수의 어록이 돌아다니기 시작했다. 어록이란 예수께서 하신 단편적인 말씀들이다. 이게 사람들의 입에서 입으로 전해진다. 이를 구두전승이라고 한다. "예수가 산에서 무슨 말씀을 했다더라", "예수가 베드로에게 이런 말씀을 하셨다더라" 등등 수많은 이야기가 회자된다. 그것들을 모아 놓은 게 어록이다. 그다음 등장한 것이 바울의 편지들이다. 신약성서를 보면, 복음서가 앞에 있고 바울의 편지들이 뒤에 있으니까 오해하기 쉬운데, 사실은 바울의 편지들이 복음서들보다 먼저 쓰였다.

이때가 대략 AD 48~68년쯤이다. 그런데 바울의 편지도 자세히 뜯어보면 예수에 대한 정보가 아주 빈약하다. 바울은 사실 이 땅에서 예수를 직접 만나 본 사람이 아니기 때문이다. 부활하신 예수를 만났을 뿐이다. 바울의 편지는 대부분 자신이 세운 교회 교인들에게 이것저것 가르치고 당부한 말씀들이다. 그래서 바울의 편지들 속에서 예수에 대한 이야기를 찾기가 쉽지 않다.

바울에게 예수는 오직 하나님의 아들, 십자가에서 돌아가시고 부활하신 그리스도, 승천하시고 다시 오실 주님이다. 바울에게는 이 땅에서 사셨던 예수에 대한 구체적인 삶의 이야기가 없다. 기껏해야 베드로에게 들었던 최후의 만찬에서 있었던 성찬식 이야기 정도다. 그러니까 바울의 편지만 가지고는 구체적으로 예수께서 어떻게 사셨는지 알기 어렵다. 어디서 태어났는지, 어떤 집안인지, 어렸을 때는 어떻게 살았는지, 3년 동안 무슨 일을 하셨는지, 돌아가실 때는 어떤 일이 벌어졌는지, 부활의 주라고 하는데 어떻게 부활하셨는지 등등 너무 궁금한 게 많다. 그러나 어록이나 바울의 편지만으로는 예수의 모습을 그려낼 방법이 없다. 한마디로 이야기가 없다는 게 문제다.

그러던 중 예수께서 떠나신 지 40년 후, 즉 AD 70년대가 오면서 초대교회는 큰 위기를 겪기 시작한다. AD 70년은 이스라엘 역사에서 예루살렘 성전이 세 번째 무너지는 해이고, 3년 후 이스라엘이라는 나라는 역사에서 완전히 사라진다. BC 586년 솔로몬 성전이 무너지고, 느헤미야와 에스라가 다시 지은 스룹바벨 성전도 무너지고, 헤롯 대왕이 40년 넘게 정성스럽게 지은 세 번째 성전조차도 AD 70년 로마 장군 티투스에 의해 파괴된다. 이 성전이 바로 예수께서 살아 계실 때 비판하신 성전이다. 헤롯 대왕이 유대인의 환심을 사려고 지은 성전인데 허무하게 완전히 없어진다.

이때부터 초대교회는 긴장하기 시작한다. 특히 최초의 교회인 예루살렘 교회는 예수께서 승천하신 지 40년이 되어도 기껏해야 어록만 돌아다니고, 바울의 편지는 추상적이기만 하고 사람들은 예수에 대한 기억이 점점 흐려만 간다. 이러다가는 안 되겠다 싶은 마음이 제자들 사이에 들기 시작하면서 예수 이야기를 쓰기 시작한다. 그 첫 이야기가 베드로의 수행비서 마가가 쓴 마가복음서다.

마가복음: 예수는 고난받는 하나님의 아들

제일 먼저 손을 댄 사람이 있는데 그가 바로 베드로의 수행비서이자 통역사인 마가다. 마가의 다락방으로 알려진 그 마가다. 오순절 성령이 임할 때 120명의 제자가 모였던 집이 바로 그의 집이다. 어머니가 재산이 좀 있었던 모양이다. 마가는 베드로를 쫓아다니면서 통역도 해 주고 바울을 따라다니면서 선교활동도 했던 사람이다. 물론 바울과 바나바의 선교를 돕기 위해 따라갔다가 힘들다고 도중에 하차하는 바람에 바울에게 미운털이 박힌 사람이기도 하다.

아무튼 이제 AD 64년경이 되면 로마에 대화재가 나고 로마 황제 네로는 희생양으로 기독교인들을 박해한다. 이때 베드로와 바울이 순교한다. 베드로는 자신의 죽음을 이미 예상했는지 이미 오래전부터 마가에게 예수님에 대한 이야기를 들려주었고 정리해 줄 것을 요청한다.

이렇게 급하게 예수님의 행적을 정리한 것이 16장짜리 마가복음이다.

마가복음은 예수의 어린 시절이 없다. 그냥 바로 "하나님의 아들 예수 그리스도의 복음의 시작이다"라고 시작한다. 정확히 30세부터 시작하신 예수의 공생애만 다룬다. 그것도 3년이 아니라 1년이다. 그래서 복음서 중에서 가장 짧고 간단하다. 핵심만 보고 싶다면 마가복음을 보면 된다. 마가복음의 메시지는 분명하다. 역사적으로 이 땅에 살았던 예수라는 분은 그리스도이며, 이스라엘이 그토록 기다렸던 메시아라는 것이다. 그리고 그 메시아는 고난받는 하나님의 아들이다.

주후 60년경부터 교회는 본격적으로 박해와 고난을 당하기 시작한다. 그래서 마가복음의 핵심 주제는 예수의 십자가다. 마가복음에서 제일 강조하는 것은 수난이자 고난이다. 예수께서 고난받으셨던 것처럼 초대교회도 이 고난을 같이 받고 이겨내자는 의미다. 어려운 시기에 교인들에게 용기를 주기 위해 쓰인 복음서가 마가복음이다. 그래서 마가복음은 예수께서 활동하신 무대가 딱 두 군데만 나온다. 예수의 고향인 갈릴리와 유대 땅 예루살렘이다. 그러나 마가복음에서는 예수께서 주로 활동하신 무대가 갈릴리에 집중되어 있다. 예수는 철저하게 토속적인 갈릴리 중심의 사역을 보여주신다. 마가복음은 가난한 사람들을 주목한다. 돈 단위도 십 원짜리 단위 렙돈이다. 누가복음은 달란트, 즉 억 단위로 커진다. 경제적인 규모 자체가 다르다.

마가복음의 구조는 매우 단순하다. 가난하고 고난당하는 예수를 강조한다. 예수는 오직 고난당하는 메시아다. 복잡할 게 없다. 예수는 마치 1년 동안을 쉴 새 없이 돌아다니시고 활동하시며 사역하신다. 어린 시절 생략하고 나이 30세의 성인으로 등장하여 "하나님의 아들 예수 그리스도의 복음의 시작(막 1:1)"이라는 선언과 함께 세례, 시험, 제자를 부르심, 치유, 논쟁, 가르침, 기적 등의 이야기가 빠른 속도로 진행한다. 그러다 십자가 죽음과 부활 그리고 마지막 유언과 승천으로 마무리한다. 16장으로 끝나는 마가복음은 오직 예수는 하나님의 아들이고, 그는 그리스도이며, 그가 행한 일은 우리에게 '복음', 곧 기쁜 소식이었다는 메시지를 전하는 책이다.

마태복음:
예수는 유대인들이 그토록 기다리던 메시아

최초의 복음서인 마가복음 다음에 생겨난 게 마태복음이다. 마태복음은 AD 80년경에 쓰였다. 마태에 이어 누가복음은 90년경에 나온다. 그런데 마태와 누가는 기본적으로 마가복음을 앞에 놓고 쓴 책이다. 마가복음이 마태복음과 누가복음의 기초자료인 셈이다. 일종의 개정 증보판 같은 것이다. 흥미로운 사실은 이 세 개의 책 중에 가장 인기 있는 책은 마태복음이다. 리메이크한 곡이 히트한 셈이다. 마가복음은 너무 간단하고 냉정해서 인기가 없다. 그러나 마태복음에는 이것저것 읽을거리가 많다.

마태는 예수의 일곱 번째 제자다. 모세와 아론이 속한 레위 지파였던 그의 직업은 세리다. 세리 하면 떠오르는 단어가 셋이 있다. 매국노, 부자 그리고 죄인이다. 식민 통치 시대에 자국민의 세금을 걷어 로마제국에 갖다 바친다고 하여 매국노라 불렸고, 제국과 본토인들 사이에 토색이라는 방법으로 이윤을 가로채 자신의 주머니를 채운다고 하여 부자라 했고, 이 둘을 일컬어 죄인이라 했다. 당시 사회적으로 3대 죄인을 일컫는 말이 있었는데, 이방인, 매춘부 그리고 세리였다. 마태는 그런 사람이었다. 매국노라는 차가운 시선은 있었지만 나름대로 경제력도 있고 해서 제자로 들어가자마자 예수께 식사 대접을 크게 한 인물이다.

마태복음은 처음부터 아브라함에서 시작하는 예수의 족보를 다룬다. 아브라함부터 다윗까지 14대, 다윗부터 바벨론 포로시대까지 14대, 바벨론 포로시대부터 그리스도까지 14대로 나누어 보여준다. 마태는 왜 처음부터 예수를 아브라함의 후손이라고 말하려 했을까? 특히 12지파 중에서 유다 지파의 족보를 보여주는 이유는 무엇일까? 예수가 바로 이스라엘 사람들이 존경해 마지않는 아브라함의 후손이며, 유대인들이 가장 좋아하는 매력 왕 다윗이 속한 유다 지파 출신이라는 것을 강조하려는 것이다. 마태는 유대인으로서 유대 그리스도인들을 위해 복음서를 썼기 때문이다.

초대교회의 공동체 구성원을 보면 세 종류의 사람들이 있었다. 본토에 있던 '유대파 그리스도인', 스데반과 같이 해외에서 살다가 들어온 '헬라파 그리스도인' 그리고 고넬료와 같은 '이방인 그리스도인'이다. 마태복음은 이 중에서 유대파 그리스도인을 염두에 둔 책이다.

마태복음은 유대인들에게 예수가 절대로 유대인들과 다르지 않고, 초대교회 신앙이 결코 유대교와 다르지 않다는 것을 보여주고 싶었던 것이다. 마태복음처럼 구약의 인용이 많은 책도 없다. 바울은 율법보다 믿음이 중요하다고 가르쳤지만, 마태복음에서는 율법의 일점일획도 우습게 보아서는 안 된다고 말한다. 토라를 존중하는 태도다.

마태복음을 이해하려면 무엇보다도 구약의 지식이 있어야 한다.

아브라함, 모세, 다윗, 엘리야, 이사야, 예레미야를 알아야 하고, 적어도 모세오경과 예언서와 시편을 한 번 정도는 읽어보아야 한다. 왜냐하면 마태복음을 읽는 유대인 독자들은 이미 구약성경에 워낙 익숙한 사람들이기 때문이다. 예수의 하나님 나라 사상의 요체이자 최고의 가르침인 산상수훈을 보라. 모든 말씀이 모세오경의 율법을 뒤집거나 새롭게 해석하는 것으로 가득차 있다.

누가복음:
예수는 이방인을 위한 보편적 그리스도

마태복음에 이어 AD 90년경에 누가복음이 나온다. 누가복음은 마태복음하고는 그 분위기가 완전히 다르다. 누가는 의사였다. 그는 누가복음만 쓴 것이 아니라 사도행전도 썼다. 그리고 사도 바울의 친구이자 동역자다. 바울과 같이 다녔는데, 누가의 관심은 전혀 유대 그리스도인이 아니다. 기독교를 유대교의 분파로 머물게 할 뻔했던 것을 세계 종교로 만든 사람이 누구인가? 사도 바울이다. 바울이랑 같이 움직였던 사람이 누가다. 그래서 누가복음은 이방인들을 대상으로 쓴 책이다.

사실 마태복음은 그냥 기독교가 유대교의 한 분파, 즉 나사렛 예수파로 끝나길 바랐다. 최초의 교회라 할 수 있는 예루살렘 교회가 바로 그랬다. 베드로도 유대인으로서 살다가 죽을 거라 생각했지, 자신들의 교회가 기독교라는 새로운 종교로 자리매김할 줄은 꿈도 꾸지 못했다. 이것을 깬 사람이 바로 바울이고 누가다. 누가복음은 완전히 이방인들이 읽기에 좋다. 선한 사마리아인 비유라든가, 돌아온 아들의 비유 등 이방 세계의 누가 들어도 재미있을 국제적이고 보편적인 감각을 보여준다.

마가와 마태와 누가는 기본적으로 마가의 관점으로 보았다고 해서 '공관(共觀)복음'이라고 한다. 같은 관점으로 보았다는 말이다. 마가복음에 나와 있는 661개의 문장 중에 600개가 마태-누가에 다 들어가 있다. 그러니까 마가복음을 펼쳐 놓고 가지를 쳤을 때, 유대 쪽으로 뻗은 책이 마태복음이고, 이방 헬라세계 쪽으로 주목한 책이 누가복음이다. 마태복음이 국내적 지평이라면, 누가복음은 국제적 지평이다.

마가복음의 661개 문장 중에 600개가 마태와 마가에 들어가 있고, 마가에는 없고 마태하고 누가에만 있는 게 200개 정도가 된다. 이것을 Q자료라고 하는데, 일종의 어록집이다. 마태와 누가에 들어가서 마가복음의 원본을 개정 증보해서 펼쳐 낸 것들이 마태복음과 누가복음이다. 그러나 기본적인 관점은 셋이 같다. 예수님을 보는 관점이 같다는 말이다. 마태복음의 경우는 마가복음에 없는 것 중에 산상수훈이 3장이나 들어가 있다. 마태복음하면 산상수훈이 중요한데, 마태복음만의 독특함이다.

무엇보다 누가복음에서 예수의 모든 말씀과 행동은 성령의 인도에 따른다. 누가는 이미 오순절 성령강림 사건으로 성령을 체험한 사람이었다. 누가복음에 이어 사도행전까지 쓴 누가로서는 예수의 모든 일들이 성령의 역사요 열매들이다. 누가복음이 성령의 인도하심을 받은 예수의 행적이라면, 사도행전은 성령을 받은 제자들의 발자취다. 누가복음이 성령에 의한 예수운동의 역사라면, 사도행전은 성령이 주도한 교회운동의 역사다. 팔레스타인 작은 지역에서 시작된 예수운동은 제자들을 통하여 예루살렘과 유대와 사마리아와 땅끝까지 이르도록 퍼져

나간다.

한 가지 재미있는 사실은 누가복음에서는 제자가 없고 사도가 있다. 누가에게 있어서 제자들은 더 이상 좌충우돌 못난 제자들이 아니다. 그들은 성령을 받았고, 복음의 핵심을 깨달았으며, 무엇을 해야 할지 아는 성숙한 사도들이다. 그들은 이미 교회의 지도자들이며, 성령의 능력을 받았으며, 그리스도를 목숨을 걸고 증언할 마르투스, 즉 증인이다.

요한복음: 예수는 영원한 로고스

사복음서 중에서 전혀 다른 차원의 복음서가 있다. 70년경에 마가복음이, 80년경에 마태복음이, 90년경에 누가복음이 기록되고 나서 100년경에 마지막으로 쓰인 것이 요한복음이다. 요한복음은 사도 요한, 예수의 사랑하는 제자, 성격 급하고 천둥이라는 별명을 갖고, 갈릴리 벳세다 동네의 부자 어부 세베대의 쌍둥이 둘째 아들이다. 형이 최초의 순교자 야고보다. 항상 예수께서 비밀스럽고 중요한 사역을 할 때마다 세 명만 데리고 가셨다. 베드로, 야고보 그리고 요한. 이 세 명은 예수의 애제자로 불린다. 죽은 사람 살리실 때, 변화산에서 신비체험을 하실 때 그리고 겟세마네 동산에서 기도하실 때 이 세 명만 데리고 가셨다. 모든 제자 중에 유일하게 순교하지 않고 90세 넘게 살다가 자연사한 사람이 요한이다. 예수의 어머니 마리아를 모시고 에베소에서 살다가 밧모섬에 유배되어 계시록을 쓴 바로 그 요한이다. 요한복음은 예수께서 돌아가신 지 70년 후에 쓴 책이다.

요한복음은 예수의 사사로운 일정에 별 관심이 없다. 곧바로 예수는 어떤 분이라고 처음부터 선언한다. 태초에 말씀이 있었다고 시작한다. 요한복음에서 예수는 하나님 자체다. 예수는 하나님의 아들이자 태초의 말씀으로서의 로고스다. 말씀으로서의 예수를 선포하는 책이 바로 요한복음이다.

요한복음을 읽으면 우리에게 신앙이 생긴다. 예수를 믿는 믿음을 생성시켜 주는 책이 요한복음이다. 나는 길이요 진리요 생명이며, 나로 말미암지 않고는 아무도 아버지 하나님께 올 자가 없으므로, 나를 믿고 내 안에 거하고 나와 함께 살아가자는 것이 요한복음의 핵심이다. 예수는 하늘에서 온 떡이므로 그분을 먹어야 하고, 예수는 진리이므로 그분을 배워야 하며, 예수는 생명이므로 그분 없이는 살 수 없다.

요한복음을 보면, 지식보다는 믿음이 생긴다. 니고데모를 만난 예수는 거듭나지 않으면 하늘나라를 볼 수 없다고 하셨다. 요한복음에서 사도 요한은 이미 예수의 머릿속에 들어가 있는 듯하다. 예수께서 어떤 의도로 말씀하시는지 다 안다. 3인칭 전지적 작가 시점이다. 그래서 요한복음은 독수리 복음서라고 한다. 하늘에서 독수리가 먹이를 보며 다 알듯이 하늘에서 보는 관점이다.

요한복음에서 예수는 갈릴리 같은 시골 동네에서 활동하시는 분이 아니다. 이스라엘 종교와 정치의 중심 예루살렘이다. 마태, 마가, 누가는 갈릴리 사역을 다 마치시고 예루살렘에 들어가셔서 성전을 둘러 엎으신다. 인생의 마지막에 행하신다. 그러나 요한복음은 하나님 자신이자 말씀 자체이신 예수께서는 사역 초반부터 예루살렘 성전으로 들어가셔서 둘러 엎으신다. 성전 자체이신 예수가 가짜 성전을 뒤엎으신다.

똑같이 한 분 예수를 기록하고 있지만, 마가와 마태와 누가와 요한

이 그리는 게 다 다르다. 마가복음은 토속적인 갈릴리 중심이고, 마태복음은 유대와 예루살렘 중심이다. 누가는 국제적인 지평에서 이방인을 고려한다. 그러나 요한복음은 이미 우주적 진리의 지평에서 예수를 증언한다. 예수는 보편적 진리 자체이고, 영원한 생명이며, 하나님 자신이며, 말씀 자체이다. 예수 그리스도 신앙을 갖고 구원을 얻기 원한다면 요한복음부터 읽으라.

예수 시대 세 가지 문화
로마의 군사, 그리스의 철학 그리고 이스라엘의 종교

역사적으로 예수께서 태어난 시대는 이미 이스라엘이 깊은 고통의 역사를 견디고 있을 때였다. 앗수르제국이 이스라엘을 포함한 근동지역을 500년간 주도했고, 바벨론제국에게는 70년 동안 지배받으면서 똑똑한 사람들 다 포로로 끌려갔고, 페르시아제국에게는 200년을 점령당하여 고생하다가, 헬라제국에게 300년을 지배당하던 중 마카비 형제가 나와서 유대를 겨우 독립하여 100년 정도 지속되었으나, 로마라는 제국의 등장으로 또다시 식민지가 되는 비참한 역사의 수레바퀴 가운데에서 예수는 태어났다.

구약과 신약 사이가 성경책에서는 한 장을 넘기는 데 1초도 안 걸리지만, 그 한 장을 넘기는 데 들었던 실제의 역사는 400년이다. 그 기간에 있었던 역사를 신구약 중간사라고 한다. 바로 이 기간의 역사를 다스렸던 제국이 그리스와 로마이다. 역사적으로 두 제국이 지나가고 있었던 것이다.

예수께서 태어났을 때는 로마가 다스린 지 100년쯤 되었을 때이다. 율리우스 시저라고 들어보았는가? 옥타비아누스라고 들어보았는가? 디베리우스라고 들어보았는가? 바로 그런 시기에 예수께서 태어나셨다. 방금 언급했던 세 명의 인물이 예수가 태어나기 전과 후의 전성기 황제들이다. 그러니까 예수는 태어나서 보니까 로마제국의 지배 속에 있는 유대라는 작은 피지배 민족이었던 것이다.

문화적으로 보면 예수 당시의 문화는 이중적인 구조였다. 군사적으로는 로마가 다스렸지만, 문화적으로는 그리스, 곧 헬라 문화가 지배했다. 서양에서는 아직도 그리스 문화가 그들의 자랑이자 자존심이다. 말을 잘하고 토론을 잘하고 잘난 척을 잘한다. 그들이 누구의 후예인가? 소크라테스, 플라톤, 아리스토텔레스의 제자들이다. 서양 고전의 전형인 그리스 신화를 만든 사람들이다. 철학의 원조, 신화의 원조 그리고 서양 인문학의 뿌리다.

예수께서 태어났을 때 주변을 보니까, 군인은 로마 사람들인데, 교육과 문화는 그리스 헬라 사람들이 주도하고 있다. 언어로 말하면, 헬라어가 국제어일 때이다. 그래서 처음 신약성경에 쓰인 언어는 로마제국이 쓰던 라틴어가 아니라 헬라어였다. 그러다 보니 당시에 구약성경을 그리스 성경으로 바꾸는 작업을 하기 시작한다. 세상이 헬라 세상인데 왜 히브리어로 보냐고 해서 프톨레마이오스 2세라는 그리스 왕이 히브리어 구약성경을 헬라어로 번역하는 작업을 시킨다. 이것을 셉투아진트(Septuagint, BC 300년), 즉 70인역 성경이라고 한다. 그리스어로 된 최초의 구약성경이다. 사실 마태와 마가와 누가와 요한이 본 성경이란 것이 바로 셉투아진트다. 그리스어로 번역된 구약성경을 보고 인용했던 것이다.

적어도 예수는 어린 시절 그리스어로 번역된 구약성경을 보셨을 것이고, 소크라테스나 플라톤은 물론 아리스토텔레스와 세네카 등의 철학사상도 알고 계셨을 가능성이 높다. 알렉산더 대왕의 제국의 역사도 익히 아셨을 것이다. 당시 지중해 지역에 퍼졌던 디오게네스 같은 견유학파, 스토아학파, 에피큐로스 학파, 회의주의 학파 등 다양한 그리스 철학 사조들이 예수 당시 지중해 연안에 유행했던 학문적 흐름이었다. 예수뿐만 아니라 제자들, 특히 바울의 경우는 그런 그리스 사상가들과 논쟁을 벌이기도 한다. 파르테논 신전 앞에 가서 그리스 철학자들과 싸우는 내용들이 사도행전을 보면 나온다. 이처럼 그리스 문화와 로마제국의 군사문화가 대세였을 때 예수는 태어나셨고 활동하셨다.

헤롯 가문 4대 이야기

예수께서 사셨던 갈릴리는 멀리는 로마 황제가 다스렸지만, 집 앞 동네는 헤롯이라는 왕이 다스렸다. 이른바 헤롯 가문은 복음서와 사도행전을 읽는 데 몰라서는 안 되는 집안이다. 성경은 그냥 헤롯이라는 이름만 여러 차례 나오지만, 사실은 4대에 걸쳐 대략 6명 정도의 헤롯이 등장한다. 헤롯 대왕을 중심으로 그의 아버지 안티파터, 헤롯 대왕 본인, 그의 아들 삼 형제, 그의 손자까지 4대에 걸쳐서 나온다. 여기서 가장 중요한 사람은 헤롯 대왕(헤롯 1세, BC 73~4)이다.

그는 에돔 사람이다. 에돔이란 야곱의 형 에서의 후예가 세운 나라다. 이스라엘과 사촌 같은 족속이다. 이두매라고도 한다. 이스라엘과 혈족은 같지만 그리 사이는 좋지 않다. 그런데 헤롯 대왕은 젊은 시절부터 로마 황제한테 착 달라붙어서 공을 세운다. 특히 헤롯 대왕의 아버지 안티파터는 로마 황제에게 공을 세워서 총독 자리를 하나 차지한다. 아버지의 덕에다 본인의 탁월한 정치적 감각으로 그는 역사상 최초로 유대인의 왕이 된다. 본토 유대인이 아니면서 왕이 된 입지전적인 인물이다. 예수께서 예루살렘 성전을 보고 무너진다고 저주하셨는데, 그 성전이 바로 헤롯 대왕이 40년째 짓고 있던 성전이다. 자신의 피가 정통유대인이 아니다 보니 항상 유대 지역을 다스리는 데 콤플렉스를 갖고 있었다. 유대인들의 환심을 사기 위해 그가 내건 최고의 프로젝트가 바로 무너진 예루살렘 성전을 지어주는 것이었다. 그런데 예수는 이 성전이 무너질 거라고 끊임없이 비판하셨다. 그런데 정말 AD 70년에 로마제국의 티투스 장군이 이끄는 군대가 성전을 박살 낸다. 거의 50년에서 60년 동안 지은 것인데 처절하게 무너져 내린다.

사실 헤롯 대왕의 롤모델은 솔로몬이다. 솔로몬처럼 아주 화려한 궁전을 짓는 게 꿈이었다. 그는 건축광이었고 탁월한 정치가였다. 그러나 정작 그의 삶을 들여다보면, 솔로몬 왕이 아니라 사울 왕처럼 비극적인 인생을 살았다. 자기 부인을 믿지 못해서 죽이고, 그 부인이 낳은 자식들까지 믿지 못해 다 죽인다. 그리고 슬퍼한다. 아주 사이코패스 중의 사이코패스다. 동방박사들이 유대인의 왕이 태어났다고 했을 때 예수 또래의 유아들을 학살한 사람이다. 심지어 자신이 죽을 때 사람들이 기뻐할까 봐 미리 죽이기까지 한다.

헤롯 대왕은 세 아들에게 왕위를 넘겨주었는데, 헤롯 아켈라오, 헤롯 안디바스, 이복동생 헤롯 빌립 2세다. 헤롯 대왕이 죽으면서 삼 형제에게 유대 땅을 3개로 나눠서 다스리게 했다. 그래서 분봉왕이라고 하는 것이다. 맏아들 아켈라오는 제일 악하고 성격이 포악해서 지역민들에 의해 제일 먼저 쫓겨난다. 쫓겨난 형의 땅까지 둘째 아들 안디바스가 다스린다. 이 사람이 바로 세례요한이 불륜을 저질렀다고 고발한 바로 그 헤롯이다. 자기 동생의 아내 헤로디아를 빼앗은 불륜남이다. 예수께서도 '여우'라고 비판했던 인물이다. 그리고 삼남 헤롯 빌립은 착하고 별 활동이 없다. 예수와 관련해서 주로 나오는 사람은 바로 헤롯 안디바스 한 명이다.

헤롯 대왕의 손자 세대는 사도행전에 나오는 헤롯 아그립바 1세다. 헤롯 대왕이 죽인 아들 아리스토불루스의 아들이다. 어린 시절 로마에서 유학하면서 두 친구를 사귀었는데 그들이 훗날 로마 황제가 된 칼리굴라와 글라우디오였다. 두 황제의 후광으로 유일하게 할아버지 헤롯 대왕처럼 분봉왕이 아니라 팔레스타인 전 지역의 왕이 된 사람이다. 그러나 사도행전에 보면, 그는 사도 요한의 형 야고보를 죽이고, 베드로를 투옥시키고 핍박하다가 백성들이 손뼉을 치며 환영할 때 잘난 척하다가 벌레가 와서 죽은 사람이 바로 이 사람이다. 그를 이어 왕이 된 사람이 헤롯 아그립바 2세다. 그는 바울을 로마로 압송할 때 심문했던 왕이다. 이처럼 예수와 초대교회 역사 속에서 헤롯 가문은 4대에 걸쳐 끈질기게 등장한다.

예수 시대 유대교의 네 종파

예수께서 활동하실 때, 유대 사회는 종교적으로 네 개의 파로 나뉘어져 있었다. 바리새파, 사두개파, 에세네파, 열심당파가 대표적이다. 복음서에서 가장 많이 등장하고 예수와 대립각을 세웠던 종파는 단연 **바리새파**다. 당시 대략 6,000명 정도의 바리새인이 있었다.

바리새라는 말은 '분리하다', '구별하다' 혹은 '해석하다'를 뜻하는 히브리어 '파루쉬'에서 왔다.

예수께서 태어나시기 전 169년쯤 헬라제국의 왕 안티오코스 4세가 이스라엘 지역을 다스린 적이 있었다. 그는 유대인을 완전히 없애려고 작정했다. 성전에서 예배도 못 드리게 했으며, 심지어 성물과 헌금을 약탈했다. 돼지고기를 강제로 먹게 했다. 할례받은 어린이를 600명이나 죽였다. 제사장들을 살해하면서 극단적인 반유대 정책을 펼쳤다. 참지 못한 유대인들이 마카비 가문을 중심으로 혁명을 일으켜 독립한 적이 있었다. 바리새파는 그때 생겨났다.

이들은 율법을 지키기 위해서는 헬라 사상과 철저히 분리해야 한다고 주장한다. 자신들을 구별시키고자 했던 종교 엄숙주의자들이다. 그들은 이른바 율법 주변에 울타리를 치며 사는 사람들이었다. 성경에 보면 예수와 제일 많이 싸운다. 예수를 비판도 하지만, 예수로부터 비판도 받는다. 이 사람들은 율법을 철저히 외우고 철저히 지키는 율법 엘리트들이다. 민족주의적이고, 반제국주의적이며, 세속문화와 철저히 분리주의적인 입장을 지키는 종파다. 모세오경의 율법 말씀에 거의 목숨을 거는 사람들이다.

바리새파 안에는 두 개의 분파가 있었다. 하나는 샴마이파이고, 다른 하나는 힐렐파. 샴마이파는 토라를 지키려면 세밀하게 지켜야 하며 세부 항목 중 조금만 틀려도 안 된다고 가르친다. 안식일에 몇 킬로미터 이상 걸어 다녔는지, 어떤 물건을 들었는지 일일이 따진다. 반면, 힐렐파는 율법에서 제일 중요한 건 정신이라고 주장한다. 하나님께서 안식을 '왜' 주셨겠는가를 묻는다. 왜 안식일을 지켜야 하는지, 안식일이 우리에게 주는 의미가 무엇인지를 따진다. 형식보다 내용을, 조문보다 정신에 주목한다.

사실 예수께서도 당시 유대 종교적 지형에서 보면 사실 바리새파에 속한다. 예수는 샴마이파일까, 힐렐파일까? 복음서를 읽어보면 당연히 힐렐 쪽에 가깝다. 복음서에는 예수께서 어린 시절 무슨 교육을 받았고 누구에게 배웠는지 전혀 나오지 않는다. 그러나 그분의 말씀을 들어보면, 유대교 율법 전통을 뒤집어엎을 만큼 대단한 지력의 소유자라는 것을 발견하게 된다. 구약성경을 들었다 놨다 하신다. 인용하는 것은 물론, 핵심을 요약하기도 하시고, 재해석하는가 하면, 아예 반대 명제를 제시하신다. 율법을 꿰뚫어 보는 통찰이 없이는 불가능하다. 안식일이 사람을 위해 존재해야지, 사람이 안식일을 위해 존재하는 것이 아니라는 예수의 말씀은 율법의 근본정신을 모르면 나올 수 없는 발언이다. 그래서 사람들은 예수를 랍비라고 불렀던 것이다.

예수께서는 가난한 목수의 아들이요 갈릴리 지방의 시골 분이셨지만, 그의 지적 능력은 당대 최고의 바리새파 랍비들을 능가하시니 함부로 대하지 못한 것이다. 영국의 저명한 역사학자 폴 존슨은 『유대인의 역사』와 『기독교의 역사』라는 책에서 예수를 바리새파 중에 힐렐파라고 말하면서 "율법을 꿰뚫고 있는 굉장한 지력을 가진 분"이라고 소개하기도 한다.

바리새파에 이어 나머지 세 종파에 대해 알아보자. 기본적으로 유대 사회의 종교를 다스린 기득권 세력은 **사두개파**였다. 성전제사를 담당하는 레위 지파의 후손이자 제사장 집단이다. 사두개라는 말은 다윗 왕 때 제사장이었던 '사독'이라는 이름에서 유래한 듯하다. 그들은 제사 전통이 담겨 있는 모세오경만을 최고의 권위로 인정하고 예언서나 지혜서 등에는 관심이 없다. 모세 때 성막에서 시작된 제사장 아론의 전통은 솔로몬 성전이 지어지면서 막강한 종교 권력을 가진 계급으로 급상승한다. 그러나 예루살렘이 바벨론에 의해 무너지면서 성전시대가 종말을 고하면서 제사장들의 입지는 약해졌지만, 모세에 의해 구축된 아론의 제사장 전통은 이후에도 결코 흔들리지 않았다.

신구약 중간사를 보면 이스라엘은 바벨론제국 70년과 페르시아제국 200년을 지나 알렉산더 대왕의 헬라제국 300년, 마카비 혁명으로 독립했던 하스몬 왕조 100년을 지나면서 예수께서 사셨던 로마제국 시대로 이어진다. 하스몬 왕조를 빼고는 모두 식민지 시대를 살았다. 이때 대제사장은 실질적인 이스라엘의 왕 같은 존재였다. 제국의 총독이나 왕과 함께 본토를 다스리는 최고 권력자였다. 그러니 예수 시대 제사장 집단이 얼마나 권력과 부와 명예를 누렸을지는 쉽게 상상할 수 있다. 예수 당시에도 대제사장은 총독과 헤롯 가문과 더불어 엄청난 권력을 휘둘렀다. 그들은 성전제사 대행자라는 권한을 갖고 최고의 부와 명예를 누렸다. 심지어 유대 땅의 15퍼센트를 차지할 정도로 부동산 재벌이었다. 그들은 친로마적이었다. 영혼불멸이니 부활이니 천사니 하는 영적인 세계에 대해서는 관심이 없다. 그들의 관심은 오직 현세다. 이 세상에서 부와 명예와 권력을 다 가졌는데 내세가 눈에 들어오겠는가.

에세네파는 세속을 떠나 동굴이나 사막으로 들어가 공동체를 만들어 은둔하는 종파다. 그곳에서 장차 오실 메시아를 묵시적으로 기다리는 사람들이다. 철저한 공동체 규칙하에 생활하고, 성경 말씀을 필사하고 읽고 기도하는 수도원운동의 원형이다. 사해 근처에 있는 쿰란 동굴에서 구약성경 사본이 발견된 것 또한 에세네파의 존재를 보여주는 좋은 예다. 많은 신학자는 세례요한이 어린 시절 에세네파에 들어가 훈련을 받았다고 추측한다. 이 사람들은 어차피 세상은 부패했고 타락했으며 변화의 가능성은 없다고 생각한다. 그래서 사막에서 살면서 메시아가 오셔서 새로운 세계를 열 날을 기다리는 공동체다. 그들은 종말의 날을 기다렸다. 그때가 오면 하나님이 통치권을 회복하여 모든 이단자를 심판하고 자신들만 하나님의 백성으로 선택되어 예루살렘 성전을 탈환하고 정결하게 할 것이라고 굳게 믿었다. 자신들만을 빛의 아들들이라고 믿고 공동체 생활을 하며 종말론적 삶을 살았다. 그들의 신앙과 삶의 방식은 훗날 초대교회와 많은 부분에서 닮아있다.

마지막은 **열심당파**이다. 젤롯(zealot)이라고도 한다. 로마제국에 대항하여 유대의 독립을 추구하는 무장투쟁파다. 이들은 칼을 들고 로마제국에 협력하는 매국적인 유대인 관리나 정치인들을 암살하고 테러하는 일을 서슴지 않는다. 그들은 자신들이 하나님의 진노의 대행자이며 유대민족의 해방을 위한 행동대원이라고 생각한다. 극렬 민족주의자들이자 유대 애국주의자. 그들은 "하나님 외에는 어떤 왕도 없고, 성전 세금 외에는 어떤 세금도 없으며, 열심당원 외에는 어떤 친구도 없다"는 슬로건을 내걸고 로마제국에 무력으로 항쟁한다. 외세의 통치와 압제에서 민족을 해방하는 것을 최종 목적으로 삼는다. 예수의 제자 중에 열심당 출신이 네 명이나 있다. 가룟 유다, 시몬, 또 다른 유다 그리고 작은 야고보가 그들로 추정된다. 무엇보다도 대표적인 열심당원은 예수 대신 십자가형에서 사면된 바라바다.

예수의 집안 내력과 경제력

예수 시대의 배경으로 마지막으로 한 가지만 더 살필 것이 있는데, 바로 경제다. 예수의 어린 시절 경제력은 어떠셨을까? 예수의 집안은 경제적으로 어느 정도 살았을까? 당시만 해도 1퍼센트의 왕과 총독 그리고 대제사장이 제일 윗자리에 있다. 그다음 엘리트 그룹이 있는데 고위 공무원, 고위 군인, 제사장, 그 밑에 상인들이 있고, 특별히 노예였으나 성공해서 권력과 부를 누린 사람들까지 15퍼센트의 상위 그룹이다. 이들은 유대 땅의 75퍼센트를 소유했다. 사두개인으로 분류되는 제사장들이 소유한 땅도 막강했다. 상위 15퍼센트 밑에는 나머지 대다수를 차지하는 70퍼센트의 농민들이 있고, 그 밑에 공인, 즉 장인들이 있다. 일종의 기술자 계급인데 목수가 여기에 들어간다. 마지막 최하층 바닥 경제 10퍼센트를 사는 사람들이 있는데, 일용직 노동자, 거지, 떠돌이, 매춘부, 산적들이다.

예수의 집안은 어느 계층이었을까? 바닥 30퍼센트에 속한 목수의 가문이다. 지금은 목수가 건축예술가의 반열에 들어갈지 모르지만 당시에는 경멸적인 직업이었다. 그리스어 '테크톤'은 '목수'라는 뜻의 '카펜터스(carpenters)'로 번역되어 나무를 다루는 목공으로 오해되는데, 사실은 돌을 깎고 다루는 석공이다. 어쩌면 건축가라는 뜻의 '빌더(builder)'라고 하는 게 정확하다. 예수께서 자주 말씀하신 건축가의 버린 돌 비유를 보면 예수 자신의 직업이 반영되고 있음을 알 수 있다. 당시 헤롯 안디바스가 나사렛 북쪽 세포리스라는 도시를 건설하면서 건축 붐이 일어났던 것도 역사적 사실이다. 우리나라 어린이 성경에 아버지 요셉과 어린 예수가 목공소에서 나무를 깎는 그림은 사실과 다른 이미지다. 아무튼 예수는 결코 좋은 경제적 환경에서 태어나신 분은 아니다. 경제적으로 낮은 계급임에는 틀림없다.

하지만 예수가 낮은 계급의 출신이라고 해서 그리고 가난한 자의 친구라고 불렸다고 해서 그를 절대적 극빈층으로 보는 것은 지나친 시각이다. 적어도 예수가 어린 시절 살았던 갈릴리 나사렛이란 곳은 남쪽의 유대 지방에 비해 농업에 훨씬 적합한 풍토의 땅이었고, 전통적인 농업체제가 잘 이어져 내려온 곳이다. 따라서 예수는 절대적 빈곤계층보다는 상대적으로 형편이 나은 빈곤층으로 볼 수 있다. 대부분 학자는 최소한 가족경제를 책임질 수 있는 자영소농 집안 정도로 추측한다. 모세율법의 핵심을 꿰뚫는 통찰력, 시대를 읽어 내는 판단력, 유연하고 자유로운 사고력, 그 누구도 범접할 수 없는 영적 상상력은 가난한 갈릴리 시골 농촌의 삶 속에서도 나름대로의 학습과 사색의 여유를 가질 정도의 경제력을 가졌음을 보여준다. 만일 예수께서 하루하루의 생존마저 걱정해야 하는 극빈층의 자녀였다면 그의 위대한 하나님 나라 사상과 가르침이 가능했을까?

예수에게는 요셉과 마리아라는 부모님이 있었다. 아버지 요셉은 예수가 공생애를 시작하시기 전에 죽은 것으로 알려져 있다. 어머니 마리아는 남편을 먼저 보내고 혼자 여러 자녀를 키우면서 나름 오래 살았다. 예수는 8남매의 장남으로 많은 동생이 있었던 것으로 추측된다. 동생 중에는 훗날 예루살렘 교회의 지도자가 되어 베드로와 함께 교회의 기둥으로 인정받았던 사도 야고보가 있다. 아버지 요셉은 유다 지파의 후손이었다. 무슨 말인가? 이스라엘에서 유다 지파는 다윗과 솔로몬을 배출한 족속이다. 왕족 출신이다. 우리가 한때 전주 이씨 하면 조선 왕조 집안이라 하여 왕족으로 여겼던 것과 유사하다. 최소한의 경제적 기반을 갖고 가문에 대한 자부심과 역사의식을 가진 집안이라고 볼 수 있다. 경제적으로는 쇠락하여 그리 잘 살지는 못했지만, 나름대로 명망 있는 가문의 후손이라는 자존감을 가진 집안이었다.

폭압과 혼돈과 절망의 시대

난세에 영웅이 난다는 말이 있듯이, 예수께서는 난세에 나신 영웅 같은 존재다. 이 시대 이스라엘 사람들은 정치적으로는 거대한 로마제국의 식민지라는 폭압적 상황에서 고통을 받았고, 문화적으로는 그리스 헬라 문화의 인본주의와 다신교주의로 인해 혼란스러워했으며, 이로 인해 유대교의 정체성은 뿌리째 흔들리는 거대한 풍랑의 소용돌이를 겪어야 했다. 당장 이스라엘 사람들은 본토에서는 로마 총독이라는 권력자 앞에 시달려야 했고, 유대인도 아니면서 유대인의 왕이라고 다스리는 헤롯 가문으로부터 고통을 받아야 했고, 멀리는 로마 황제를 신으로 모셔야 하는 삼중의 고통을 살아내야 했다. 여기에 로마 제국과 헤롯 가문에 빌붙어 권력층 행사를 하는 제사장들과 같은 종교 기득권자들의 종교적 횡포와 갑질은 대부분의 유대 백성에게 메시아 대망의 소원을 불러올 수밖에 없었다.

한편 헤롯 대왕이 죽으면서 유대의 민심은 폭발하면서 다윗 왕조를 회복하고자 하는 메시아 운동이 일어난다. 당시 메시아 운동이란 단순한 영적 회복 운동을 넘어 유대민족의 독립이라는 정치 운동이었다. 갈릴리에서는 유다라는 사람이 나타나 로마가 세금을 징수하기 위해 호구조사를 실시하는 것에 반발하여 봉기했다. 헤롯의 부하로 있던 시몬은 자신을 왕이라 칭하면서 일어났다. 양치기 출신의 아트롱게스는 자신을 제2의 다윗이라고 주장하면서 등장했다. 물론 모두 로마로부터 진압되었고, 이로 인해 2천 명 이상이 십자가에서 처형되는 참극을 맛보게 된다.

헤롯 대왕 이후 세 아들, 헤롯 아켈라오, 헤롯 안다바스, 헤롯 빌립이 이스라엘을 나누어 다스리는 분봉왕 시대로 접어들면서 이스라엘 백성의 경제적 부담은 가중되었다. 로마 황제에 대한 세 분봉왕의 충성심 경쟁은 쓸데없는 신도시 건설로 나타난다. 헤롯 대왕이 건설한 지중해의 인공 항구도시 가이사랴를 비롯하여, 그의 둘째 아들 헤롯 안디바스는 세포리스를 재건하여 수도로 했다가 다시 디베랴를 건설하여 천도한다. 헤롯 빌립은 가이사랴 빌립보를 건설한다. 문제는 막대한 재정 낭비다. 주민들에게 가혹한 세금을 징수하는 원인이 되었고, 전통적인 농업경제를 파괴했다. 여기에다 대규모 공연장이나 운동장, 극장, 신전 건설은 유대인들의 종교적, 사회적, 문화적 정체성을 송두리째 흔들기에 충분했다.

언어 또한 전통 히브리어를 쓰지 못하고 아람어가 널리 사용되는 상황이었다. 여기에 그리스어와 히브리어가 부분적으로 사용되는 복합적인 환경이었다. 언어의 혼잡은 곧 영혼의 불안으로 이어지게 마련이다. 언어의 분열은 정신의 분열이자 집단의 분리를 부추긴다. 가는 곳마다 로마 황제 숭배가 가속화되었다. 심지어 예루살렘 성전 출입문 위에 로마를 상징하는 황금 독수리상을 설치하는 등 유대인들의 심기를 자극했다. 그렇다고 유대의 종교엘리트들이 이에 책임감 있게 맞선 것도 아니다.

그들은 자신들의 신앙을 지킨다는 명분하에 종교분파 활동에만 열을 올렸다. 그들은 인간을 중심에 두지 않는 경직된 율법주의에 경도되어 있었다. 대제사장이나 사두개파를 비롯하여 율법 엄숙주의자라 할 수 있는 바리새파는 오직 자신들의 안위만을 챙겼다. 누구보다도 깨끗함을 추구하는 에세네파 조차도 소외되고 고통받는 대다수 백성의 고통에 어떠한 위로와 희망을 주지 못하고 있었다. "갈릴리 나사렛에서는 선한 것이 날 리 없다"라는 편견이 그 시대 이스라엘을 주름잡고 있을 때, 혼돈과 폭압과 절망이 유대 전 지역을 덮고 있을 때, 바로 이곳 갈릴리에서 예수는 태어났고 자랐다. 그리고 그의 나이 30세가 되던 해, 드디어 암울한 역사의 무대를 향해 첫발을 내딛기 시작하셨다.

QUESTION 2

예수는 어떤 제자들을 부르셨을까?

복음의 사람

▌ 제자들을 부르시다

우리는 지금까지 예수께서 어떤 배경에서 태어나셨는가를 살펴보았다. 역사적, 문화적, 경제적, 종교적 배경을 보았다. 그리고 사복음서에 대해 이야기했다. 마가가 제일 먼저 AD 70년경에 쓰였고, 마태는 AD 80년경 유대인들을 위해 쓰였고, 누가복음은 AD 90년경 헬라의 이방인들은 위한 복음서이며, 요한복음은 AD 100년경 가장 마지막에 쓰였다고 했다. 마태와 마가와 누가는 같은 관점으로 예수를 기록했다 하여 공관복음(共觀福音)이라 한다. 요한은 예수의 마음을 꿰뚫어 보고 있다고 해서 독수리 복음서라고도 한다.

예수의 인생을 두 시기로 구분하라고 하면 사생애(private life)와 공생애(public life)다. 30세까지는 가족을 중심으로 한 개인 생활, 30세부터 33세까지 3년 동안은 이스라엘 사회와 역사에 자신을 노출시킨 공적인 생활이다. 태어나면서부터 30세까지 예수는 요셉이라는 목수의 아들이자, 형제들 중에 장남으로 자라면서 목수의 경험을 했고, 예루살렘에 유월절 축제에 갔다가 실종될 뻔한 일도 있었다. 분명한 사실은 예수의 어린 시절 기록은 생각보다 많지 않다는 것이다. 대부분은 공생애에 대한 기록이다.

대부분의 복음서가 관심 있게 보고자 한 것은 공생애였다. 예수가 수난당하는 메시아이고 그리스도라는 것을 빨리 알리고 싶어 했던 마가복음과 예수를 하나님의 아들이요 영원한 말씀으로 본 요한복음은 예수의 어린 시절에는 아예 관심이 없었다. 그나마 마태와 누가만이 탄생과 어린 시절 이야기를 약간 담았을 뿐이다. 예수께서 공생애를 시작하기 직전 혜성처럼 등장하는 사람이 있는데 세례요한이다. 그는 "이분이 바로 그분입니다" 하고 소개한 광야의 소리 같은 선지자다. 예수께 세례를 주고 공생애를 시작하는 매듭을 묶어준 사람이다. 세례로 첫발을 내딛게 했고, 이후 광야 40일의 시험이 두 번째 발걸음이었다. 그리고 세 번째 걸음이 바로 제자를 부르는 것이었다.

예수의 제자 이야기는 어떻게 보면 복음서를 이해하는 데 매우 중요하다. 무엇보다 예수의 공생애란 12명의 제자와 더불어 사신 삶이다. 그들과 함께 밥을 먹고 잠을 자고 길을 걸으며 하신 모든 일이 예수의 공생애다. 예수의 가르침뿐만 아니라 숨소리까지 느꼈던 제1증인이 바로 제자들이다. 오늘날 우리가 예수의 행적들, 그분의 가르침을 조금이라도 알게 된 것은 모두 제자들이 보고 전해준 이야기 덕이다.

예수는 제자들을 왜 부르셨을까? 다른 복음서와는 달리 마가복음은 그 이유를 세 가지로 잘 정리해서 답해준다. "첫째, 자기와 함께 있게 하시려고. 둘째, 보내사 전도하게 하시려고. 셋째, 귀신을 내쫓는 권능도 가지게 하시려고(막 3:14-15)." 즉 교제의 목적, 전도의 목적, 능력 주심의 목적이다. 흔히 예수께서 우리를 부르시는 목적이 무슨 일을 시키는 데 있다고 착각한다. 사명 혹은 사역 제일주의 사고방식이다. 그런데 아니다. 예수가 제자를 부르신 첫 이유는 같이 살자는 것이다. 함께 있고자 함이다. 내가 너희 안에, 너희가 내 안에 거하는 코이노니아, 곧 더불어 삶이다.

예수께서는 어떤 제자들을 부르셨을까? 일단 12명을 불렀는데 복음서에 나와 있는 것은 5~6명뿐이다. 나머지 반은 부르시는 이야기를 생략했다. 복음서를 보면, 베드로와 안드레 형제 그리고 야고보와 요한 형제, 한동네에 살았던 네 사람을 한 묶음으로 부르신다. 또 한 묶음이 마태다. 세관에서 세리로 근무하던 마태를 불러내신다. 요한복음을 보면, 예수는 갈릴리 근처에서 벳세다 사람 빌립을 부르시고, 빌립은 다시 동네 친구 나다나엘에게 나사렛 예수를 소개한다. 나다나엘은 예수가 나사렛 출신이란 소리를 듣고 비하하는 소리를 했다가 예수를 직접 만나고 영혼이 맑다는 소리를 듣고 나서는 너무 좋아서 예수를 하나님의 아들이라고 고백한다. 제자 중 최초의 고백이다.

가버나움의 제자들과 베드로의 부르심

12명의 제자 중에 형제 그룹이 셋 있다. 먼저 베드로-안드레 형제, 야고보-요한 형제 그리고 또 다른 야고보, 즉 알패오의 아들 야고보-다대오 유다 형제다. 첫 번째 형제 그룹인 베드로와 안드레, 야고보와 요한은 갈릴리호수 북부지역 가버나움 동네의 어부들이다. 어떻게 보면 고기잡이 동업자들이다. 마태복음을 보면, 이 네 친구들이 같이 배를 타다가 야고보와 요한의 아버지 세베대와 함께 다섯 명이 고기를 잡고 그물을 씻던 중 예수께서 사람을 낚는 어부가 되게 하겠다고 하시면서 부르자 아버지를 버려두고 따르는 장면이 나온다. 아주 기계적으로 따른 것처럼 기록한다.

그러나 누가복음 5장을 보면 베드로가 예수의 제자가 되는 데 상당한 갈등의 시간과 드라마 같은 반전이 있었음을 보여준다. 그러니까 기록은 한 줄짜리로 간단히 되어 있지만, 행간에는 아주 복잡하고 미묘한 상황들이 있었음을 읽어낼 수 있다. 나를 따르라고 하시니까 그냥 탁 따랐을까? 결혼한 베드로는 처자식에다 장모를 모시고 있었고, 야고보와 요한은 아버지와 생업을 이어가고 있었는데 예수의 말씀 한마디에 훌쩍 집을 떠났을까? 그 진한 갈등을 보여준 곳이 바로 누가복음 5장이다. 베드로의 아버지는 요한이다. 그래서 예수는 베드로를 요한의 아들 시몬이라고 불렀다. 시몬은 히브리식 이름이고, 베드로는 아람어로 돌 혹은 반석이란 뜻이다.

예수께서 무리를 상대로 말씀을 전하시다 보니 바닷가를 주로 사용하셨다. 그러다가 사람들 앞에서 말할 무대가 필요했다. 그래서 배를 빌려서 배를 약간 띄우게 하고 해변에 앉은 사람들을 향해 설교를 하셨다. 여기서 잠깐 빌린 배가 베드로와 안드레, 야고보와 요한이 같이 쓰는 그 배였다. 가르침이 끝나고 사람들이 돌아간 후, 미안하셨는지 예수는 베드로와 그 친구들에게 지난밤에 고기 얼마나 잡았냐고 물어보신다. 얼마 못 잡았다고 하자 그럼 다시 가서 좀 더 깊은 데로 가서 그물을 던지라고 하신다. 말도 안 되는 이야기 같았지만 말씀에 은혜도 받았고 해서 무심코 던진 그물에 엄청난 고기가 잡힌다. 그물이 찢어질 정도로 말이다.

바로 그때, 다른 친구들은 "대박!!"이라며 환호할 때, 베드로는 무릎을 꿇고 예수가 하나님의 아들이라는 것을 깨닫는 모습이 나온다. 그리고 자신은 죄인이라고 고백하며 자신을 떠나주실 것을 간구한다. 베드로의 첫 번째 신(神) 인식이자 하나님 체험 사건이다. 흔히 베드로를 좌충우돌 제자요 변덕스러운 제자로 희화화하지만, 사실 그는 탁월한 영적 명민함을 가진 제자였다. 일상의 기적에서 예수를 하나님으로 인식한다는 것은 쉬운 일이 아니다. 그만큼 예수와 자신 사이에 갈등도 만만치 않았음을 보여준다.

요한복음을 보면, 예수께서 베드로를 부르는 이야기가 또 다르다. 예수를 먼저 만난 건 동생 안드레다. 안드레는 원래 세례요한의 제자였다. 스승인 세례요한은 안드레를 예수께 소개하고 보낸다. 안드레는 천성이 사람을 좋아하는 성격이다. 사람들과 어울리고 교제하는 것을 참 좋아한다. 예수와 한나절을 같이 지낸다. 그리고는 형인 베드로를 예수께 데리고 간다. 그리고 빌립이 여기에 붙는다. 빌립은 다시 동네 친구 나다나엘에게 예수를 소개하고 만나게 해준다. 다른 말로, 바돌로매라고도 부른다. 이렇게 초기에 안드레와 베드로, 야고보와 요한 그리고 빌립과 그의 친구 나다나엘이 합류하면서 6명이 되었다. 흥미로운 사실은 훗날 형 베드로는 서방 로마가톨릭교회의 첫 수장으로 불렸고, 동생 안드레는 동방 그리스정교회의 첫 수장으로 불렸다는 점이다. 그리고 야고보와 요한 형제를 보면, 형은 제자 중에서 가장 먼저 순교한 반면, 동생은 요한복음과 요한 1, 2, 3서, 요한계시록까지 쓰고 가장 오래 살다가 자연사한 유일한 제자로 남았다. 한 부모의 배에서 나온 형제들이지만 그들의 운명은 각자 주어진 하나님의 섭리에 따라 달리 살다 갔다.

세리 마태를 부르시던 날

예수께서 가버나움에서 베드로를 비롯한 6명의 제자를 부르시고 나서, 전혀 다른 색채의 제자를 일곱 번째로 부르신다. 그가 바로 마태다. 마태복음을 기록한 그 마태다. 모세와 아론이 속한 레위 지파였던 그의 직업은 세리다. 세리하면 떠오르는 단어가 셋이 있다. 매국노, 부자 그리고 죄인이다. 식민 통치 시대에 자국민의 세금을 걷어 로마제국에 갖다 바친다고 하여 매국노라 불렸고, 제국과 본토인들 사이에 토색이라는 방법으로 이윤을 가로채 자신의 주머니를 채운다고 하여 부자라 했으며, 이 둘을 일컬어 죄인이라 했다. 당시 사회적으로 3대 죄인을 일컫는 말이 있었는데, 이방인, 매춘부 그리고 세리였다. 마태는 그런 사람이었다. 매국노라는 차가운 시선은 있었지만 나름으로 경제력도 있고 해서 제자로 들어가자마자 예수께 식사 대접을 크게 한다. 물론 이 식사로 인해 예수는 바리새인들로부터 죄인들과 어울린다는 공개적 비난을 받는다.

"너희 선생은 세리와 죄인들과 함께 잡수시느냐?(마 9:11)" 바리새인들의 노골적인 비난은 이른바 "죄인 논쟁"으로 비화했고, 그 바람에 예수께서는 자신이 이 땅에 오신 목적을 밝히고 만다. "건강한 자에게는 의사가 쓸데없고 병든 자에게라야 쓸 데 있느니라… 나는 의인을 부르러 온 것이 아니요. 죄인을 부르러 왔노라(마 9:12-13)." 의사가 살아갈 이유가 환자 치료이듯, 하나님의 아들이 살아갈 이유는 죄인 구원이다. 기가 막힌 예수의 대답에 바리새인들은 2차 공격을 시도한다. 예수의 식사를 문제를 삼는다. 그것도 기분 상하게 세례요한과 비교하면서 말이다. 세례요한과 제자들은 금식을 잘하던데, 어찌하여 당신과 당신의 제자들은 금식은 손 씻고 봐도 찾아볼 수 없고 오로지 포도주나 마시는가? 이른바 "금식 논쟁"이다. 사실 예수는 사람들과 너무나 잘 드시고 잘 마셨다. 금식하지 않는 것에 대해 예수는 다시 의미심장한 말씀을 남기신다.

바리새인들에게 하신 말씀의 요지는 이렇다(마 9:15). "내가 제자들과 함께 있는 이 순간은 결혼식 잔치 같은 시간이다. 잔치에서 금식하는 사람은 없다. 잔칫집에 가서 금식하면 얄밉다. 무례한 일이다. 그러나 신랑이 떠날 날이 올 텐데, 그때는 슬피 울며 금식할 것이다." 자신이 걸어가실 길을 암시한 대목이다. 이 말씀 속에서 예수는 자신의 인생을 두 기간으로 나누어 이해하신 듯하다. 공생애 활동의 시간과 십자가 죽음의 시간으로, 공생애 잔치의 시간과 십자가 금식의 시간으로 그리고 갈릴리에서 제자들과 함께하는 시간과 예루살렘에서 제자들을 떠나는 시간으로.

예수에게 있어서 금식은 아무 때나 하는 게 아니었다. 유대인들이 그토록 존경하는 모세오경 어디에도 금식을 정해놓고 하라는 명령은 없다. 금식은 일주일에 두 번, 세 번 정해져서 꼭 해야 하는 제의적 규범도 아니다. 특히 사람들이 보는 자리에서 자신의 종교적 경건을 보이는 외식적 수단은 더더욱 아니다. 예수의 눈에 그런 금식은 너무나 역겹고 천박했다. 산상수훈에서 본격적으로 비판하시겠지만, 그런 금식이야말로 예수가 가장 혐오하는 종교적 위선이다. 예수의 금식은 가장 고통스러운 십자가의 운명 앞에서 제자들과 마지막 만찬을 끝으로 겟세마네에서부터 시작되었다. 신랑이 떠나가는 날 우리의 금식은 시작된다. 금식은 음식을 먹고 싶지 않을 정도로 슬프고 간절할 때 하는 특별한 영적 행위여야 한다. 이 유명한 말씀을 하신 것이 바로 마태를 부르신 그날이었다.

달라도 너무나 다른 제자들

제자들은 나름 다양한 성격들을 보여준다. 베드로는 성격이 급하고 나서기를 좋아했고, 요한은 욱하는 성격이라 한번 화나면 천둥처럼 폭발하여 예수께서 우레라는 별명을 주시기도 했다. 가룟 유다는 똑똑하고 계산적이며 현실적인 사람이었다. 그래서 예수는 그에게 재정을 맡기셨다. 안드레는 사교적이고 사람을 좋아해서 사람들을 예수께 데려오길 잘한다. 특히 야고보와 요한 형제는 어머니 치맛바람으로 왕이 되실 예수 옆자리에 앉으려고 욕심을 냈다가 스승으로부터 한 소리 듣기도 한다. 제자들의 전직은 대부분 어부였다.

제자 중에는 소위 운동권 출신도 있었다. 젤롯당, 즉 열심당원 시몬이다. 그들은 로마에 대항해 무기를 들고 싸우는 무장투쟁단이다. 당시 매국노들이 있으면 로마 사람을 칼로 죽이기도 하고, 우리 동포인데 매국노 짓을 하면 칼로 찔러 응징했던 사람들이다. 우리나라 일제 식민지 시대에 있었던 의열단 같은 무장독립파다. 그야말로 예수께서 불러

모으신 제자들은 정치적 노선, 이념의 지향, 지역, 학력, 직업에 대한 어떠한 일관성도 없었다. 한 마디로 오가잡탕이다. 아마도 예수가 중심에 계시지 않았다면 열심당원 시몬은 매국노 세리 출신의 마태를 죽였을 것이다.

가롯 유다는 가롯 지방에서 온 제자다. 다른 11명 모두 갈릴리 출신인 데 비해 유일하게 타지 사람이다. 그는 머리가 좋고 계산이 빨라 회계 역할을 맡았다. 배신의 원인은 여러 가지가 있었겠지만, 아마 돈이었던 것으로 보인다. 예수의 돈에 대한 가치관이 자신과 많이 달랐던 것 같다. 예수의 발에 향유를 붓는 여인을 보면서 다수의 가난한 사람들을 구제하는 데 써야 하는데 한 사람에게 낭비한다며 비난했다. 여인의 향유를 받아주시는 예수가 그의 눈에는 공익적 경제 개념이라고는 찾아볼 수 없는 사치스러운 분으로 보였을 것이다. 결국 그는 자기 스승을 돈을 받고 팔아넘겼다.

각 이름의 뜻도 재미있다. 안드레는 '남자답다'라는 뜻이다. 야고보는 히브리식 발음으로 '야곱'이며, '발꿈치' 혹은 '사기꾼'의 뜻이다. 흔한 이름이고 영어로 제임스(James)다. 요한은 '하나님의 은혜'라는 뜻이며, 영어로 존(John)으로 발음되며, 빌립은 그리스식 이름으로 영어 필립(Phillip)이고 '말을 사랑하는 자'란 뜻이다. 나다나엘은 '하나님이 주셨다'라는 뜻이고, 히브리식 이름이 '바돌로매'인데, '돌로매의 아들'이란 뜻이다. 의심 많은 도마는 '디두모'라고도 하는데 '쌍둥이'라는 뜻이고, 영어로 토마스(Thomas)다. 유다는 '찬송한다'라는 좋은 뜻이다.

예수의 공동체로 묶인 12명의 제자는 3년 동안 오합지졸 좌충우돌 그 자체였다. 서로 사이가 나빴고 질투하고 경쟁했으며, 예수를 미래 권력으로 알고 웃기지도 않을 암투도 잦았다. 예수에 대한 이해가 매우 부족했고, 집중하지 못했으며, 자신들의 욕망을 예수를 통해 펼치고자 했다. 특히 야고보와 요한의 어머니 청탁 사건은 제자들 간의 사이를 찢어 놓기에 충분했다.

그들은 교만했으며, 서로를 인정하지 않았고 스승의 특별한 주목을 받으면 가차 없이 시기했다. 결국 가룟 유다를 시작으로 스승을 배신하기 시작했고, 십자가 앞에서 모두 필사적으로 도망쳤다. 예수와 같이 있을 때 그들이 배운 능력이라곤 귀신 내쫓는 것이 전부였다. 산상수훈의 뜻도, 하나님 나라의 의미도 전혀 이해하지 못한 채 스승을 골고다로 내몰았던 제자들이었다.

열두 제자의 기준과 세 명의 애제자

예수를 포함하여 인류 4대 성인으로 불리는 석가, 공자, 소크라테스의 공통점 하나는 모두 제자들을 두었다는 것이다. 석가는 많게는 1,000명이 넘는 제자가 있었지만 대표적인 제자는 사리불, 목건련, 아난다를 비롯한 10명이다. 이를 십대제자(十大弟子) 혹은 석가십성(釋迦十聖)이라고 한다. 공자는 3,000명이 넘는 제자를 두었고 그중에서 뛰어난 제자를 72현(賢)이라 했고, 이 중에서도 최고 제자를 뽑았는데, 안회, 민자건, 자공을 비롯한 10명이다. 이들을 공문십철(孔門十哲)이라 부른다. 소크라테스 또한 여러 제자가 있지만 후대에 이름이 알려진 제자는 플라톤, 안티스테네스, 파이돈, 크세노폰을 비롯한 7명이다.

보통 예수의 제자를 부를 때 우리는 열두 제자, 혹은 십이사도라

한다. 예수는 석가나 공자에 비해 제자의 수가 많지는 않다. 그러나 예수의 제자 또한 처음부터 12명은 아니었다. 누가복음에 보면 70명의 제자를 두시고 전도훈련을 시키시는 장면이 나온다. 오병이어의 기적을 보고 엄청난 사람들이 제자가 되려고 자원했고, 그중에서 70명 정도가 제자훈련에 참여한 것으로 보인다. 그러나 예수는 어중이떠중이 제자들을 놓고 계속 걸러내신다. "나를 따르려면 자기를 부인하고 자기 십자가를 질 수 있어야 한다." "인자는 머리 둘 곳이 없다." "가족과 재산과 전토를 버린 자만이 나를 따를 수 있다." 이런 예수의 말씀에 조금씩 떨어져 나간다. 그러나 요한복음 6장에 보면 "나는 하늘의 떡이며 너희는 이것을 먹어야 영생한다"라는 너무나 추상적이고 섬뜩한 말씀에 수많은 제자가 썰물처럼 고개를 흔들며 사라진다. 이때 예수를 떠나지 않고 꿋꿋하게 자리를 지킨 이들이 열두 제자다.

공자나 석가의 제자 10명의 기준은 탁월함이다. 분야별로 뛰어난 제자를 그렇게 뽑아 놓은 것이다. 그런데 예수의 열두 제자의 기준에는 그런 것이 없다. 심지어 열두 제자 중에는 스승을 팔아넘긴 가룟 유다도 포함되어 있으니 말이다. 그렇다면 열두 제자는 무슨 기준으로 세웠다는 말인가? 탁월함이 아니면 의리인가? 의리가 없다는 것은 우리 모두가 잘 아는 사실이다. 머리가 좋았는가? 특별히 글재주가 있는 제자는 마태, 요한 정도다. 특별히 12명을 묶을 기준이라고 내세울 것이 없다. 공자나 석가는 수많은 제자 중에 탁월함을 보고 줄이고 줄여서 10명으로 수렴했지만, 예수의 열두 제자는 그런 것이 없다. 얼핏 보면 오합지졸 천태만상이다. 예수만의 독특함이다. 원래부터 잘난 사람이 제자가 되는 원칙이 아니라, 예수의 제자가 되면 잘난 사람이 되는 원칙이다. 하나님은 못난 사람 부르셔서 잘난 사람 만드시는 분이다. 기독교가 인재를 키우는 관점이 바로 여기에 있고, 교회가 그런 곳이다.

예수가 석가나 공자와 다른 점은 12명 중에서도 3명의 핵심 제자가 있었다는 것이다. 베드로, 야고보, 요한이다. 오늘날 신학계에서는 이들을 애제자라 부른다. 예수는 이 세 명에게는 다른 제자들과는 달리 은밀하고 신비한 사건에 따로 동행시켰다. 변화산에서 신비체험을 하실 때, 겟세마네 동산에서 기도하실 때, 죽은 사람을 살리실 때는 세 제자에게만 보여주셨다. 왜 그러셨는지 우리는 알 수 없다. 분명한 것은 이 세 사람이 훗날 기독교 역사에 결정적 역할을 남겼다는 점이다. 베드로는 초대교회의 상징적 지도자로, 야고보는 기독교 최초의 순교자로, 요한은 예수의 말씀을 책으로 담아 불멸의 종교로 만든 기록자로 기억된다.

예수의 제자 파송 메시지에 담긴 제자도

예수께서는 제자들을 불러서 무엇을 하셨을까? 제자훈련이다. 3년 반 동안 하나님 나라라는 주제를 가지고 이론과 실습을 반복하셨다. 산상수훈을 비롯하여 하나님 나라, 종말론 등 수많은 삶의 원리를 끊임없이 가르치셨다. 여기서 그치지 않고 세상에 나가서 전하는 훈련까지 직접 진두지휘하셨다. 두 명씩 짝을 지어서 세상으로 보내면서 꼭 기억해야 할 지침들을 주신다. 오늘날 제자인 그리스도인이 살아갈 세상살이의 원리이자 윤리들이다.

첫째, 제자들이 세상에서 외치고 전할 가장 중요한 주제는 하나님의 나라와 회개다. 하나님이 통치하시니 하나님께로 돌아가라는 것이다. 하나님 나라는 예수 사상의 핵이다. 예수의 모든 사역의 시작과 끝이요, 알파와 오메가다. 하나님의 나라를 이 땅에 임하게 하는 것이 제자들의 사명이다. 모든 것은 하나님 나라를 중심으로 돌아간다. 하나님 나라의 현상은 아픈 자들이 치유되고, 귀신이 쫓겨나고, 억눌린 자가 자유와 해방을 얻는 것이다. 치유, 회복, 자유, 해방, 생명, 사랑, 정의는 하나님 나라의 7가지 무지개다.

둘째, 제자가 세상으로 나가는 것은 양을 이리떼 소굴로 보내는 것과 같으니 뱀처럼 지혜롭고 비둘기처럼 순결할 것을 부탁하신다. 똑똑함과 순수함을 동시에 유지하라는 기가 막힌 말씀이다. 순수함 없는 똑똑함은 '악함'이 되고, 똑똑하지 못한 순수함은 '약함'이 되기 때문이다. 제자들은 세상에서 '악'하지도 말고 '약'하지도 말아야 한다. '악'한 제자는 하나님이 버리시고, '약'한 제자는 세상이 버린다. 착하고 능력 있는 제자가 필요하다. 선하지만 강한 제자가 세상에서 하나님 나라를 살아갈 수 있다.

셋째, 아무것도 가지지 말고 가라는 무소유적 삶이다. 전적으로 하나님의 공급을 받으라는 것이다. 하나님의 일은 하나님이 책임지신다는 믿음이다. 하나님 나라는 하나님이 하시니 필요한 모든 것은 하늘이 제공한다. 어디를 가더라도 가리지 말고 자라는 말씀도 마찬가지다. 사람들이 받아주면 거하고 떠날 때 떠나라. 눌러앉지 말라. 그것이 예수의 정신이다. 안주하지 않는 것, 그것이 제자들의 삶이다. 흘러가는 강물처럼 사는 것, 어디에도 집착하지 않는 것, 하나님이 머물라면 머물고 떠나라면 언제든 떠날 준비가 되어 있는 것, 이것이 제자들의 운명이다.

넷째, 거부당할 때는 말없이 발에 먼지를 털고 떠나라. 듣지 않으면 싸우지 말고 일어나라 무미련, 무논쟁의 삶이다. 복음의 주인은 주님이시고 제자는 일꾼 그 이상도 이하도 아니다. 세상이 복음을 긍정하면 긍정하는 대로, 부정하면 부정하는 대로 받아들일 뿐이다. 설득하려 하지 말고 다투지 말라. 그러나 제자들은 가는 곳마다 평안의 인사를 해야 한다. 환영하는 사람이든 반대하는 사람이든 하나님의 샬롬을 선포하고 기원해야 한다. 샬롬은 히브리어 중에 가장 좋은 단어다. 평화, 평안, 평강, 안정, 복지, 행복, 번영 등등 좋은 뜻은 다 샬롬에 있다.

누가복음에 보면 70명을 2명씩 짝을 지어 보내시는 이야기가 있다. 제자들이 전도 결과를 예수께 보고한다. 예수의 이름으로 선포하고 안수하고 기도했더니 귀신들이 도망가고 병든 자가 일어나더라는 것이다. 흥분한 제자들이 저마다 예수께 자신들에게 일어난 일들을 이야기하느라 정신없다. 이때 예수는 그들의 전도 현장에서 사탄이 하늘에서부터 떨어지는 것을 보았다고 하신다. 엄청난 영적 전쟁이었음을 의미한다. 그리고 예수는 기뻐하는 제자들에게 진정한 기쁨의 이유를 정확히 짚어 주신다. 귀신이 나가고 병이 낫는 것을 기뻐할 일이 아니라, 그런 일을 행한 너희의 이름이 하나님 나라의 생명책에 기록된 것을 기뻐할 일이다.

무리와 제자의 차이: "너희들도 가려느냐?"

복음서를 찬찬히 들여다보면, 예수께서는 탁월한 제자 관리의 능력을 보유하신 분인 것처럼 보인다. 그러나 동시에 예수는 비참하리만큼 인간관계에 실패하신 분으로 나타난다. 예수는 자신에게 다가온 사람들을 크게 네 부류로 분류하셨다. 무리, 70명의 제자, 12명의 제자 그리고 세 명의 제자다. 예수는 각 그룹에 대하여 하나님 나라의 비밀 혹은 예수 자신에 대한 깊은 이야기를 드러내실 때 차이를 두셨다.

무리에게는 치유 사역과 오병이어와 같은 필요한 양식을 공급해 주는 정도로 대하셨다. 70명의 제자에게는 예수의 능력을 전수하고 전도훈련을 시키는 수준에서 관리하셨다. 12명의 제자에게는 예수의 능력을 포함하여 예수를 따르는 자들이 갖추어야 할 성품과 자세, 이른바 '제자도'를 익히게 하셨다. 마지막으로 베드로와 야고보와 요한 3명에게는 은밀한 치유 현장에 데려가셨고, 겟세마네 동산에서의 눈물의 기도에 동참시켰고, 변화산 현장에 데려가셔서 하늘의 신비와 자신의 속마음을 보여주셨다.

당시 예수의 대중적 인기는 5천 명 이상의 대대적인 군중을 몰고 다니는 메가톤급 스타라고 해도 과언이 아니었다. 심지어 유대의 왕이 되어줄 것을 요청받는 막강한 정치 지도자로서의 명망까지 얻을 정도였다. 그러나 예수의 말씀 몇 마디에 그의 열광적 팬(?)들은 썰물처럼 소리 없이 사라졌다. 70명의 제자라고 따라다니던 사람들도 60명 가까이 떠나가면서, 12명의 제자만 남는다. 그러던 것이 십자가 사건을 정점으로 12명의 제자마저 떠나고 배신하고, 심지어 팔아버리기까지 하는 비참한 과정을 겪으신다. 오늘날 사회생활에서 중요한 자산이라고 할 수 있는 인맥 관리에 있어서 예수는 그리 성공적인 분이 못되었다.

도대체 그 많던 무리들은 왜 예수를 따라왔다가 순식간에 떠나갔을까? 이른바 "너희도 가려느냐?"는 예수의 외롭고도 민망한 질문은 자신 곁을 떠나가는 제자들을 두고 던지신 의미심장한 말씀이다. 요한

복음 6장은 예수께 무리가 몰려들게 한 '형이하학적 요인'과 예수를 떠나가게 한 '형이상학적 요인'을 극명한 대조 방식으로 보여주고 있다. "이는 참으로 세상에 오실 그 선지자라(14절)", "억지로 붙들어 임금으로 삼으려(15절)", "기뻐서 배로 영접하니(21절)"에서 보듯이, 예수께 몰려들게 한 요인은 바로 오병이어 기적이나 치유의 사건을 통해서 얻은 일시적인 '썩을 양식' 때문이었다.

그러나 "나는 하늘에서 내려온 생명의 떡이다," "사람이 이 떡을 먹어야 영생한다," "내 살을 먹고 피를 마시는 자는 영생을 가졌다," "내 살은 참된 양식이요 내 피는 참된 음료다(29-65절)"라는 도무지 이해하기 어려운 말씀 앞에 대부분의 사람이 충격과 놀람 속에서 떠나간다. 점점 심오해지는 예수의 말씀에 사람들은 어렵고 혐오스럽다며 떠나간다. 결정적으로 십자가의 고난을 겸하지 않고는 진정한 제자로 살 수 없다는 단호한 선언에 12명의 제자도 흔들렸다. 드디어 예수께서 십자가 앞에 섰을 때는 모든 제자가 도망가 버린다.

그럼에도 불구하고 끝까지 예수를 떠나지 않은 제자들이 있었다. 그들은 모두 여자들이었다. 예수의 제자 관리에서 의외의 수확이다. 막달라 마리아를 비롯한 여성 그룹은 예수의 사역에 경제적인 후원자가 되어 주었고, 예수의 사역을 직간접적으로 지원하며 십자가에 돌아가실 때까지 예수의 주변을 떠나지 않았다. 심지어 부활하신 후에도 가장 먼저 만난 사람들도 여자들이었다. "너희도 가려느냐?"는 예수의 질문 앞에서 우리는 누가 예수를 떠날 무리이고, 누가 끝까지 예수를 따를 참 제자인지 깊이 생각하게 된다.

결국 그 스승의 그 제자들

모든 제자에게는 제자도라는 것이 있다. 제자가 걸어가야 할 길이다. 마태복음 8장과 누가복음 9장에 이런 이야기가 나온다. 어떤 서기관이 예수를 따르겠다고 자원하자 예수께서는 여우도 굴이 있고 하늘의 새도 거처할 곳이 있지만 인자는 머리 둘 곳 없다고 딱 잘라 거절하셨다. 제자도의 본질을 모르기 때문이다. 제자란 내가 자원하는 게 아니다. 불러서 따라가는 것이다. 능동이 아니라 수동이다. 적극이 아니라 소극이다. 불러야만 한다. 기독교 신앙의 출발은 부르심이다. 기독교와 불교의 근본적인 차이가 여기에 있다. 불교는 출가, 곧 '찾아감'의 종교다. 그러나 기독교는 소명, 곧 '부르심'의 종교다.

반면 예수께서 길을 가시다가 두 사람이 마음에 드셨는지 제자로 부르신다. 그런데 한 사람은 아버지 장례 때문에 미뤄달라고 한다. 다른 사람은 가족과 작별 인사할 시간 좀 달라고 한다. 순종의 문턱에 걸린 것이다. 예수는 그 자리에서 부르심을 접으신다. 쟁기를 들고 뒤를 돌아보는 자는 안 된다고 하신다. 순종이란 즉각적 따름이기 때문이다. 그래서 예수는 누구든지 자기를 부인하고 자기 십자가를 지고 나를 따르라고 하셨다. 넓은 문으로 들어가지 말고 좁은 문을 선택하라고 하신다. 그러나 자기 부정이 쉬운가? 십자가를 지는 것이 간단한가? 좁은 문이 좋겠는가? 그래서 하시는 말씀이 목숨을 걸어야 한다고 하신다. 이것이 제자도의 핵심이다.

목숨을 걸어야 한다는 말씀에 제자들은 70명에서 12명으로 줄었고, 그 12명조차도 예수와 동상이몽이었다. 각자의 욕망은 서로의 갈등으로 나타났다. 그들은 매일 싸웠다. 스승을 중심으로 좌의정, 우의

정 자리에 골몰했다. 결국 그들은 스승을 버렸다. 그러나 예수의 제자들에게는 엄청난 반전이 일어난다. 부활의 목격이다. 우리 말에 "그 스승의 그 제자"라는 말이 있다. 제자들은 결국 예수의 길을 따랐다. 가롯 유다만 빼고 모두 순교했거나 순교에 가까운 고난을 받았다. 그것도 예수의 고난에 버금가는 죽임을 당했다.

야고보는 헤롯 아그립바에 의해 돌에 맞아 죽은 최초의 제자다. 빌립은 채찍에 맞아 감옥에 갇힌 후 AD 54년 십자가에서 죽는다. 마태는 유대 지역과 에디오피아에서 사역하다가 AD 60년 파르티아에서 목베임을 당한다. 작은 야고보는 94세 때 유대인들에게 구타당하고 돌에 맞아 뇌에 손상을 입고 순교한다. 베드로의 동생 안드레는 지금의 튀르키예에서 복음을 전하다가 그리스 파트레에스에서 십자가에서 죽는다. 오늘날 안드레는 그리스정교회 1대 총대주교로 인정받고 있다. 베드로는 AD 64년 로마에서 거꾸로 십자가에 못박혀 순교한다. 베드로는 로마 가톨릭의 1대 교황으로 받들어진다. 두 형제가 로마가톨릭교회와 그리스정교회의 주춧돌이 된 것이다.

바돌로매는 아르메니아에서 산채로 살 껍질이 벗겨지고 목이 베어 죽임을 당한다. 열심당원 시몬은 아프리카 마우리타니아와 영국에서 선교하다가 AD 74년 영국에서 십자가 처형을 당한다. 도마는 인도에서 복음을 전하다가 창으로 몸이 관통되는 죽임을 당한다. 작은 야고보의 형제 유다는 페르시아로 가서 복음을 전하다 AD 72년에 십자가에 못박혀 죽는다. 그리고 유일하게 순교하지 못한 제자가 바로 요한이다. 그는 요한복음을 기록하고, 예수의 어머니 마리아를 섬겼고, 온갖 환난과 핍박을 견디며 요한계시록을 쓰고 에베소교회를 지켰던 마지막 제자다. 형은 최초의 순교자로, 동생은 끝까지 살아서 이 모든 것을 역사에 남긴 기록자로 살다가 갔다. 수많은 우여곡절이 있었지만 결국에는 그 스승의 그 제자들이었다. 분명한 사실은 가룟 유다를 제외한 11명의 제자 모두 스승 예수의 증인이 되어 순교했다는 점이다. 모든 제자가 자기 스승을 따라 살다가 스승처럼 똑같이 죽는 경우는 어떤 종교에서도 찾아보기 어렵다.

QUESTION 3
예수는 어떻게 사람들을 치유했을까?

사람의 아들

▎힐링 열풍의 원조 예수

오늘날 우리나라는 힐링 열풍이 대단하다. 그 이유에 대해서는 많은 의견이 있다. 그러나 분명한 사실은 한마디로 몹시 아프다는 것이다. 좁은 국토에 많은 인구, 적은 일자리에 많은 구직자, 어렸을 때부터 경쟁에 내몰리는 아이들, 남북의 분단과 세대 갈등, 지역 갈등, 빈부 갈등 등에서 오는 분열적인 사고, 세계 4대 열강 속에 놓인 복잡하고 불안한 지정학적 상황 등이 주는 스트레스가 만만치 않다. 보통 다른 나라에서는 300년 걸리는 산업화와 민주화를 반세기 만에 이뤄내는 엄청난 저력 뒤에는 꼭꼭 감추어 두었던 소중한 가치와 감정들이

억눌려 있다. 남을 누르고 성공하기 위해서는 행복의 감정 따위는 사치처럼 느껴진다. 그러다 보니 매일 머리가 아프고 마음이 무겁다. 항상 뭔가 해야 한다는 강박과 불안이 나를 지배한다. 이제 그것이 폭발하기 시작했다. 더이상 이렇게 살다 간 죽을 것 같다. 자살률 세계 1위가 그것을 상징처럼 보여준다. 사람들이 여기저기서 외친다. 힐링이 필요하다고. 바야흐로 힐링 열풍이 시작된 것이다.

좋은 카페에서 좋은 커피를 마시면 힐링이 된다고 한다. 산 좋고 물 좋은 곳으로 가면 힐링이 된단다. 이 땅을 떠나 여행을 하면서 힐링한다. 힐링하기 위해서 맛집을 찾아간다. 힐링하기 위해 반려견을 키우고 꽃을 키운다. 내 마음이 편해지고 기분이 좋아지고 싶다. 불안한 감정이라도 좋아지면 모두 힐링이다. 힐링 카페, 힐링 맛집, 힐링 캠프, 힐링 여행, 힐링 명상, 힐링 사역 등등 곳곳이 힐링 바람이다.

그러나 원래 힐링이라는 말은 성서의 언어다. 특히 복음서에서 예수께서 행하신 행적의 특징을 가리키는 말이다. 예수는 힐링의 본질을 가장 잘 보여주신 원조다. 예수의 사역에서 힐링(치유)은 3대 핵심 활동 가운데 하나다. 3대 핵심이란 가르치심(teaching), 전파하심(preaching) 그리고 고치심(healing)이다. 예수께서 한 번 움직이면 기본적으로 함께 이루어지는 세 가지 동시다발적 행위다.

> 예수께서 온 갈릴리에 두루 다니사 그들의 회당에서 가르치시며(teaching) 천국 복음을 전파하시며(preaching) 백성 중의 모든 병과 모든 약한 것을 고치시니(healing) 그의 소문이 온 수리아에 퍼진지라 사람들이 모든 앓는 자 곧 각종 병에 걸려서 고통당하는 자, 귀신 들린 자, 간질하는 자, 중풍병자들을 데려오니 그들을 고

치시더라 (마태 4:23-25).

하나님 나라의 진리를 가르치고, 생명의 복음을 선포하며, 아픈 사람들을 고쳐주시는 것은 하나의 묶음(패키지) 상품처럼 같이 이루어졌다. 이 중에서 치유는 예수 사역의 25퍼센트를 차지할 정도로 그 비중이 매우 높다. 그리고 예수를 갈릴리와 온 유대 지역에 이름이 알려지게 된 결정적인 사역 또한 치유였다. 한번 생각해 보자. 잘 가르치고, 잘 선포하는 것, 매우 중요하다. 그런데 그것뿐이라면 사람들이 예수께 몰려들었을까? 아마도 학구열에 불타는 몇몇 공부 좋아하는 소수의 지성인이나 진지하게 인생을 살고자 하는 수행자나 따랐을 것이다. 그러나 4천 명, 5천 명의 무리가 예수의 가르침에 몰려든 것에는 치유와 기적이라는 신비적 사건들이 따랐기 때문이다. 특히 예수의 치유 사역은 당사자들에게는 너무나 강렬해서 아무리 그 입을 막아도 소용이 없었다. 예수의 의지와 상관없이 치유 사역은 그분을 일약 당대 최고의 스타로 만들었다. 힐링 열풍의 원조는 예수다. 그만큼 예수 시대 또한 지금 우리처럼 매우 아팠던 것이다.

치료와 치유의 차이

예수께서는 사람들을 어떻게 치유하셨을까? 그분의 치유는 오늘날 우리들이 생각하는 힐링과 무엇이 다를까? 무엇보다도 예수의 치유는 전인적이고 유기적이다. 기독교 신학에서는 사람을 영혼과 육체로 구분하는 이분설과 영과 혼과 육으로 구분하는 삼분설이 있다. 크게 이분설을 가지고 보면 예수 앞에 나온 사람들은 대체로 영적이고 정신적인 질병을 가진 사람과 육체적인 질병을 가진 사람들로 나눠 볼 수 있다.

예수 당시의 병이란 크게 영혼의 질병인 귀신들림과 각종 육체적 질병으로 나타난다. 복음서는 귀신이 들려서 간질과 같은 육체적 질병으로 나타나는 것처럼 영혼의 문제가 원인이 되어 병이 되었다고 보는 기록도 있다. 그러나 귀신과 상관없이 그냥 손이 마르거나 중풍에 걸리거나 하는 것처럼 독립적으로 보는 기록도 있다. 즉 귀신에 들려서 간질이 생기기도 하지만, 단순히 병이 들었다고 표현하기도 한다.

중요한 것은 사람이 귀신에 들렸건(영적 질병), 인간관계로 인한 상처로 마음이 병들었건(정신적 질병), 단순히 몸의 어디가 망가졌건(육체적 질병), 예수의 병 고침은 이 세 가지 영역을 모두 아우르셨다는 사실이다. 그래서 전인적이라고 부르는 것이다. 전인적인 병 고침을 일컬어 치유(healing)라고 한다. 그래서 치유는 치료(cure)와 다르다. 치유는 치료의 차원을 포함하면서도 초월하는 행위다.

치료는 영과 혼과 육을 담고 있는 인간의 몸(body) 중에서 특정한 부분에만 집중하여 고치는 행위다. 전문적인 의사들이 고치는 행위를 치료라고 하지, 치유라고 하지 않는 이유가 여기에 있다. 물리치료가 하지, 물리치유라 하지 않는다. 정신과 치료라 부르지, 정신과 치유라 부르지 않는다. 외과치료라 말하지, 외과치유라 말하지 않는다. 치료 행위란 해당 부위의 고통만을 제거해 주는 것이다. 시각장애인의 눈을 뜨게 하는 것 자체는 치료다. 손 마른 사람의 손을 펴주는 것은 치료다. 그래서 의사들을 치료자라 부르지, 치유자라 부르지 않는다. 그러나 예수는 치료를 포함하면서도 치료를 초월하는 분이다. 치유는 영과 혼과 육의 모든 부분을 회복하는 행위다. 특히 예수의 고침은 특정 부위의 치료로 시작하여 영, 혼, 육 모든 부분의 치유로 끝나셨다. 예수는 단순한 육체의 치료를 넘어 하나님과의 관계를 여는 영혼의 회복까지 끌고 가신다. 그래서 우리는 예수를 치유자(Healer)라 부른다.

예수는 한센병 환자를 고치시고 나서 하나님께 나아가도록 길을 열어주셨다. 다섯 번 이혼하여 정신적 상처와 고통을 받던 여인을 상담해 주시고 여기서 그치지 않고 하나님을 예배하는 자로 나아가게 하신다. 군대 귀신 들린 자의 영혼을 해방시켜 주신 후 예수는 그를 하나님의 은혜를 간증하는 자로 살게 하신다. 날 때부터 시각장애를 가진 자의 눈을 뜨게 해 주신 후 예수는 그에게 영의 눈까지 열어주신다. 제자들도 예수의 치유사역을 그대로 따라 한다. 평생을 앉은뱅이로 살았던 성전 미문의 40대 청년을 베드로와 요한이 일으켰을 때, 그는 육체의 질병에서 치료되었을 뿐만 아니라, 오랫동안 억눌렸던 정신적 자존감도 회복되어 자신이 굽신거렸던 건강한 사람들과 어깨를 함께 했고, 나아가 한 번도 하나님을 찬송하지 못했던 사람이 하나님께 영광을 돌리기 위해 성전 안으로 뛰어 들어갔다.

치유란 바로 이런 것이다. 육의 치료로 시작하여 항상 영혼의 회복까지 나아간다. 영과 혼과 육을 모두 유기적으로 바라보고 회복하는 것이 치유다. 하나님의 창조 때 형상으로 되돌리는 것이 치유다. 영과 혼과 육이 조화롭게 다시 자리 잡는 것이 치유다. 고급 커피 마시고, 좋은 음식 먹고 힐링했다고 하는 세속의 말은 예수의 힐링을 몰라도 너무 모르는 말이다.

사람마다 다르게 고치다

우리는 흔히 예수께서 치유하실 때 손으로 머리에 손을 얹는 안수 혹은 입으로 명령하는 선포를 쉽게 떠오른다. 그래서 치유 집회를 보면, 치유자들이 주로 할 수 있는 행위는 안수 아니면 말씀 선포 정도다. 그러나 예수께서 보여주신 치유의 모습은 생각보다 매우 다양했음을 복음서는 보여준다.

사람마다 달랐고, 질병마다 달랐고, 믿음마다 달랐고, 상황에 따라 달랐다. 어떤 사람에게는 무심하게 허락하는 정도의 말씀만으로도 고쳐주셨다. 어떤 이에게는 병을 꾸짖어 병을 떠나게 하셨다. 어떤 사람에게는 손을 내밀어 안수하시면서 말씀으로 명령하시기도 하셨다. 어떤 사람에게는 마치 민간요법 의사처럼 땅에 침을 뱉어 진흙을 이겨 눈에 바르고 씻고 오라고 하셨다. 심지어 어떤 여인에게는 자신의 옷자락을 만지도록 내어줌으로써 아무런 행위나 말씀 없이도 낫게 하셨다. 이것들은 예수께서 환자에게 직접 행한 치유의 모습들이다.

간접적으로 고치신 예도 많다. 백부장의 종을 고치시는 사건이 대표적이다. 환자는 백부장의 종이었고, 고쳐 달라고 요청한 사람은 백부장이었으며, 그 요청을 전달한 사람은 백부장을 존경하는 그 지역의 장로들이었다. 예수께서는 환자에게 직접 가셔서 고쳐주시겠다고 하셨다. 그러나 그 소식을 들은 백부장은 또 다른 종을 예수께 보내어 직접 오시지 말라고 한다. 오실 필요 없이 그냥 거기서 그냥 말씀만 해달라고 요청한다. 예수께서는 백부장의 말을 들으시고 굉장히 놀라워하시면서 이스라엘 최고의 믿음이라 극찬하셨다.

왜 그랬을까? 결과적으로 보면, 이 상황에서 예수는 환자 당사자를 만나지도 못하셨고, 백부장의 얼굴이 어떻게 생겼는지도 모르신다. 다만 모든 게 간접적인 메시지 전달로만 이루어졌다. 직접 보지 않고 말씀으로만 듣기만 해도 나을 수 있다는 믿음에 놀라신 것이다. 사실 믿음이란 굳이 눈으로 보지 않고도 신뢰하는 것이 본질이다. 백부장은 바로 믿음의 본질을 그대로 보여준 사람이었던 것이다. 이를 꿰뚫어 보신 예수는 그를 이스라엘 최고의 믿음을 소유한 자라고 평가하신 것이다.

예수의 치유 방식에는 하나의 정해진 틀이 있는 것이 아니다. 하나님의 은혜로 치유 받고 나서 남들에게 간증하는 것이 조심스럽고 위험한 이유가 여기에 있다. 한 사람이 자신의 치유 받은 이야기를 간증하면 듣는 사람들은 그가 경험한 치유가 전부인 줄 착각한다. 그리고 그 사람이 나은 비결을 따라서 모방하려는 경향이 있다. 매우 위험한 일이다. 어떤 사람은 금식기도를 해서 나았다고 간증한다. 어떤 이는 찬양하다가 암 덩어리가 떨어져 나갔다고 말한다. 어떤 사람은 사망 선고를 받고 모든 걸 접고 전도만 하다가 치유되었다고 간증한다. 모두가 믿음의 행위이지만 그 방식은 사람마다, 병에 따라, 처지에 따라 다 다르다.

치유는 그 사람의 생각, 습관, 감정, 상황에 따라 다르게 펼쳐진다. 기도해서 병이 나을 수도 있지만 죽을 수도 있다. 안수받아서 병이 나을 수도 있지만 아무 일도 일어나지 않을 수도 있다. 예수께서는 사람의 병을 고치실 때 사람마다, 질병마다, 상황마다 다르게 접근하셨기 때문에 나의 치유를 절대적이라고 말해서는 안 되는 이유다. 이것은 마치 내가 특별한 민간요법이나 건강식품으로 암이 나았다고 해서 다른 사람에게도 똑같이 권해서는 안 되는 것과 같다. 예수는 고통을 받는 한 영혼에게 주목하셨고, 그 영혼만이 당하는 처지와 형편을 살피셨으며, 그에게 맞는 가장 좋은 치유를 베푸셨다. 하나님의 은혜는 모든 사람에게 임할 수 있으나 사람마다 다르게 임한다. 그러므로 자신에게 임한 은혜를 함부로 자랑하지 않는다.

예수가 주목한 한 가지 조건

예수는 항상 자신에게 나아온 사람들의 태도를 유심히 관찰하셨다. 관찰을 통해 보고자 하신 것은 환자의 태도였다. 진심으로 병을 고치고자 하는 태도인가? 정말로 살고자 하는 열의가 있는가? 예수가 자신의 병을 고칠 수 있는 분이라고 확실히 믿고 있는가? 이것은 예수께서 치유하실 때 꼭 짚고 넘어가신 조건이었다. 바고 믿음이라는 치유의 핵이었다. 이것은 예수 치유의 아주 독특한 점이다.

예수는 병자들을 찾아서 일방적으로 고치신 적이 거의 없다. 그들이 찾아왔을 때만 고치셨다. 그리고 꼭 묻는 질문이 하나 있다. "네가 원하느냐? 네가 믿느냐?" 예수께서 내거시는 조건은 병자의 믿음이다. 낫고자 하는 의지와 예수에 대한 믿음을 확인하셨다. 그리고 치유 후의 꼭 빠지지 않는 말씀이 있다. "네 믿음이 너를 구원하였다." 치유의 원인을 바로 병자에게 돌리신다. 이것은 예수의 겸손이 아니다. 오히려 치유의 핵심 원리를 반복적으로 강조하시기 위함이다.

나병환자가 예수께 나아와 "주여 원하시면 저를 깨끗하게 하실 수 있나이다(마 8:2)"라는 말을 듣고 하신 말씀이 "내가 원하노니 깨끗함을 받으라" 하셨다. 시각장애인들이 예수를 따라오며 "다윗의 자손이여 우리를 불쌍히 여기소서(마 9:27)"라고 외쳤을 때, 예수께서는 "내가 능히 이 일 할 줄을 믿느냐?"라고 확인하셨다. 그들이 믿는다고 대답할 때 "너희 믿음대로 되리라" 하셨다. 환자가 간절히 원하면 예수께서도 원하셨고, 환자가 확고한 믿음을 보여주면 예수께서도 확실한 치유로 응답하셨다.

열두 해를 혈루증으로 고생하던 여인이 제자들에게 둘러싸인 예수의 옷자락에 손을 스쳤을 때, "누가 내 옷에 손을 대었느냐?(막 5:30)"고 반응하신 이유가 무엇일까? 예수는 여기서 "무리가 에워싸 미는(press) 것"과 "내게 손을 댄(touch) 것"을 구별하셨다. 제자들이 미는 것은 의미 없는 프레스(물리적인 힘)일 뿐이다. 그러나 여인이 손을 댄 것은 깊은 터치(영적 열망의 힘)다. 그 힘이 무엇인가? 바로 믿음이다. "내가 그의 옷에만 손을 대어도 구원을 받으리라 생각함일러라(막 5:28)." 생각의 믿음이다. 이에 예수는 "네 믿음이 너를 구원"했다고 평가하신다.

간접적인 믿음도 만만치 않게 중요하다. 환자의 믿음이 아니라 주변 사람의 믿음이다. 그는 너무 아프기에 자신이 살아날 소망이나 믿음을 가질 여력조차 없다. 예수는 그때 그 환자를 살리는 믿음을 주변 사람들에게서 찾았다. 백부장이 그러했고, 베드로의 장모가 그랬으며, 지붕을 뜯고 중풍병자를 예수님께 데리고 나온 네 명의 친구들이 그랬으며, 수로보니게 여인이 그러했다. 날 때부터 귀신에게 시달려 거품을 물고 쓰러지는 아이를 고치지 못하는 제자들을 한탄하시면서 예수는 그 믿음을 그 아이의 아버지에게 찾으셨다(막 9:14-29).

그때 그가 한 말은 "무엇을 하실 수 있거든 우리를 불쌍히 여기사 도와주옵소서(22절)"였다. 이 말에 예수께서는 화를 내셨다. "무엇을 하실 수 있거든"이라는 말이 귀에 거슬린다. 영어로 "If you can"이다. 조건절이다. "할 수 있으시면 하시고, 못하시면 어쩔 수 없지요"라는 의미다. 예수를 화나게 한 것은 그 아버지의 분명치 않은 믿음이다. " '할 수 있거든' 이 무슨 말이냐 믿는 자에게는 능히 하지 못할 일이 없느니라(23절)"고 다시 말하라 촉구하신다. 정신이 번쩍 든 아버지가 말을 바꾼다. "내가 믿나이다 나의 믿음 없는 것을 도와주소서(24절)." 결국 믿음이다. 병을 고칠 수 있다는 믿음과 예수에 대한 믿음이 예수 치유의 핵이다.

QUESTION 4
예수는 탁월한 언어철학자인가?

산상의아홉

예수와 언어

예수께서는 마태복음 산상수훈의 첫머리에서 팔복을 선언하시면서 행복에 대해서 말씀하셨다. 한마디로 복이란 좋은 말이다. 어떤 사람을 향해 축복한다는 것은 그 사람을 인정하고 긍정하고, 그 사람의 모든 일이 잘되기를 바라 마지않는 매우 좋은 언어 행위다. 예수는 제자들을 축복하셨고, 아프고 병든 자들을 위해 위로했으며, 배고픈 수천 명의 무리를 위해 하늘을 향해 축사하시고 기적을 베푸셨다. 예수는 어디를 가든지 하나님의 복을 사람들에게 빌어 주셨다. 제자들에게도 어느 집에 들어가든지 항상 그 집이 평안하기를 빌어주라고 가르치셨다. 그러나 동시에 예수는 엄청난 화를 쏟아붓는 독설가의 면모도 보여주셨다.

이 땅에는 경계가 있지만 하늘에는 경계가 없다. 이 말을 뒤집으면, 하늘에는 경계가 없지만 이 땅에는 경계가 있다. 경계란 내 편과 네 편, 이쪽과 저쪽, 좋음과 나쁨, 선과 악, 복과 화로 나누어지는 구분을 뜻한다. 하늘에는 이런 경계가 없지만, 땅으로 내려오면 어디를 가도 존재한다. 하나님은 모든 사람을 사랑하신다. 이것은 하나님 사랑의 보편성이다. 그러나 이 땅에 내려오신 예수의 사랑은 선택할 수밖에 없는 한계의 현실을 사셨다. 삼위일체 하나님 중 한 분인 예수 그리스도는 경계가 없는 우주적 하나님이시지만, 이 땅에 사람으로 오셔서 3년 동안 사역하시는 동안 세상 속의 예수는 수많은 경계에 부딪히셨다. 그 속에서 예수는 사람에 따라, 상황에 따라 다른 언어 행위를 보여주셔야 했다.

예수의 사랑은 경계에 따라 다르게 나타났다. 부자를 사랑하는 것과 가난한 자를 사랑하는 표현이 달랐다. 부자에게는 경고와 비판의 언어를, 가난한 자에게는 위로와 용기의 언어를 사용하셨다. 위선적이고 교만한 종교 지도자들에게는 독설과 저주의 언어를 자주 쓰셨고, 소외되고 고통받는 약자들에게는 복을 선포함으로써 그 사랑의 양상을 달리했다. 권력가 헤롯 안디바스를 향해서는 거침없이 '여우'라고 대놓고 놀리셨지만, 간음하다 잡혀 온 여인을 모두가 죽이려고 할 때 "나는 너를 정죄하지 않는다"라고 하시면서 품으셨다. 반대로 예수를 두고도 사람들은 항상 두 개의 편으로 갈라졌다. 예수를 좋아하는 편과 싫어하는 편, 예수를 따르는 편과 배척하는 편으로 항상 나뉘었다. 예수를 메시아로 여기는 사람들과 예수를 갈릴리 나사렛 시골 촌놈 정도로 무시하는 사람들로 갈렸다. 어쩔 수 없는 지상에서의 운명이었다. 그래서 예수의 언어는 사람에 따라, 상황에 따라 복의 언어와 화의 언어라는 상반된 두 가지 양태가 모두 나타날 수밖에 없었다. 어떤 이들에게는 "복이 있는 자여!" 어떤 이들에게는 "화 있을진저!"

특히 화를 선포하실 때 나오는 예수의 독설은 우리의 상상을 뛰어넘을 정도로 강력하다. 예수도 욕을 하셨는가? 하셨다. 그것도 아주 잘 하셨다. 당대 최고의 욕 "독사의 새끼들아"를 자주 쓰셨다. 거침이 없으셨다. 여기서 우리는 예수의 입에 주목하게 된다. 과연 예수의 언어는 어떤 식으로 발화하는가? 예수의 입은 고운가, 거친가? 예수께서 욕도 하셨다면 그분의 평소 언어 행위는 어떠셨을까? 말씀하시는 습관 같은 것이 있었을까? 말하기 어려운 것을 돌려 말하는 스타일인가, 아니면 상대방의 입장 생각하지 않고 던지는 돌직구 스타일인가? 예수의 언어 행위에 어떤 원칙이라는 것이 있을까? 있다면 어떤 언어철학을 가지고 계실까?

언어의 자명성: "옳으면 옳다, 아니면 아니라 말하라"

예수의 언어철학의 첫 번째 특징은 자명성이다. 예수의 언어는 매우 자명했다. 분명하고 명료하다는 뜻이다. 예수의 입에서 나오는 말 그 자체가 누가 들어도 분명하고 밝다. 난해할 것이 없다. 특히 어떤 입장을 밝힘에 있어서 분명하셨다. 예수는 산상수훈에서 언어의 자명성에 대해 강조하신 적이 있다. "오직 너희 말은 옳으면 옳다, 아니면 아니라 하라. 이에서 지나는 것은 악으로부터 나느니라(마 5:37)."
'예'와 '아니오' 사이에 '글쎄요'라는 중간지대란 없다. 예수는 언어에서 중간지대가 있다는 것은 악한 의도에서 온 것임을 간파하셨다. '글쎄요'라는 중간 언어는 기회주의적 표현이다. 상황에 따라 '예'가 될 수 있고, '아니오'로 급변할 수 있다. 믿을 수 없는 말이다.

 일반적으로 사람들은 애매한 상황에 직면하면 중립적인 언어를 쓰길 좋아한다. 이쪽이나 저쪽을 선택해야 하는데 양쪽으로부터 원한을 살 것 같을 때 항상 중간지대로 도피한다. 그러면서 자신은 중립이라고 말한다. 심지어 기독교인들은 이런 상황에 맞닥뜨리면 자신은 이쪽 편도 아니고 저쪽 편도 아니라고 하면서, 나는 오직 하나님 편이라고 하면서 빠져나간다. 경계선이 없는 하늘로 날아가 버린다. 신앙이 있어 보이지만 현실 회피적 무책임이다. 심지어 자신은 양쪽 모두를 사랑한다고 말한다. 그래서 양쪽 모두로부터 인정을 받고자 한다. 예수는 바로 이러한 태도를 악이라 하신 것이다.

 이 땅에서의 언어는 항상 선택적일 수밖에 없다. 선이든 악이든 어느 하나만을 선택해야 하는 상황에 직면할 때가 많다. 선과 악을 모두 선택할 수 없다. 하나님을 믿을 것인지 믿지 않을 것인지 둘 중의 하나만을 선택해야 한다. 선이면서 악일 수는 없다. 믿으면서 믿지 않을 수는 없다. 하나님과 재물은 어차피 한 쪽만을 선택해야 한다. 둘 다 겸하여 섬길 수 없는 법이다. 좁은 문으로 들어갈 것인지 넓은 문으로 들어갈 것인지 하나만을 선택해야 한다. 좁은 문이면서 동시에 넓은 문인 것은 세상에 없다. 예수를 스승으로 따르면 따르는 것이지 따르면서 따르지 않는 경우는 없다. 언어도단이다.

이 땅의 예술과 학문은 양자혼합으로 작품을 창조하고 물건을 만들지만, 신앙은 양자택일을 통해 창조된다. 선택이다. 어느 한쪽을 선택했다면 다른 쪽은 버리는 것이 신앙이다. 이러한 선택은 언어로 나타난다. 예수는 이때 그 언어는 자명해야 한다는 것이다. 분명해야 한다. '예'라고 했으면 '예'에 맞는 행동을 취해야 하고, '아니요'라고 했으면 그에 맞는 행동을 하면 된다. 여기서 어정쩡한 태도는 용납될 수 없다. 우리 내면에 능구렁이를 키울 수는 없다. 예수는 니고데모 같은 노학자 앞에서 거침없이 "거듭나지 않으면 천국에 들어갈 수 없다"라고 자명하게 말씀하셨다. 연로한 어른의 위신을 생각해서 "들어갈지 못 들어갈지 모르겠다"라는 식으로 모호하게 하지 않으셨다.

사마리아 우물가에서 여인과 대화할 때도 그 여인의 본질적인 문제의 근원을 자명하게 말씀하셨다. "네 남편을 데리고 오라", "지금 너와 살고 있는 남편은 진짜 남편이 아니다." 매우 분명하고 정곡을 찌르는 언어다. 그 여인의 자존심을 건들지 않기 위해 말을 빙빙 돌리지도 않으신다. 매우 자명하다. 예수는 진리를 말씀하실 때 한 번도 우회적으로 표현하신 적이 없다. 아주 직설적이고 분명하다. 이러한 예수의 언어습관은 정직함과 당당함에서 온다. 자명성은 정직하고 당당한 영혼만이 할 수 있는 결코 쉽지 않은 언어 행위다.

언어의 심판성: "말로써 심판을 받으리라"

예수는 우리가 입으로 내뱉는 모든 말은 심판의 대상이 된다고 말씀하셨다. 어떤 말이든 이에 대한 결과가 있고, 책임을 져야 한다는 것이다. 좋은 나무가 좋은 열매를 맺고 나쁜 나무가 나쁜 열매를 맺는다. 좋은 마음에서 좋은 말이 나오고 나쁜 마음에서 나쁜 말이 나온다. 마음이 더러운 데 말이 깨끗하게 나올 리 없다. 입에서 나오는 모든 말은 마음의 열매이자 마음의 결과다.

마태복음 15장에서 바리새인과 서기관들은 예수의 식사법을 문제 삼았다. 손을 씻지 않고 음식을 먹는다는 것이다. 손이 더럽기 때문에 몸이 더럽고 마음도 더러워진다는 논리다. 이에 예수는 역논리를 펼치신다. 어차피 그 음식은 배로 들어가서 뒤로 내버려지기 때문에 근원적 더러움과는 거리가 멀다. 사람을 정말 더럽게 하는 것은 입으로 들어가는 것이 아니라 입에서 나오는 것이다. 입에서 나오는 것은 마음에서 나오는 것이다. 마음의 밭이 선한 것으로 경작되면 입으로 나오는 모든 언어는 선한 열매를 맺는다. 반대로 마음의 밭이 악한 것으로 경작되면 입으로 나오는 모든 언어는 악할 뿐이다. 모든 언어는 마음의 거울이자 마음의 결과물이다.

예수는 산상수훈의 마지막 가르침에서 거짓 선지자들을 주의하라고 경고하셨다. 여기서도 그들을 분별하는 기준이 열매다. 아무리 양의 옷을 입고 양의 티를 내도 시간이 흐르면 그 속의 정체가 열매로 나타난다. 그 열매는 영락없이 이리떼로 드러난다. 바로 그 열매를 보고 원래의 정체, 원래의 본질을 알 수 있다. 여기서 예수는 "그들의 열매로" "그들을" 알 수 있다고 하셨다. 열매란 생명 있는 식물이 땅과 하늘 사이에서 해와 비와 바람과 시간의 총합으로 이루어진 결과물이다. 결과물은 결코 그 식물의 본질이 아니라 부산물이다. 그러나 놀랍게도 부산물을 보면 그 식물의 본질이 어떠함을 알 수 있다. 왜냐하면 열매는 그 식물이 얼마나 건강하게 자랐느냐를 보여주는 척도가 되기 때문이다.

말의 세계가 그렇다는 것이다. 사람의 언어를 보면 그 사람의 인격을 알 수 있고, 그 사람의 영혼을 읽을 수 있으며, 그 사람의 현재 상태를 볼 수 있다. 언어는 한 인간의 인격을 담은 총화이기 때문이다. 그러므로 성경은 말에 대한 엄청난 조언과 경고로 가득한 책이다. 말로써 그 사람의 모든 것을 판단 받을 수 있기 때문이다. 말로 판단을 받는다는 것은 언어에 심판적 성격이 있음을 의미한다. 열매를 보고 심판하시겠다는 것이다.

마태복음 12장에서 예수께서 귀신을 내어쫓는 것을 본 바리새인들은 그것을 하나님의 일로 받아들이기 너무 싫어서 귀신의 왕 바알세불의 힘이라고 궤변을 늘어놓는다. 이에 예수는 매우 화가 나셨다. 예수는 그들의 악한 의도와 말에 대해 엄청난 저주를 하셨다. 말로 사람이나 심지어 예수 자신을 모욕하는 것은 용서할 수 있었다. 그러나 말로써 하나님 혹은 성령을 모독하면 이생과 내생에서 결코 용서받지 못한다고 단정하셨다. 그리고 심판 날에 하나님이 무엇을 보고 심판하겠는가? 이생에서 입으로 내뱉은 말을 보고 심문하신다는 것이다. "내가 너희에게 이르노니 사람이 무슨 무익한 말을 하든지 심판 날에 이에 대하여 심문을 받으리니 네 말로 의롭다 함을 받고 네 말로 정죄함을 받으리라(마 12:36-37)." 결국은 말이다. 우리는 행위로 심판을 받는다고 생각하지만, 그 행위를 행위 되게 하는 근원의 힘은 말에서 온다. 그러므로 말을 들어보면 그 사람의 행위와 인생이 어떠한지 다 보인다. 그래서 하나님은 우리의 말로 우리의 모든 것을 심판하시겠다는 것이다. 놀랍고 무서운 말씀이다.

언어의 공개성:
"귓속말로 듣는 것을 집 위에서 전파하라"

예수의 언어철학 세 번째 특징은 공개성이다. 사람의 입에서 나오는 모든 말은 공개적이다. 언어가 마음속에 있을 때는 드넓은 하늘 위에서 자유롭게 방황하지만, 입으로 내뱉어지는 순간 그 언어는 땅의 질서 안에 자리잡는다. 돌이킬 수 없는 기록으로 남는다. 이것이 언어의 공개성이다. 언어가 공개성을 갖는다는 것은 그 말을 듣는 사람에 의해 받아들여지고 인정되고 확정된다는 뜻이기도 하다. 예수는 이렇게 말씀하셨다. "누구든지 사람 앞에서 나를 시인하면 나도 하늘에 계신 내 아버지 앞에서 그를 시인할 것이요 누구든지 사람 앞에서 나를 부인하면 나도 하늘에 계신 내 아버지 앞에서 그를 부인하리라(마 10:32-33)."

여기서 시인이란, 말로 인정한다는 뜻이고, 부인이란, 말로 부정한다는 의미다. 그리고 시인이나 부인 모두 다른 사람 앞에서 입으로 하는 행위다. 이를 사회적 언어 행위라 한다. 여기서 예수는 영적인 언어 행위를 덧붙이신다. 사람 앞에서 내뱉는 모든 언어 행위는 곧 하나님 앞에 행한 언어 행위라는 것이다. 사람 앞에서 공개적으로 예수를 시인했다면, 그것은 곧 하나님 앞에서 시인한 것이고, 반대도 마찬가지다. 사람의 귀에다 하는 말은 곧 하나님의 귀에다 하는 말이다. 민수기 14장에 보면 광야에서 원망하는 백성들을 향해 하신 하나님의 말씀 가운데 이런 구절이 있다. "내 삶을 두고 맹세하노라 너희 말이 내 귀에 들린 대로 내가 너희에게 행하리라(민 14:26-28)." 너희는 광야 생활의 어려움을 푸념처럼 늘어놓았고, 모세에게 원망했는데, 그 모든 언어는 다 내 귀에 그대로 들린다는 것이다. 사회적 언어는 곧 영의 언어이고, 땅의 언어는 곧 하늘의 언어다. 언어는 땅과 하늘을 이어줄 뿐만 아니라, 두 세계 모두에게 받아들여진다. 공개적이기 때문이다.

사도 바울은 예수의 이런 언어의 공개성과 비슷한 말을 한다. "네가 만일 네 입으로 예수를 주로 시인하며 또 하나님께서 그를 죽은 자 가운데서 살리신 것을 네 마음에 믿으면 구원을 받으리라. 사람이 마음으로 믿어 의에 이르고 입으로 시인하여 구원에 이르느니라(롬 10:9-10)." 여기서도 바울은 입으로 공개적으로 사람 앞에서 하는 말이 구원에 이르는 조건임을 강조한다. 바울은 '마음'과 '말'은 동전의 양면처럼 같은 본질이라고 보고 있다. 구원이란 마음으로만 믿는 것이 아니다. 여기에 입으로 시인하는 과정이 꼭 필요하다. 마음은 '숨겨진' 세계다. 그러나 말이란 '드러난' 세계다. 바울의 논리에 따르면, 사람의 믿음이 마음의 세계에서 은밀히 생겨났다면, 그것은 말의 세계에서 드러나야 한다. 우리가 세례를 받을 때 교회 앞에서 고백하는 언어가 공개성이다. 이 언어는 공개적이므로 돌이킬 수 없다. 책임과 영원이 담긴 언어다. 사람들 앞에서 예수를 그리스도로 믿겠다고 한 선언은 무겁고 영원하다. 그래서 세례는 평생 한 번만 받는 것이다.

예수께서는 여기서 한 걸음 더 나아가신다. "내가 너희에게 어두운 데서 이르는 것을 광명한 데서 말하며 너희가 귓속말로 듣는 것을 집 위에서 전파하라(마 10:27)" 예수가 제자들을 가르치실 때는 은밀하게 말씀하셨다. 진리를 깨닫는 과정은 조용하고 비밀스럽다. 숨겨져 있어야 한다. 예수는 이를 귓속말이라고 표현하셨다. 그러나 일단 진리를 깨닫고 확신한 다음에는 집 위에서 전파하라고 하신다. 은밀성과 공개성을 어떻게 구분해야 할지 잘 알려주는 말씀이다. 진리를 모를 때는 은밀히 배워야 하고, 진리를 깨달은 후에는 공개적으로 드러내야 한다. 그것은 언어로 나타난다. 누구에게 말해도 거리낄 것이 없어야 한다. 예수는 자신이 확신하고 있는 하나님 나라를 그 누구에게도 거리낄 것 없이 공개적으로 말씀하셨다. 언어의 공개성은 영혼이 맑은 사람만이 할 수 있는 언어 행위다.

언어의 존재성: "죽은 것이 아니라 잔다"

예수께서는 입에서 내뱉는 모든 말은 사라지지 않을 뿐만 아니라 현실화된다고 생각하셨다. 우리는 언어가 소리로만 지나가는 것이라 가볍게 생각한다. 그러나 언어란 단순한 음성이 아니라 존재다. 독일의 철학자 하이데거는 "언어는 존재의 집"이라는 의미심장한 말을 했다. 보이지 않는 언어가 입으로 발화되는 순간 그 언어는 보이는 존재로 현실화한다는 뜻이다. 긍정적인 언어를 쓰는 사람은 긍정적인 현실을 만들어 낸다. 부정적인 언어를 쓰는 사람은 부정적인 현실을 만들어 낸다. 슬픈 노래를 많이 부르는 가수들은 단명한다는 말을 하는 이유가 그것이다. 슬픈 노래에 담긴 언어가 슬픈 현실이라는 존재의 집을 짓는다.

이스라엘 백성이 광야에서 가나안 땅 앞에서 했던 말은 그대로 그들의 역사가 되었다. 가나안 사람은 거인이고 "우리는 메뚜기"라고 말했던 10명의 정탐꾼의 언어는 그들 자신을 메뚜기 같은 존재로 만들었다. 그리고 그들은 가나안 땅에 들어가지 못했다. 그러나 "그들은 우리의 밥"이라고 말했던 여호수아와 갈렙은 결국 가나안 땅에 들어가서 그들을 먹어버렸다. 입의 말이 얼마나 힘이 있는지 보여준다.

예수는 언어를 믿음의 언어와 현실의 언어로 나누어 사용하셨다. 회당장 야이로의 딸이 죽었을 때 예수는 아이가 죽은 것이 아니라 잔다고 말씀하셨다. 사람들은 비웃었지만 예수는 이렇게 말씀하셨다. "소녀야 일어나라(막 5:41)." 죽었다면 마땅히 "살아나라"라고 말해야 한다. 그러나 예수는 "일어나라"라고 하셨다. 여기서 죽었다는 말은 현실의 언어이고, 잔다는 말은 믿음의 언어다. 예수는 죽어있는 현실을 자고 있다는 언어로 표현하셨다. 일어나라고 하심으로써 살아있는 현실로 바꾸셨다. 믿음의 언어가 현실의 언어를 지배하고 장악하는 순간이다. 놀라운 것은 말 한마디가 죽음 현실을 생명 현실로 바꾼다는 것이다.

반대로 예수께서 말로 당하신 이야기도 있다. 흉악한 귀신에 들려 죽게 된 딸을 가진 수로보니게 여인이 예수께 고쳐 달라고 했을 때, 예수는 평소와 다르게 행동하셨다. 여인의 말을 듣지도 않으시고, 이스라엘 사람만 고쳐준다는 차별적 발언을 하시고, 개에게는 먹을 것을 줄 수 없다는 모독의 언어를 쓰셨다. 여인은 어떻게 되받아쳤는가? "주여 옳소이다마는 개들도 제 주인의 상에서 떨어지는 부스러기를 먹나이다(마 15:27)." 개는 사람의 음식을 먹어서는 안 된다는 예수의 언어는 현실의 언어다. 그러나 개도 사람의 상에서 떨어지는 부스러기는 먹을 수 있다는 여인의 언어는 믿음의 언어다. 예수의 언어는 여인의 언어에 지배당했다. "네 믿음이 크도다 네 소원대로 되리라(마 15:28)." 믿음의 언어가 현실의 언어를 삼켜버렸다. 그녀는 자신이 내뱉은 믿음의 언어대로 현실의 집을 바꾸어 버렸다. 언어의 존재성이란 곧 언어의 힘이다.

예수가 사람들을 치유하실 때 늘 쓰신 언어가 무엇인가? "네 믿음대로 될지어다"였다. 이것은 언어의 존재성을 가장 잘 보여주는 예다.

사업을 하다가 부도가 났을 때, 현실의 언어를 쓰는 사람은 "망했다"고 말하지만, 믿음의 언어를 쓰는 사람은 "새로 시작한다"고 말한다. 직장에서 해고당했을 때 현실의 언어를 쓰는 사람은 "잘렸다"고 말하지만, 믿음의 언어를 쓰는 사람은 "쉰다"고 말한다. 망했다는 것은 끝났다는 절망의 언어고, 새로 시작한다는 것은 말 그대로 희망의 언어다. 잘렸다는 말은 죽었다는 뜻이고, 쉰다는 말은 살아있다는 뜻이다. 문제는 그 언어가 현실 속에서 그 언어에 맞는 존재의 집을 짓는다는 사실이다. 예수께서는 이 원리를 너무나 잘 아신 것 같다.

언어의 대중성:
"비유가 아니면 말씀하지 않으시다"

지금까지 우리는 예수 언어의 특징으로 자명성, 심판성, 공개성, 존재성을 보았다. 마지막으로 볼 특징은 대중성이다. 누구나 이해할 수 있는 내용이기도 하지만, 누구나 알아들을 수 있게 소통하는 방법이 대중적이었다는 뜻이다. 사실 예수처럼 언어를 쉽게 사용하신 분도 없을 것이다. 예수는 서민의 언어를 쓰셨고 대중적으로 가르치셨다. 하나님 나라의 복음이 아무리 귀하다고 한들 사람들이 알아듣지 못한다면 무슨 소용인가? 전달 방식을 어떻게 할 것인가는 예수께도 고민이었을 것이다. 바리새인들처럼 성경을 놓고 문자 하나하나를 설명해야 하나? 논문이나 책을 써서 발표해야 하나? 문맹률이 80퍼센트가 넘는 당시 환경에서 누가 책을 볼까? 볼 수 있다 한들 집값보다 비싼데 누가 사서 볼까? 가난하고 무식한 서민들에게 하나님 나라를 어떻게 '쉽고, 간단하고, 재미있게' 풀어줄 수 있을까?

예수께서 선택한 것은 비유(parable)였다. 비유가 아니면 말씀하지 않으셨다. 예수에게 있어 비유는 창세로부터 감춘 하늘의 비밀을 드러내는 유일한 언어였다. 깊이 숨겨져 있던 하나님 나라의 신비를 여는 계시의 언어다. 그러나 그 계시는 쉬운 것 같지만 아무나 깨닫는 것은 아니었다. "내가 그들에게 비유로 말하는 것은 그들이 보아도 보지 못하며 들어도 듣지 못하며 깨닫지 못함이니라(마 13:13)."

비유란 무엇인가? 비유 속에는 '은유(metaphor)'와 '이야기(story)'가 있다. 은유란 "한 사물로부터 다른 것으로 건너서 나르는 것"이다. 혹은 "어떤 것을 다른 것으로 보는 것"이다. 이른바, 말로는 이것을 말하는데, 뜻은 저것을 가리킨다. 바로 이 은유적 진리를 이야기라는 보따리에 담아 풀어내는 것이 비유다. 예수에게 가장 큰 어려움은 두 가지였다. 보이지 않는 하나님 나라를 어떻게 설명할까? 배우지 못한 대다수의 서민에게 어떻게 전달할까? 내용과 형식의 문제였다. 하나님 나라의 내용을 어떤 형식에 담아 전할까? 그런 면에서 비유는 두 가지 고민을 동시에 해결하는 수사학적 묘수였다. 하나님 나라의 내용을 이야기라는 형식 속에 담아 전하는 것, 그것밖에 없었다.

씨 뿌리는 비유를 들으면서 사람들은 "하나님 나라는 모두에게 임하는 것이 아니구나", "사람의 마음에 따라 다르게 열매를 맺는구나", "사람의 마음은 여럿이구나"를 깨닫는다. 겨자씨와 누룩 비유를 들으면서 "하나님 나라는 자라는구나", "하나님 나라는 변하는구나", "그 변화가 눈에 보이지 않는구나"를 알게 된다. 달란트 비유를 들으면서

"하나님은 사람마다 다른 재능을 주었구나", "하나님은 우리에게 일을 맡기시는구나", "언젠가 하나님은 우리를 심판하시는구나" 하며 무릎을 친다. 돌아온 아들 비유를 들으면서 사람들은 "하나님은 아버지구나", "아버지 하나님은 나를 사랑하고 기다려 주시는구나"를 자각한다.

이야기 자체는 주변에서 흔히 볼 수 있는 일상적 소재다. 어려울 것이 하나도 없다. 모든 언어가 가리키는 이미지가 머릿속에 쉽게 그려진다. 심지어 자신이 그 이야기 속에 들어가 있는 것 같다. 그런데 이야기의 본질은 하늘을 향하고 있다. 결코 이 세상 이야기가 아니다. 하나님에 대한 놀라운 가르침이다. 비유야말로 예수께서 사용한 언어 소통학의 결정체다. 어렵고 추상적인 본질을 그렇게 쉽게 풀어내는 능력은 아무나 할 수 없다. 하나님 나라에 대한 엄청난 양의 지식과 이를 꿰뚫어 보는 통찰력이 있는 자만이 할 수 있다. 여기에다 그 통찰을 이야기라는 세속적인 언어의 놀이판에 올려놓고 '간단하고, 쉽고, 재미있게' 풀어낸 것이다. 그런 면에서 예수는 당대 최고의 언어철학자이자 탁월한 이야기꾼이셨다.

QUESTION 5
예수는 타고난 논쟁가인가?

삶의 이슈

복음서에서 예수는 탁월한 논쟁가로 나타난다. 어쩌면 그의 가르침과 사상은 논쟁을 통해 빛을 발했다 해도 과언이 아니다. 예수는 많은 주제를 놓고 논쟁을 벌였다. 대표적인 주제로는 안식일, 금식, 음식, 권위 그리고 세금을 들 수 있다. 일반적으로 논쟁이란 하나의 사물 혹은 사태를 놓고 두 가지 이상의 시각들이 서로 부딪쳐 다투는 것을 말한다. 영원하고 보편적인 진리는 논쟁의 테이블에 올려놓을 수 없다. "사람은 죽는다", "하나님은 보이지 않는다"라는 진리를 놓고 다툴 여지는 없다. 절대적 진리이기 때문이다. 그러나 인간 세상에는 시대에 따라, 지역에 따라, 사람에 따라 달라서 논쟁적 가치들이 참 많다.

안식일은 도대체 누구를 위해 하나님이 만드셨는가? 금식은 왜 하는가? 음식의 본질은 무엇인가? 예수가 하늘에서 왔는가, 땅에서 솟았는가? 식민지 상황에서 세금을 로마제국의 황제 가이사에게 바쳐야 하는가, 그래서는 안 되는가? 이상의 다섯 가지 주제는 모두 오랫동안 내려온 유대 사회의 전통적 가치관과의 논쟁(안식일, 금식, 음식)부터 시작하여 예수 당시 가장 뜨거운 논쟁(세금)까지 총망라하고 있다. 그럼 예수께서 당시 유대의 종교지도자들, 특히 바리새인들과 펼쳤던 논쟁들을 하나씩 짚어보자.

1. 안식일 논쟁
❶ 예수의 파격적인 안식일 생각

첫 번째 주제인 안식일 논쟁은 복음서에만 7번 정도 나온다. 안식일 논쟁은 단순히 대화 중에 나온 주제가 아니다. 예수께서 안식일에 사람들 병을 고쳐주면서 촉발된 논쟁이다. 마가복음에는 예수가 안식일에 회당에 들어가 손 마른 사람(막 3:1-6)을 고치다가 바리새인들로부터 공격을 받는 장면이 나온다. 그들이 만든 율법에 따르면, 안식일에 가장 중요한 금지 대상은 노동이다. 어떤 형태의 노동도 금지된다. 몇 미터 이상 거주지를 이동하면 안 된다. 물건도 일정한 무게를 넘어서 들면 안 된다. 심지어 전쟁이 나도 싸울 수 없다. 6일 전쟁이 그런 것이다. 안식일 지키려고 6일 만에 끝냈다 하여 6일 전쟁이다. 밥을 지어도 안 되고, 스위치를 올리거나 눌러서도 안 된다. 그러니 텔레비전을 볼 수도 없고 호텔에서 엘리베이터도 탈 수 없다. 그래서 이스라엘에 가장 발달한 물건이 알람 시스템이다. 금요일에 맞추어 놓으면 안식일에 알아서 작동한다. 호텔의 엘리베이터에도 '안식일 엘리베이터'가 따로 있다. 스위치를 누르지 않아도 알아서 한 층씩 오르락내리락한다. 그만큼 유대 사회에서 안식일 노동금지 규정은 그때나 지금이나 숨 막힐 정도로 엄격하다.

예수는 안식일에 파격적인 행보를 거침없이 하셨다. 안식일에 제자들과 밀밭 사이로 가시면서 이삭을 잘라 먹는가 하면(막 2:23-28), 회당에 들어가 손 마른 사람을 고쳐주기도 하고(막 3:1-6), 안식일에 18년 동안 척추에 문제가 있는 여인을 고쳐주시고(눅 13:10-17), 베데스다 연못가에서 38년 된 병자를 고쳐주시고(요 5:1-18), 날 때부터 시각장애를 가진 사람을 실로암에서 고쳐주신 날도 안식일이었다(요 9장). 이 정도라면, 예수는 안식일에 하루도 그냥 가만히 계시지 않은 것으로 보이며, 안식일마다 파격 행보를 지속적으로 이어갔던 것이 틀림없다. 그리고 여러 논쟁 중에 가장 거칠게 싸웠던 것도 안식일 논쟁이다. 어쩌면 바리새인들로부터 가장 공격을 당한 주제이고, 예수의 죽음을 촉발한 가장 예민하고 자극적인 행보였다. 동시에 안식일 논쟁을 통해서 예수는 인간 생명에 대한 깊은 생각, 삶의 본질과 비본질이 무엇인지에 대한 지혜 그리고 구약성경에 대한 깊은 해석을 볼 수 있다.

❷ 세 가지 위대한 안식일 사상

예수는 안식일에 노동하는 자신을 향해 퍼붓는 공격에 어떻게 방어하셨을까? 복음서에서 안식일 논쟁은 밀이삭 자르는 사건, 손 마른 사람 고치는 사건 그리고 18년 척추 환자 고치는 사건, 38년 된 병자를 고치는 사건에서 볼 수 있다. 논쟁이 불거졌을 때 대답하셨던 예수의 말씀 속에서 예수의 위대한 안식일 사상이 꽃을 피운다.

첫째, 안식일은 누구를 위해 존재하는가? "안식일이 사람을 위하여 있는 것이요 사람이 안식일을 위하여 있는 것이 아니다(막2:27)." 안식일의 본래 목적을 파고 들어가신다. 하나님이 안식일을 제정하신 본질에 주목하라는 것이다. 안식일 자체는 목적이나 본질이 아니다. 본질은 사람이다. 하나님께서 사람 좋으라고 만드신 것이 안식일이다. 이스라엘 역사에서 안식일 체험은 출애굽 역사에서 비롯한다. 남자만 60만 명의 히브리 노예들에게 안식일 명령은 충격이었다. 400년 노예 역사에서 안식이란 없었기 때문이다. 당시 안식은 신들만의 전유물이었다. 따라서 사람에게 일주일에 한 번 쉬라는 명령은 혁명적 해방 선언이었다. 예수께서는 바로 하나님께서 안식일을 제정하신 처음의 시간을 주목하셨다. 하나님이 왜 사람에게 안식일을 주셨겠는가를 생각하라는 것이다. 안식일은 자유와 해방의 날이다. 결코 인간이 안식일에 매여서는 안 된다.

둘째, 안식일에 가장 중요한 가치는 생명이다. 그리고 선이다. 회당에서 손 마른 사람을 고치고 하신 말씀이다. "안식일에 선을 행하는 것과 악을 행하는 것, 생명을 구하는 것과 죽이는 것, 어느 것이 옳으냐?(막 3:4)" 생명처럼 영원하고 절대적인 가치는 없다. 그 앞에서 안식일의 외식들은 모두 무너진다. 안식일이라는 형식적 수단은 생명과 선의 가치 앞에서 아무 의미가 없어진다. 하나님의 형상을 가지고 태어났고, 우주에서 가장 소중한 존재인 인간에게 생명보다 귀한 가치는 없다. 그 가치를 지키는데 안식일이라는 형식이 막아서기에는 너무나 초라하다. 선 앞에 안식일이라는 도구는 아무것도 아니다.

셋째, 예외 없는 원칙은 없다. 원칙이 있다는 말은 예외가 있다는 뜻이다. 예수는 구약성경과 당시의 안식일 문화 속에서 너무나 많은 예외 사례들을 보셨다. 안식일에 밀 이삭을 잘라 먹었다는 바리새인들의 비난에 대하여 예수는 다윗의 사례를 드신다. 사울을 피해 도망 다닐 때 아비아달 대제사장의 성소에 들어가 제사장만이 먹을 수 있는 진설병을 먹었다는 것이다. 죽어야 마땅할 일이다. 그러나 예외 없는 원칙은 없는 법. 배고프고 죽을 위협에 있는 다윗의 생명을 살리는 길은 성소에 진열해 놓은 진설병의 떡이라도 먹어야 했고, 그것은 율법을 어긴 것이 아니라고 본 것이다. 왜냐하면 사람의 생명 가치가 성소 제사의 율법규정보다 앞서기 때문이다. 18년 동안 척추의 고통으로 고생하던 여인을 고치는 것을 비난하는 자들에게 예수는 그 당시 안식일에 행해지는 수많은 예외와 반칙 사례들을 끄집어내신다. "너희가 각각 안식일에 자기의 소나 나귀를 외양간에서 풀어내어 이끌고 가서 물을 먹이지 아니하느냐?(눅 13:15)" 안식일을 지켜야 한다고 소리는 치지만 실제 현실에서는 다들 자기 가축들 먹이려고 이동도 하고 노동도 한다는 것이다. 규정 위반인 걸 알면서도 서로 눈감아 주고 있다. 생명이 그 무엇보다 귀한 줄 자기들도 이미 알고 서로서로 눈감아 주고 있다는 것이다. 한 마디로, 예수께서 생각하는 안식일은 하나님의 인간을 위한 사랑과 생명의 선물이다.

2. 금식 논쟁

❶ "금식은 때가 있으며 자연스러워야 한다"

성경에서 금식은 인간의 가장 본능적 욕구인 식욕을 극

단적으로 억제하여 자신의 육체적 고통을 통해 하나님께 나아가는 특별한 영적 행위다. 육을 죽임으로써 영을 살려 하나님께 긍휼을 얻고자 하는 영적 소통의 방법이다. 금식기도는 영을 맑게 하고 예민하게 한다. 그래서 이스라엘 사람들은 구약시대부터 하나님의 긍휼을 얻고 확실한 기도의 응답을 받기 위해서 금식기도를 하는 경우가 많았다.

예수께서는 공생애를 시작하기 전 광야에서 40일 금식한 이후, 어떠한 규칙적인 금식도 하지 않으셨다. 마가복음 2:18-22과 마태복음 9:14-17을 보면, 평소에 금식하지 않는 예수를 보고 바리새인들과 세례요한의 제자들이 비난하는 장면이 나온다. 바리새인들은 기본적으로 하루 1회 금식, 일주일 금식, 일주일 2회 금식, 바벨론에 나라를 빼앗긴 5월과 7월 금식 등 여러 가지 금식기도 전통을 지켰다. 자신의 굶주린 배를 움켜잡아 가면서 하는 기도이다 보니 웬만큼 자기 육체를 포기하거나 꺾지 않으면 할 수 없는 기도다. 그래서 아무나 하지 못한다. 특별히 영적으로 열정적인 사람만이 할 수 있는 전유물이 되었고 자랑이 되었다.

예수는 그것을 깨셨다. 복음서에서 금식 논쟁은 마태를 부르시고 식사하는 자리에서 시작한다. 예수의 식사는 누가 불러주면 그곳이 식사 자리이고, 함께 먹는 상대를 가리지 않으셨으며, 식사 전에 손을 씻는 정결 예식도 지키지 않으셨다. 그래서 당시 거침없이 음식을 먹고 포도주를 즐기는 예수의 모습을 보고 사람들은 "먹기를 탐하고 포도주를 즐기는 사람(마 11:19)"이라는 조롱 섞인 별명을 붙여주었다. 특히 금식에 철저했던 바리새인들이나 사해 주변 동굴에서 메시아를 기다리는 에세네파 출신의 세례요한의 제자들은 예수의 무절제한 듯 보이는 음식 탐닉적 행위가 낯설기도 하고 마음에 들지 않았다.

급기야 요한의 제자들이 시비를 건다. 처음에는 세례요한의 제자들과 예수의 제자들은 서로 같은 편인 줄 알았다. 자신들의 스승 세례요한이 예수와 친하여 세례요한의 제자였던 안드레가 예수의 제자로 옮겨가기도 했으니 말이다. 그런데 금식을 놓고는 달라도 너무 달랐다. 요한의 제자들은 바리새인들처럼 금식을 자주 했다. 그러나 예수의 제자들은 그 스승부터 아무도 금식을 하지 않는 것이다. 도대체 예수는 금식하는 걸 볼 수 없다는 것이다. 요한의 제자들이 묻는다. "어찌하여 당신들은 금식하지 않는가?"

예수의 대답은 간단했다. "때가 되면 한다. 금식은 아무 때나 하는 것이 아니다. 금식할 일이 생기면 그때 한다." 금식은 정해진 날에 하는 의무나 규칙이 아니다. 금식은 슬퍼할 일이 생길 때 하는 특별한 것이다. 그날이 언제인가? 예수 자신이 죽는 날이다. 그날이 금식하는 날이다. 예수께서 말하는 금식의 때는 이슬람 라마단처럼 정해진 규칙에 맞추어 수행하는 종교적 행위가 아니다. 하나님의 아들 예수가 십자가에 끌려 잡혀가는 날, 그 슬픔의 날에 애곡하며 금식하게 될 것이다. 예수가 살아있어 제자들과 함께 있는 시간은 하늘나라 잔치의 기간이다. 금식할 때가 있고 하지 않을 때가 있다. 아무 때나 규칙을 정해서 마음에도 없는 금식을 억지로 하지 말라는 말씀이다. 억지로 곡기를 끊는 것이 아니라 자연스럽게 먹고 싶지 않을 만큼 고통스러운 날이 오면 그때 금식하라는 것이다. 이것이 금식에 대한 예수의 첫 가르침이다. "금식에는 때가 있으며, 그 동기는 억지스럽지 않고 자연스러운 것이어야 한다."

❷ "오직 은밀한 중에 계신 네 아버지께만 보이라"

금식에는 때가 있으며, 동기는 자연스러워야 한다는 말씀에 이어 예수는 금식의 중요한 본질을 말씀하신다. 금식의 은밀성이다. 예수가 바리새인들의 금식 행위에 역겨운 감정을 가지신 이유는 그들의 외식이었다. 한마디로 너무 티를 낸다는 것이다. 슬픈 기색을 하고 얼굴을 흉하게 찌푸리면서 나 금식한다고 써 붙이고 다닌다는 것이다. 금식한다고 얼굴을 수척하게 하고 세수도 하지 않고 머리는 헝클어뜨려 자신이 금식한다고 사람들에게 알리려고 기를 쓴다. 예수는 기가 막히셨다. 예수는 그들이 금식의 본질을 모른다고 보셨다.

금식은 사람들 앞에서 하는 종교 행위가 아니다. 하나님 앞에 드리는 가장 고통스러운 기도다. 수평의 문제가 아니라 수직의 문제다. 하나님과의 관계에서 가장 중요한 것은 은밀함이다. 다른 사람은 그가 금식하는지 알 수 없다. 오직 하나님께만 드리고, 하나님으로부터만 인정받을 수 있어야 하는 은밀함이 금식의 핵심이다. "너는 금식할 때에 머리에 기름을 바르고 얼굴을 씻어라. 이는 금식하는 자로 사람에게 보이지 않고 오직 은밀한 중에 계신 네 아버지께 보이게 하려 함이라. 은밀한 중에 보시는 네 아버지께서 갚으시리라(마 6:17-18)."

사실 금식에 대한 논쟁은 어제오늘 이야기가 아니다. 예수께서 오시기 800년 전 이사야 선지자도 금식에 대해 한마디 했다. 이사야가 본 금식은 미움과 폭력으로 가득한 금식이었다. 금식하면서 논쟁하며 다투며 주먹으로 친다(사 58:4). 금식의 행위만 있지 금식의 정신이 빠졌다. 이에 대해 이사야는 여호와께서 기뻐하는 금식을 말한다. 그것은 흉악의 결박을 풀고, 멍에를 끌러 주며, 압제당하는 자를 자유케 하며, 주린 자에게 양식을 나누어 주며, 유리하는 빈민을 집에 들이며, 헐벗은 자를 입히며, 또 골육을 피하여 숨지 아니하는 것(사 58:6-7)이다. 금식은 어쩔 수 없이 슬퍼하고 애곡하는 수동적 행위가 아니다. 오히려 타인을 자유케 하고 생명을 살리는 매우 적극적 행위다. 이처럼 생명 활동으로서의 금식은 당연히 티를 낼 이유도 없고 얼굴 찌푸리고 다닐 시간도 없다. 금식하면서 활동하라. 그러면 나의 금식을 아는 분은 하나님뿐이다.

이사야와는 또 다르게 금식의 심리학을 말한 선지자가 있다. 스가랴다. 당시 이스라엘 사람들은 바벨론제국에 나라를 빼앗긴 이후, 역사적 치욕의 달을 기념하여 금식하도록 제정했다. 1년에 네 번 정도 금식한다. 주로 애통하며 금식한다. 그러나 스가랴는 그들의 애통을 비웃는다. 왜 그랬을까? 스가랴는 당시 이스라엘 백성의 애통한 심리를 파고들었다. 너희들은 왜 우느냐? 울음의 근본 동기가 어디에 있느냐? 하나님을 위하여 우느냐, 너 자신을 위하여 우느냐? 그들은 그저 자신들의 처지와 현실이 슬퍼서 운 것일 뿐이다. 하나님하고는 아무 상관이 없다. 하나님의 영광을 가린 것에 대한 애통함이 아니다. 하나님의 마음을 생각하여 우는 것도 아니다. 오직 자신들을 위한 슬픔이었다. 하나님의 뜻을 헤아리지 않는 금식, 하나님의 음성은 듣지 않으려는 금식, 하나님의 영광은 고려하지 않는 금식은 진정한 금식이 아니다. 인간의 울음과 눈물의 동기를 찬찬히 살펴보면 대부분 이기적이다. 자기가 불쌍해서 우는 것이다. 스가랴는 그런 내면의 심리를 지적한 것이다.

요컨대, 예수께서 강조하신 금식의 본질은 두 가지다. 금식은 때가 있다. 그러므로 자연스럽다. 또 하나는 금식은 은밀하다. 하나님만 보시고, 하나님만이 갚으시는 가장 깊은 기도다.

3. 음식 논쟁

❶ "입술로는 하나님을 공경하나 마음은 내게서 멀다"

음식 논쟁은 마가복음 7장에 나오는데, 이번에도 예수와 제자들이 식사하는 자리에서 발생했다. 바리새인들의 지적은 아주 유치해 보이는 것이었다. 손을 씻지 않고 음식을 먹는 것을 문제 삼는다. 얼핏 보기에 엄마가 어린 자식들 밥 먹일 때나 볼 수 있는 잔소리 같은 이야기다. 그러나 당시 유대 사회에서 밥 먹기 전에 손을 씻는 행위는 위생의 문제가 아니라 종교적 계율의 문제였다. 정결법이라 하여 장로의 전통으로 지켜 내려온 율법이었다. 장로들의 전통에 따르면, 모든 유대인은 손을 씻지 않고서는 음식을 먹지 않을 뿐만 아니라, 시장에 돌아와서도 물을 뿌리지 않고서는 먹지 아니하고, 심지어 잔과 주발과 놋그릇까지 씻어야 한다(막 7:3-4).

오늘날의 눈으로 보면 어쩌면 아주 민망한 장면이다. 거창하게 율법을 논하기 전에 손을 씻지 않고 먹는 예수와 그의 제자들이 너무 지저분해 보인다. 예수나 제자들 모두 위생관념이라곤 전혀 없는 사람들 같다. 몸 씻기를 귀찮아하고, 손을 씻지 않을 정도로 배고픈 공동체였나? 아니면 음식을 탐하고 게걸스러운 사람들이었나? 그러나 바리새인들은 위생을 말하지 않았고 탐욕스러움을 비판하지도 않았다. 손을 씻지 않고 먹는 행위에만 주목했다. "왜 당신들은 장로들의 전통을 어기는가?"

바리새인들의 이 질문에 예수는 먼저 겉과 속이 다른 그들의 위선적 심리를 비판하신다. 먼저 두 개의 상반된 개념을 대조하며 논조를 펼치기 시작한다. 입술과 마음, 사람의 계명과 하나님의 계명 그리고 전통과 계명이라는 말을 비교하면서 따지신다. 늘 그렇듯이, 예수는 이사야서를 인용하신다. "이 백성이 입술로는 나를 공경하되 마음은 내게서 멀도다(사 29:13)." 하나님을 향하여 이스라엘 백성들의 입술에서 나오는 언어는 공경이다. 그러나 깊은 마음에서 나오는 영혼의 언어는 경멸심이다. 겉으로는 하나님의 계명을 운운하는데, 속 내용은 사람의 계명이다. 전통이라는 명분 아래 자행되는 억압과 통제의 율법이다. 전통이라는 껍데기만 지키면 그만이다. 속은 썩어 문드러져도 상관없다. 예수는 지금 겉은 깨끗하고 거룩한 것처럼 보여도, 속은 더럽고 추악한 실체를 숨기고 있는 위선자들의 이율배반적 모습을 꿰뚫어 보고 계신다.

예수는 부모공경을 예로 드신다. 예수가 당시 아주 못마땅하게 생각했던 문화가 있었다. 고르반이라는 현상이다. 이 말은 "하나님께 드렸다"라는 뜻의 히브리어다. 제사라는 의미다. 부모를 공경하라는 것은 십계명의 말씀이자 동서고금 귀하게 여기는 계율이다. 그러나 부모를 공경하기는 싫고 남들에게 비난을 받기도 두렵다. 그래서 부모에게 드려야 할 것을 하나님께 드렸다 하며 피해버린다. 하나님을 섬겼노라 핑계를 대면서 실제로는 부모를 홀대한다. 이럼으로써 겉으로는 경건한 신앙인이자 신실한 효자의 이미지를 얻어내고, 속으로는 부모를 마음껏 무시한다. 결국 고르반이라는 신앙적 전통의 언어를 사용하여 부모를 공경하라는 하나님의 말씀을 폐하는 꼴이 된 것이다. 손을 씻지 않고 먹는 것을 불경건한 행위라고 비난하는 바리새인들을 향해 예수께서 던지신 일성이다. "너희들의 교묘하고 기만적인 위선부터 살펴보라."

❷ "사람 안에서 나오는 것이 사람을 더럽게 하느니라"

다음으로 예수는 정말 사람을 더럽게 하는 것이 무엇인지를 묻는다. 또다시 본질 문제로 파고드신다. 바리새인들은 손을 씻지 않고 먹어서 손에 묻은 먼지와 때가 입으로 들어가 사람을 더럽게 한다고 보았다. 불결한 물질이 인체 속으로 들어가 사람이 더러워진다고 믿었다. 그들이 생각하는 더러움이란 몸의 불결함에서 시작하여 영혼의 질병으로 이어진다. 그러니까 영혼의 불결함은 육체의 불결함에서 비롯한다는 논리다. 그리고 영혼의 깨끗함을 유지하기 위해서는 바깥세상으로부터 들어오는 불결한 요소들을 잘 차단해야 한다. 이른바 손 씻기 운동이다. 손은 외부 세계와 접촉하고 외부세계의 기운을 유입하는 최전방 촉수다. 그러므로 모든 죄스러운 불결함은 손을 통해서 들어온다.

그러나 예수는 그런 전제 자체를 뒤집으신다. 외부에서 유입되는 모든 불결하고 더러운 음식물은 몸의 소화 과정에서 정화된다. 더러운 손을 통해 입으로 들어간 모든 음식은 위와 대장을 거쳐 인분으로 빠져나간다. 마치 소화기내과의 상식을 강의하듯 예수는 음식물이 인체 속에서 어떻게 지나가는지 말씀하신다. 입으로 들어간 물질은 뒤로 빠져나간다. 아무런 문제가 없다. 비록 더러운 음식물로 들어갔더라도 인체에 아무런 영향을 주지 않고 빠져나가기에 더러움과 상관없다. 사람의 건강에도 문제가 없고, 영혼에도 아무런 영향이 없다.

예수는 여기서 그치지 않고 이를 영혼의 더러움으로 끌고 가신다. 그렇다면 사람의 영혼을 더럽게 하는 것은 무엇인가? 그것은 외부에서 들어오는 더러운 음식물이 아니다. 사람의 마음에서 나오는 더러운 생각과 언어다. 예수는 육체의 더러움에는 별 관심이 없으셨다. 영혼의 더러움이 문제다. 영혼을 더럽게 하는 것은 물질이 아니다. 사상과 언어다. 인간 내면의 깊은 마음으로부터 나오는 악한 생각이다. 음란, 도둑질, 살인, 간음, 탐욕, 악독, 속임, 음탕, 질투, 비방, 교만, 우매함이다. 예수께서 지적하신 12가지 언어는 모두 악한 생각이자 악한 행위다. 음란한 생각이 음란한 행위를 낳는다. 살인하고자 하는 생각이 살인을 낳는다. 속이고자 하는 마음에서 거짓말이 나온다. 질투하는 마음에서 분노가 폭발한다. 손을 씻지 않고 음식을 먹는 예수를 비난하는 바리새인들에게 예수께서 받아치신 말씀은 인간의 더러움의 근원은 어디에서 비롯하는가로 귀결되고 말았다. 그 답은 더러운 손이 아니라 더러운 마음이었다. 밖에서 들어오는 것이 아니라 속에서 나오는 것이었다. 물질이 아니라 정신이었다. 손이 아니라 마음을 씻어야 한다.

　　예수의 논쟁 방식은 창조적이다. 보통 논쟁은 바리새인의 비난으로 시작하고, 예수께서 반박하는 형식으로 전개한다. 반박하는 과정에서 예수는 그들이 던져 놓은 프레임(틀)을 걷어차 버리신다. 그리고는 논제를 자신의 프레임 속으로 끌어들이신다. 예수는 자신의 행위를 변론하는 것에 그치지 않는다. 변명하거나 부정하기보다는 새로운 주제를 끄집어내신다. 그리고 그 주제는 매우 본질적이고 근원적인 것이다. 손 씻지 않는 행위에서 촉발한 논쟁을 '율법을 지켰느냐, 안 지켰느냐'라는 시시비비에 머물지 않으신다. 오히려 인간을 더럽게 하는 근원적 원인을 파고드신다. 결국 손을 씻었느냐 안 씻었느냐의 문제는 지엽적인 것으로 묻히고, 이를 영혼의 차원으로 끌고 가신다. 이제 바리새인들은 자신의 내면, 즉 마음의 세계를 들여다보지 않고는 안 되는 처지가 된 것이다. "사람의 마음에서 나오는 것이 사람을 더럽게 한다." 영혼의 더러움 앞에 몸의 더러움은 아무것도 아니다.

4. 세금 논쟁
❶ "가이사에게 세금을 바치는 것이 옳습니까, 옳지 않습니까?"

예수의 가르침의 중심은 하나님 나라였다. 어디를 가나 하나님 나라를 선포하고 실제로 경험하게 하셨다. 농부를 만나면 씨뿌리는 비유로 하나님 나라를 보여주셨고, 어부를 만나면 진주 등 바닷가에 있는 소재로 하나님 나라를 설명하셨으며, 결혼식에 가서는 하나님 나라는 잔치라고 하셨다. 예수는 비유의 달인이셨다. 모든 이야기의 귀결이 하나님 나라이다 보니 예수를 미워하는 사람들은 오해하기 시작했다. 예수께서 말하는 나라는 이 세상 나라가 아닌가 보다. 예수님이 전하는 나라는 색다르다. 이 세상과 전혀 다른 나라로 보인다.

예수를 싫어하는 사람들에게 이것은 기회가 되었다. 그들은 예수의 나라가 유대 나라와 결이 다른 것을 간파하기 시작했다. 예수를 올무에 잡아넣기에 이것처럼 좋은 주제가 없다. 예수가 말하는 하나님 나라는 유대 사회의 실정법과 배치되는 면이 보인다. 특히 예수가 살던 세상은 로마제국의 나라였다. 이 나라에서 예수가 전한 하나님 나라는 달라도 너무 다르다. 하나님 나라는 낮은 자가 높아지고, 섬기는 자가 대접받고, 가난한 자에게 물을 주는 자가 복을 받으며, 오른뺨을 맞으면 왼뺨을 돌려대는 식으로 보복하고, 가족이나 나라 사랑보다 하나님 사랑을 높은 가치로 삼으며, 어른보다 어린이가 더 환영받는 나라다. 로마가 다스리는 나라와 전혀 다르다. 하나님 나라는 세상 법에서 볼 때 너무 허술한 것 같다.

종교전문가들은 바로 이 틈을 파고든다. 하나님 나라의 예수는 이 세상 나라를 너무나 무시하는 것 같다. 세금도 내지 않을 것 같다. 그래서 마가복음 12장, 마태복음 22장 그리고 누가복음 20장에서 서기관과 대제사장들이 예수를 찾아와 자못 예의를 갖추어 묻는다. 예의를 갖춘다는 말은 예수를 띄워준다는 말이다. "당신은 바로 말씀하시고 가르치시며 사람을 외모로 취하지 아니하시고 오직 진리로써 하나님의 도를 가르치시나이다(눅 20:21)." 예수의 가르침에 대한 극찬으로 논쟁의 서막을 연다.

본론은 바로 그다음이다. "우리가 가이사에게 세를 바치는 것이 옳으니이까, 옳지 않으니이까?" 이 질문은 당시 유대 사회에서 가장 뜨거운 논쟁거리였다. 식민 지배를 받는 모든 나라가 그렇듯, 당시 로마의 지배를 받는 유대인에게 가장 힘든 것이 애국과 매국 사이의 선택이었다. 민족주의자들은 로마에 세금을 내는 것은 민족을 팔아먹는 짓이라고 비난했다. 그들은 목숨을 걸고 세금 반대 투쟁을 했다. 무장투쟁파인 열심당이 대표적이다. 반면 매국주의자들은 세금을 낼 것을 주장했다. 제사장 집단을 대표하는 사두개인이 그러했고, 삭개오나 마태 같은 세리들이 앞장섰다. 대부분 백성은 이러지도 저러지도 못하면서 눈치만 볼 뿐이다. 세금을 내면 매국노가 되고, 세금을 내지 않으면 목숨을 내놓아야 했다.

민족의 자존심을 지킬 것인가, 자신과 가족의 안일을 지킬 것인가? 애국주의자가 되어 생명을 내놓을 것인가, 매국노가 되어 명예를 버릴 것인가? 예수에게 이 질문은 매우 난감한 문제다. 평소 모든 말을 자명하게 할 것을 주장하신 분이기 때문이다. "예" 아니면 "아니오" 두 단어만 쓸 것을 외친 분이다. 제3의 대답은 악에서 나온다고 말씀하셨다. 그런데 이 질문은 두 가지 선택지 중 하나를 골라야 한다. "예" 아니면 "아니오"다. 빠져나갈 수 없다. 어느 쪽을 선택해도 예수는 치명상을 입는다. 세금을 내라고 하면 매국노들의 대변자가 되고, 내지 말라 하면 실정법 위반으로 체포되어야 한다. 예수는 어떻게 대답하셨을까?

❷ "가이사의 것은 가이사에게, 하나님의 것은 하나님께 바치라"

이 질문에 대해 예수가 취할 수 있는 대답은 세 가지다. 첫째, 세금을 내라. 그리고 매국노가 되자. 둘째, 세금을 내지 마라. 그리고 죽자. 셋째, 대답 안 하련다. 침묵하자. 그러나 지금 세금 질문에는 침묵할 수도 없는 입장이다. 침묵하고 돌아서기에는 비겁하고 무책임하게 보인다. 예수는 여기서 제4의 대답을 시도하신다. 이른바 질문의 틀(프레임)을 깨뜨리고 전혀 다른 틀을 내놓으신다. 이른바 "가이사의 것은 가이사에게, 하나님의 것은 하나님께 바치라(눅 20:25)."는 유명한 말씀이다.

논쟁을 분석해 보자. 질문자들은 세금을 내야 할 대상을 가이사라는 한 명으로 정해놓고, 내는 행위를 놓고 옳으냐 그르냐를 판단해 줄 것을 요구했다. 그러나 예수는 질문의 판을 뒤집어 버렸다. 세금을 내는 대상을 하나님과 가이사 둘로 만들고, 행위를 하나로 줄여버렸다. 가이사뿐만 아니라 하나님께도 세금을 내라. 가이사의 것은 가이사에게 바치고, 하나님의 것은 하나님께 드리라. 여기에는 옳고 그름이 없다. 다 옳다. 질문자들은 식민지 상황에서 애국과 매국의 딜레마를 활용하여 올무를 놓았다. 제국의 지배에 따를 것인가, 조국의 명예를 지킬 것인가. 그런데 예수는 로마와 이스라엘의 대립 구도를 깨버리셨다. 오히려 이스라엘 자리에 하나님 나라를 집어넣으셨다. 그리고 로마와 하나님 나라를 대립시키지 않고, 오히려 병렬시켜 버렸다. 그리고 두 나라의 임금 모두에게 세금을 내라고 하시는 것이다.

이로써 예수는 세 가지 모두를 긍정하셨다. 이스라엘의 현실을 지배하는 로마제국의 실체를 긍정하셨고, 이스라엘 민족을 영적으로 지배하는 하나님 나라도 부정하지 않았으며, 세금 내는 행위 자체를 적극적으로 인정하셨다. 누구도 예수의 논리에 반박할 방법은 없어 보인다. "그들이 백성 앞에서 그의 말을 능히 책잡지 못하고 그의 대답을 놀랍게 여겨 침묵하니라(눅 20:26)." 그들의 반응은 딱 세 가지로 표현한다. 책잡지 못했다. 놀랐다. 침묵했다. 민족주의자는 할 말이 없고, 매국노는 다행이라 여긴다. 로마의 권력자들은 머리를 끄덕였고, 종교지도자들은 고맙기까지 하다. 어느 누구도 반박할 수 없는 완벽한 대답이다.

이 말씀은 이후 기독교 신학에 엄청난 영향을 준다. 특히 국가와 교회가 어떤 관계여야 할 것인가를 놓고 다툴 때 표준이 되는 말씀이 되었다. 국가는 국가의 일을 하고, 교회는 교회의 일을 하라. 정치는 정치인이, 종교는 종교인이 알아서 하자. 이른바 정교분리 신학이 여기서 나왔다. 세속정부와 교회를 분리하라. 정치와 종교를 분리하라. 세상 나라와 하나님 나라를 분리하라는 것이다. 그러나 예수의 말씀은 정교의 분리가 결코 아니다. 오히려 두 나라 모두 인정하고 충성하라는 말씀이다. 눈에 보이는 세상의 나라도 부정할 수 없고, 눈에 보이지 않는 하나님의 나라는 더더욱 부정해서는 안 된다는 것이다.

기독교인에게 두 나라는 모두 중요하다. 두 나라 사이에서 많은 기독교 신앙인은 극단적 선택을 하고 싶겠지만, 예수께서는 두 나라 모두에게 충성할 것을 선언하셨다. "가이사의 것은 가이사에게, 하나님의 것은 하나님에게 바치라." 이 말씀은 '분리의 신학'이 아니라 '통합의 신학'이다. 이분법적 사고를 부추기는 주장이 아니라 금하는 주장이다. '이것 아니면 저것(either A or B)'이 아니라, '이것과 저것 모두(both A and B)'를 품는 신앙이다. 우리에게는 하나님의 일과 세상의 일 모두 중요한 것이다. 이 둘은 우리의 삶의 현장에서 함께 겹쳐서 돌아간다.

5. 권위 논쟁
"너희에게 이르지 아니하리라"

예수께서 종려주일에 예루살렘 입성 퍼레이드를 마치고 성전에 들어가셔서 장사하는 사람들과 물건을 둘러엎으셨다. 이른바 '성전 정화 사건'이다. 이 사건은 대제사장과 서기관들과 장로들로부터 극심한 거부감과 반감을 주기에 충분했다. 성전을 둘러 엎을 수 있는 사람은 둘 중의 하나다. 미친 사람이든지 신적 존재이든지. 도대체 예수는 어떤 사람이기에 가장 경건하고 거룩한 장소인 성전을 마음껏 둘러 엎을 수 있단 말인가? 이 엄청난 행동을 벌이는 예수는 누구인가? 이런 행위를 할 수 있는 그의 권위는 어디에서 나온 것인가?

이른바 예수의 권위가 어디서 나오는가에 대한 논쟁이다. 중풍병자에게 일어나 걸으라고 할 수 있는 것을 굳이 죄사함을 받았다고 선언하신 것이나, 하나님이 일하시니 나도 일한다고 하신 말씀이나, 성전을 마음껏 뒤집어 놓으신 것은 종교지도자들에게는 예수의 권위에 깊은 의구심을 들게 하는 사건들이다. 하나님만이 하실 수 있는 죄사함을 예수께서 하신다는 것은 "나는 하나님이다"라는 의미다. 예수는 노골적으로 자신의 신성을 표현한 적은 없지만, 여러 행위와 발언 속에서 신적 본성을 슬쩍슬쩍 드러내신 경우가 많았다. 결국 대제사장들과 서기관들과 장로들에게서 이 문제가 본격적으로 터져버렸다.

"당신, 어디서 왔소? 하늘에서 왔소, 땅에서 솟았소? 무슨 권위로 그런 일들을 하는지 말해 보시오." 이에 예수는 즉답을 피하셨다. 자신이 하늘로부터 왔다는 것을 직접적으로 밝히신 적이 없었듯이, 이 질문에도 명쾌하게 답을 하지 않으신다. 오히려 역질문을 던지신다. "요한의 세례가 하늘로부터냐 사람으로부터냐? 먼저 내게 대답하라." 이것은 그들에게는 아주 난감한 문제다. 세례요한을 놓고 당시 종교 기득권 세력들은 인정하고 싶지 않았지만, 백성들로부터 선지자로 추앙받았기 때문에 어쩌지 못하고 있었다. 예수는 바로 이 틈을 파고드셨다. "세례요한, 그는 어디서 왔다고 생각하느냐? 하늘로부터냐, 사람으로부터냐?" 그들은 모두 속으로는 사람으로부터라고 말하고 싶은 마음이 굴뚝같았다. 그러나 민심이 무서워 아무 대답도 하지 못했다.

이 세상에서 대답하기 가장 난감할 때 할 수 있는 최상의 답은 "모른다"이다. 그들은 예수의 질문에 그렇게 대답했다. 예수는 그 답을 듣자마자 곧바로 대답하셨다. "나도 무슨 권위로 이런 일을 하는지 너희에게 말하지 않겠다(막 11:33)."

논쟁 중에는 확실하게 결론을 내는 것도 좋지만, 결론을 내지 않는 것이 좋을 때가 있다. 자신의 권위가 어디서 왔는가에 대한 논쟁은 분명한 입장을 내는 순간 생사의 갈림길로 들어서는 주제다. 따라서 예수께서도 이 부분에 대해서는 신중하셨다. 불필요하게 논쟁에 휘말려 에너지를 소모할 이유가 없었다. 예수가 만일 분명한 입장을 내셨다면 어떻게 되었을까? 하늘로부터 왔다고 하면 곧바로 신성모독으로 공격을 받을 것이다. 사람에게로부터 왔다고 하면 사기꾼으로 여겨지며 무시당하고 결국에는 돌에 맞을 것이다. 어느 쪽을 말해도 죽기는 매한가지다. 또 다른 이유는 어차피 어떻게 말한다 해도 그들은 믿지 않을 것이기 때문이다. 자신을 믿지 않는 사람의 질문에 가장 현명한 대답은 "모른다"이다. 어떻게 말해도 믿지 않기 때문이다. 침묵이 금이라는 말은 바로 이런 경우에 필요한 명언이다.

QUESTION 6
예수는 돈을 어떻게 말했을까?

삶으로의 안내

▌ 하나님의 선물인가, 악의 뿌리인가

▌ 예수는 돈에 대해 뭐라고 말씀하셨을까? 예수는 실제로 돈을 어떻게 관리하고 살았을까? 그분은 돈을 스스로 벌어서 쓰셨을까, 남에게 얻어서 쓰셨을까? 예수에게 돈은 선일까, 악일까? 이 장에서는 복음서에서 예수께서 재물에 대해 어떤 가르침을 주셨는지 살펴볼 것이다. 나아가 예수 자신의 경제관에 대해서도 엿보고자 한다.

한국교회에서는 한때 돈의 본질에 대해 청부론과 청빈론이라는 이름으로 논쟁이 벌어진 적이 있다. 성경은 부를 죄악으로 보느냐 축복으로 보느냐에 대한 것이다. 청부론은 돈을 정직하고 바르게 벌어서 깨끗하게 쓸 수만 있다면 부자로 사는 것도 아름답다는 주장이다. 반면 청빈론은 부 자체에 이미 악마적 요소가 있으므로 물질적 소유란 줄일수록 좋으며 검소한 것이 신앙생활에 유익하다는 생각이다.

성경은 돈에 대하여 많은 이야기들을 쏟아놓고 있다. 성경을 보면서 우리는 돈에 대한 여러 가지 서로 다른 말씀들에 직면한다. 바울은 돈을 사랑하는 것이 일만 악의 뿌리라고 말했다. 예수는 하나님과 재물을 겸해 섬길 수 없다고 하셨다. 구약의 잠언에 보면, 지혜자 아굴의 기도가 나오는데, 가난하게도 마시고 부하게도 말게 해달라고 간구한다. 부하면 배불러서 하나님을 모른다 할 것 같고, 가난하면 배고파서 도둑질하여 하나님께 욕이 될까 두렵다는 것이다. 예수께서는 주기도문에서 항상 일용할 양식을 아버지 하나님께 달라고 기도하라고 가르치셨다. 산상수훈에서 예수는 네가 남에게 대접받고 싶으면 너도 남을 대접하라고 말씀하신다. 그렇다면 돈은 하나님의 선물인가, 모든 악의 뿌리인가?

돈이 많은 그리스도인은 돈을 복이라고 보고 싶을 것이고, 가난한 그리스도인은 돈이 복이지만 정작 자신에게는 없기 때문에 그렇게 말하고 싶지는 않고, 그렇다고 가난한 것이 복이라고 말하고 싶지도 않을 것이다. 그러나 성경은 돈을 비롯한 물질의 세계를 복이라고 말하기도 하고, 가난하게 사는 것이 또한 복이라고 말하기도 한다. 도대체 성경은 돈에 대한 확고한 기준이란 게 있는 것일까? 그리스도인들은 돈을 놓고 어떻게 해석해야 할까?

흔히 동성애, 낙태, 정치적 현안 등 사회적 논쟁이 되는 문제들에 대해서 그리스도인들은 한 가지 입장을 내지 못하고 서로 싸운다. 그것도 성경을 놓고 해석을 달리하며 다툰다. 그러나 어떤 주제를 판단할 때, 성경을 마구 들이댄다고 해서 되는 것이 아니다. 66권의 성경이 서로 다른 말을 할 수 있고, 구약과 신약이 다르며, 바울과 요한과 야고보와 베드로가 다 다를 수 있다. 그러므로 그리스도인이 가장 신뢰하고 기댈 수 있는 최종 기준은 결국 예수의 말씀이다. 예수께서 실제로 경제생활을 어떻게 하셨는지, 재물에 대해 어떻게 말씀하시는지에 대해 복음서를 통해 꼼꼼히 보아야 한다. 예수의 가르침과 생각을 들어보아야 한다. 예수의 생각은 기본적으로 십자가에 자신의 몸을 희생하신 사랑, 생명, 자유, 치유, 회복의 정신이다. 이 정신은 하나님 나라의 가르침 속에 스며있다. "예수라면 돈을 어떻게 생각하고 계실까?" 예수의 돈의 세계로 들어가 보자.

돈에 대한 예수의 생각

셰익스피어의 작품 중에 『아테네의 타이먼』을 보면 이런 대사가 나온다. "검은 것을 희게 해 주고, 추한 것을 아름답게 해 주고, 늙은 사람을 젊게 해 주고, 문둥병조차도 사랑스럽게 보이게 하는 것이 있다. 그것은 돈이다. 화폐를 가지면 늙은 과부에게도 젊은 청혼자들이 달려오리라." 오늘날 돈으로 모든 것을 할 수 있을 것 같은 자본주의 세상에 살고 있는 우리에게 돈은 거의 하나님이 되었다. 돈을 하나님처럼 숭배한다. 이를 맘모니즘(mammonism)이라고 한다. 맘모니즘이란 유대교 전승에 나오는 악마의 이름인 '맘몬'에서 온 말이다. 신약성경에서는 부(富)를 뜻하는 말이다. 맘몬이란 말은 재물, 특히 부정한 방법으로 축재한 재물을 가리키는 셈족 언어다. 이것이 의인화되고 신격화되어 돈과 돈에 대한 욕망을 상징하는 악마로 받아들인 것이다. 배금주의라고도 한다. 돈을 숭배한다는 뜻이다.

　돈과 부를 숭배하는 사회에 예수께서 오신다면 돈에 대해 과연 뭐라고 하실까? 예수는 생각보다 돈에 대해 많은 말씀을 하셨다. 1만 달란트 빚진 사람과 1데나리온 빚진 사람의 비유도 돈 이야기고, 포도원 품꾼들 비유에서 품꾼들과 주인이 싸우는 이야기도 임금, 즉 돈 문제였다. 심지어 달란트 비유는 금융 사업을 비롯하여 다양한 사업 이야기가 섞이면서 돈이 얼마나 중요한지 말씀하신다. 여기서 예수는 돈에 대한 기본 관념을 보여주신다. 불의한 청지기 비유에서 예수는 불의한 것이라고 여기는 재물에도 신실하지 못한 사람이 어떻게 다른 중요한 일을 할 수 있겠느냐고 질타하신다. 기본적으로 예수는 돈의 세계를 인정하시고 긍정하셨다. 예수는 돈을 만악의 뿌리라는 식으로는 결코 말씀하지 않으셨다.

　그러나 예수는 사람들이 돈 걱정에 시달리는 존재라는 것을 간과하셨다. 씨 뿌리는 비유에서 네 가지 밭 중의 세 번째 밭, 가시밭에 있는 가시가 바로 돈에 대한 염려라고 말씀하신다. 돈의 염려가 바로 말씀의 열매를 좀 먹는다는 것이다. 우리의 신앙을 온전하게 자라지 못하도록 찔러서 주눅이 들게 하는 것도 돈 걱정이다. 어리석은 부자 비유는 오직 돈, 돈, 돈 하며 축적하고 돈 위에 누워 행복을 꿈꾸던 한 부자의 갑작스러운 죽음을 통해 돈에 대한 집착의 허망함을 보여준다. 한 부자 청년이 천국에 가고 싶어 예수께 다가갔지만 재물을 나누라는 말씀에 고뇌하며 떠난 것도 부의 집착이 얼마나 영생에서 먼 것인가를 말해 주는 말씀이다.

　예수는 인간이 돈을 얼마나 사랑하는 존재인지 일러주신다. 누가복음 15장을 보면, 잃어버린 동전을 두고 여주인이 밤새도록 뒤져 돈을 찾는다. 사람은 자신의 잃어버린 돈을 찾기 위해 모든 걸 제쳐 놓고 집중할 정도로 엄청난 애착과 집착을 보인다. 하나님이 잃어버린 영혼을 찾고자 하는 마음도 그렇다는 것이다. 돈에 대한 인간의 집착이 그토록 강하듯, 사람에 대한 하나님의 애착 또한 그토록 강함을 말씀하신 것이다. 예수는 하나님의 인간 사랑이 얼마나 강한지 말씀하시기 위해 사용하신 가장 강력한 소재가 인간의 돈에 대한 사랑이었던 것이다.

복음서에서 예수는 돈에 대해 많은 이야기를 하셨다. 예수는 돈의 세계를 긍정하셨다. 돈이 가진 힘도 알고 계셨다. 그리고 돈에 대한 집착이 인간의 삶에 가시와 짐이 될 수 있다는 것 또한 분명히 경고하셨다.

예수의 생활비와 경제생활

예수께서는 돈으로부터 자유로우셨을까? 경제생활은 어떻게 하셨을까? 흔한 말로 움직이는 게 다 돈인데, 예수는 자신의 활동비를 어디서 공급받았을까? 예수의 직업은 랍비로 불렸다. 당시 유대 사회에서 랍비는 사람들에게 성경을 해석해 주고 가르치는 지혜자이자 선생으로 존경받는 직업이다. 그러나 그들은 성경을 가르쳐주고 돈을 받지 않는다. 먹고 살기 위한 자신의 직업은 따로 있다. 사도 바울처럼 천막을 만들어 파는 직업을 갖거나, 농사를 짓거나, 양을 키우면서 자급자족한다. 그런 면에서 예수도 랍비처럼 사셨다. 그런데 다른 랍비와 다른 것은 예수에게는 별도의 직업이 없었다는 사실이다.

그러면 예수는 어떻게 먹고 사셨을까? 기본적으로 예수에게는 후

원그룹이 있었다. 이른바 서포터즈가 있었던 것이다. 대표적인 사람들이 몇몇 여성들이다. 수산나와 마리아 등 예수의 말씀에 은혜를 받거나 치유를 받은 여성들이다. 그들은 예수를 물질적으로 섬겼다. 집은 마가의 어머니가 제공했다. 120명이 들어갈 정도의 큰 집을 허락해 그곳에서 최후의 만찬을 했을 정도였다. 제자 중에 돈을 관리하는 회계를 가룟 유다가 맡았다는 말은 여기저기 예수를 지지하는 사람들의 후원금이 예수공동체에 들어왔음을 의미한다.

예수께서는 실제로 많은 식사에도 초대를 받으셨다. 부자가 예수를 찾아와 식사 대접을 하고, 마태가 대접하기도 했었다. 물론 예수도 오병이어의 기적을 통해 수천 명의 무리들을 한꺼번에 대접하신 일도 몇 차례 있었다. 그러나 일상적으로 예수는 주로 얻어 잡수시며 다녔다. 왜냐하면 특별히 수익구조라고 할 만 한 일이나 사업이 없었기 때문이다. 예수의 무덤은 아리마대 요셉이 제공해 주었고, 몰약을 바르는 것은 니고데모가 댔으며, 장례식 준비는 어떤 여인이 예수의 무릎 아래 앉아서 300데나리온이나 되는 옥합을 깨뜨려서 드렸다.

예수는 자신의 사역과 경제적 수익의 관계에 대해서 무관심하신 것처럼 보인다. 거라사 지방에서 군대 귀신 들린 사람을 고쳐주는 대가로 오늘날 시가로 10억 정도 되는 2,000마리의 남의 돼지값을 날려버리시면서도 별로 개의치 않으셨다. 오늘날 같으면 돼지목장 주인으로부터 손해배상 청구서를 받을 일이다. 경제관념이라고는 없어 보일 만한 부분이다. 예수 자신의 경제생활은 일정한 수입이 있어서 안정적이고 예측할 수 있는 방식이 아니었다. 그날그날 사는 방식이었다.

예수처럼 이렇게 사는 사람들을 일컬어 '방랑하는 카리스마(wandering

charisma)'라 한다. 당시 헬라 철학 사조 중에 견유학파(떠돌아 다니는 개)라고 있는데, 그들의 삶이 그러했다. 우리에게 잘 알려진 디오게네스 같은 사람이다. 당시 제국의 최고 정복왕 알렉산더 대왕이 자기를 찾아와서 말을 걸었을 때 햇빛이나 가리지 말라고 퉁명스럽게 말했다는 일화는 유명하다. 어떤 서기관이 예수를 따르겠다고 할 때 "여우도 굴이 있고 공중의 새도 거처가 있으되 인자는 머리 둘 곳 없다(마 8:20)"라는 예수의 말씀이 그것이다. 디오게네스의 '햇빛이나 가리지 말라'는 말이나, 예수의 '머리 둘 곳 없다'라는 이야기 모두 여기저기 다니면서 하루하루 살아가는 유목민적 삶(nomadic life)을 표현한 것이다. 예수의 지갑에는 일정하게 준비된 생활비란 없었다. 아니 지갑 자체가 없던 분으로 보인다.

돈이란 그때그때 하늘이 주는 선물

예수는 분명히 돈 없이 사셨고 가난하게 사셨지만 돈에 대해 생각이 없는 분은 아니었다. 예수는 돈에 대해 보기보다 아주 실제적인 말씀을 하셨다. 어쩌면 본격적으로 그리스도인이 가져야 할 가치관의 모범 혹은 기준을 제시하신다. 예수께서 광야에서 사탄으로부터 돌을 가지고 떡을 만들어 보라는 요구를 받았을 때, 예수는 인간이란 무엇으로 사는 존재인가로 답을 하셨다. 인간이란 떡으로만 사는 게 아니라 하나님의 말씀으로 사는 존재라고 받아치셨다. 사람은 두 가지로 산다는 것이다. 바로 물질과 영이다. 오늘날 떡은 돈의 생산물이다. 돈이 없으면 떡이란 없다. 그러므로 돈과 영이라고 해도 맞다.

예수의 이 말씀 속에는 사람이란 기본적으로 돈이라는 물질이 있어야 한다는 의미를 담고 있다. 사람은 물질을 벗어날 수 없을 뿐만 아니라 물질이 필요하다. 아니 필요한 정도가 아니라 돈은 우리에게 충만한 기쁨과 지극한 안정감을 줄 수 있다. 그래서 사람들은 물질의 마력에 빠지고 이를 숭배한다. 예수는 바로 이 지점에서 선을 긋는다. 물질은 필요하고 행복을 주지만 숭배해서는 안 될 대상이다. 물질은 필요하지만 하나님의 말씀도 필요하다. 물질만으로 살 수 없는 존재가 인간이며, 물질 너머 하나님의 세계가 있다. 이 두 세계가 인간에게는 동시에 작용한다. 돈이 있는 곳에 마음이 있다는 말씀은 인간이란 결국 물질의 세계와 영적인 세계가 한 몸에 묶여 있는 존재란 뜻이다.

돈이 있는 곳에 사람이 모인다는 것은 돈과 마음이 같이 간다는 것이다. 그래서 인간의 마음은 물질의 세계를 벗어날 수 없음을 인정해야 한다. 그럼에도 불구하고 돈을 숭배하는 것은 다른 문제다. 돈 숭배의 위험성에 대해 하신 예수의 가장 강력한 말씀은 하나님과 돈을 동시에 섬길 수 없다는 가르침이다. 이것은 돈의 세계를 인정하셨던 다른 곳의 말씀을 완전히 뒤집는 말씀이다. 인간에게 돈과 하나님은 공존할 수 없다. 돈을 숭배와 집착의 대상으로 삼는 한 그리스도인에게 하나님 신앙은 불가능하다. 돈을 필요와 도구의 가치로 끌어내리지 않는 한 우리의 하나님 신앙은 거짓이다. 이 말씀은 돈이 인간에게 집착과 숭배의 대상이 되고 있음을 갈파하신 후 내놓은 가장 극단적인 처방이다.

이 말씀은 이제 예수의 물질 신학이 되기까지 한다. 돈을 숭배하거나 집착하지 않기 위해서는 우선 맹목적으로 비축하지 말라고 하신다. 어리석은 부자의 비유에서 예수는 내세와 이웃을 생각하지 않고 자신만을 위해 맹목적으로 축적하는 자의 생각지 않은 종말을 이야기하신다. 둘째, 돈이란 자기의 것이 아니라고 생각해야 한다. 예수는 제자들을 파송하실 때, 거저 받았으니 거저 주고 가방에 금이나 은, 동을 가지지 말고, 옷이나 신도 가지고 가지 말라고 촉구하셨다.

돈이란 그때그때 하늘이 주는 것이니 하늘이 주는 선물이라는 말이다. 거저 받은 존재란 자기 소유권이 없는 존재다. 필요할 때 하늘이 주는 대로 받고 살라는 말씀이다. 돈은 자기의 것이 아닌 하나님의 선물이기 때문에 언제든지 누군가에게 다시 줄 수 있다. 돈에 대한 예수의 생각의 핵심은 돈으로부터 지배당하지 말고 지배하고, 돈으로부터 매이지 말고 자유하라는 것이다.

돈의 집착에서 해방되는 것이 구원

예수께서는 예배 때 십일조는 하나님께 드리는 예물인데 정의와 긍휼과 믿음이 빠져있다는 것을 지적한다. 기부금이든 십일조든 하나님의 정신이 들어가야지 정의와 긍휼과 믿음이 빠진 채 드리는 것은 아무 의미가 없다고 말씀하신다. 과부의 두 렙돈의 헌금에서 알 수 있듯이, 오백 원 정도를 내는 그녀가 드린 돈이 20만 원 드린 사람보다 많은 이유는 전부냐 일부냐의 문제다. 전부와 일부의 차이는 액수의 차이가 아니라 정의와 긍휼과 믿음이라는 마음의 차이다. 전부는 사람이 하나님께 드리는 예물이고, 일부는 사람이 사람에게 주는 기부금이다.

예수께서는 우리에게 주어진 돈의 쓰임새에 대해서는 뭐라 말씀하셨을까? 누가복음 12장에서 예수는 어리석은 부자의 비유를 드시면서 돈의 핵심적인 속성을 드러내신다. 돈 버는 맛이 세 가지 있다는 것이다. 모으는 맛, 늘리는 맛, 누리는 맛이다. 어리석은 부자는 돈을 모았고, 확장했고 내 영혼을 여기에 쉬게 하리라 하면서 돈을 누리는 맛을 보길 원했다. 하지만 하나님의 종말은 돈을 누리는 시점에 임한다. 물질의 세계에 영혼을 눕히는 순간 하나님의 심판이 찾아온다. 세상에서 가장 어리석은 사람이란 바로 자기가 번 돈에 자신의 영혼을 맡기는 사람이다. 돈에 자기의 영혼을 눕히고 자기를 위해 쌓아둘 줄은 알아도 하나님을 위해 돈을 쌓아둘 줄 모르는 사람이 이 세상에서 가장 미련한 바보다. 예수는 그에게 하나님께 대하여 부요하지 못한 자라고 일갈하신다. 자기 자신에게는 부유(wealthy)하지만, 하나님과 타인에게는 부요(rich)하지 못한 자의 끝이 그렇다는 것이다.

마태복음 19장에서 예수는 부자 청년을 만난 자리에서도 역시 돈 문제를 들고나오신다. 예수께 영생이라는 진지한 질문을 던지며 찾아온 엄친아 청년에게 예수는 대뜸 재산을 가난한 사람에게 나눠주고 나를 따르라 하셨다. 형이상학적 대답을 기대했던 청년은 형이하학적 명령에 충격을 받는다. 청년은 자신이 가장 집착하고 숭배하는 것이 돈인 줄 몰랐다. 예수는 그의 허를 찌르셨던 것이다. 자신의 돈을 누군가에게 거저 준다는 것은 그의 삶에 불가능한 현실이었다. 그는 번민하며 돌아갔다. 돌아가는 청년의 등을 향해 예수께서는 천국은 저런 자들을 절대로 받아줄 수 없다고 선언하신다. 이 부자 청년 또한 어리석은 부자처럼 자신의 영혼을 돈의 세력으로부터 분리하지 못한 자다. 그만큼 인간이 돈으로부터 자신을 해방한다는 것은 그렇게 어려운 것이다.

그러나 복음서는 돈의 집착에서 해방한 사람도 나온다. 바로 세리장 삭개오다. 그의 이야기는 부자 청년 이야기 다음에 바로 이어서 나온다. 부자 청년과 달리 삭개오는 평생 세리라는 직업 때문에 사람들로부터 욕을 먹고 산 사람이다. 부자 청년이 예수께 잘난 척하며 접근한 것과는 달리 삭개오는 얼굴이나 한번 훔쳐보자는 마음이었다. 부자 청년이 율법에 있어 영생에 가까운 사람처럼 자신을 여긴 것에 비해, 삭개오는 자신이 구원과는 거리가 먼 것으로 여겼다. 그러나 한 가지 분명한 차이는 부자 청년은 예수께 진지하지 못했고 삭개오는 지극히 진지했다. 그는 예수의 얼굴을 보다가 예수께 발견되었고, 예수가 그를 불렀고, 그는 예수를 위해 잔치를 베풀었다. 나아가 예수와 동네 사람들 앞에서 양심선언을 한다. 자신의 재산의 절반을 가난한 자들에게 줄 것이며, 만일 부당하게 세금을 걷은 것이 있다면 네 배로 되돌려 주겠다는 것이다. 바로 이 순간을 예수는 놓치지 않고 그에게 하나님의 구원을 선포하신다. 돈 집착의 세력에서 분리되는 순간이 곧 구원의 순간이다. 그래서 마틴 루터는 "진정한 회개는 지갑의 회개"라고 말했다.

돈을 하늘 창고에 쌓으라

이제 예수는 돈의 집착으로부터 해방되는 것을 넘어 돈을 하늘에 쌓는 적극적인 방법을 가르쳐주신다. 누가복음 12장 31-33절에서 돈과 하늘의 비밀을 말씀하신다. "다만 너희는 그의 나라를 구하라. 그리하면 이런 것들을 너희에게 더하시리라. 적은 무리여 무서워 말라. 너희 아버지께서 그 나라를 너희에게 주시기를 기뻐하시느니라. 너희 소유를 팔아 구제하여 낡아지지 아니하는 배낭을 만들라. 곧 하늘에 둔바 다함이 없는 보물이니 거기는 도둑도 가까이하는 일이 없고 좀도 먹는 일이 없느니라. 너희 보물 있는 곳에는 너희 마음도 있으리라."

그 비밀이란 바로 두 가지다. 낡아지지 않는 배낭을 만드는 것과 소유를 팔아 구제하는 것이다. 이 세상에서 내가 가지고 있는 모든 통장과 금고는 언젠가 사라질 배낭이다. 예수는 그런 배낭은 허무한 것이라 말씀하신다. 영원히 낡아 떨어지지 않는 통장과 금고를 만들라 하신다. 그게 무엇인가? 예수는 그게 바로 구제라는 배낭이라고 보셨다. 하늘에 돈을 쌓는다는 것은 돈을 하늘을 향해 던지는 것이 아니다. 이 세상의 가난하고 소외된 자에게 구제하는 일이다. 다른 사람, 가난한 사람에게 돈을 쓰는 것은 하늘에 돈을 쌓는 일이다. 왜 가난한 사람인가? 그들은 나에게 되갚을 수 없는 자들이다. 그러기에 하나님이 나서서 직접 우리에게 갚아주신다는 것이다. 이것이 바로 하나님의 복이다.

돈을 쓰려거든 너에게 갚을 수 없는 사람들에게 써야 그 돈이 온전히 하늘에 쌓인다. 그러니 부자에게 밥을 사주지 말고 가난한 사람에게 밥을 사주라는 말씀이다. 부자에게 주는 것은 뇌물이요, 가난한 자에게 주는 것은 선물이다. 그 용도가 전혀 다르다. 뇌물은 하늘에 쌓이지 않고 자신에게 쌓이는 돈이요, 선물은 오직 하늘에 쌓이는 돈이다. 이 땅의 소자에게 냉수를 주는 것이 하나님을 대접하는 것이므로, 이 땅의 작은 자에게 돈을 나누고 베푸는 것이 곧 하나님께 드리는 예물임을 기억하라고 하신다. 그리고 제자들에게도 십자가를 따를 때에도 잊지 말 것이 자기 소유를 버릴 것을 말씀하신다. 즉 제자도에 있어서 돈의 문제는 매우 중요한 사안이다.

요약해 보자. 예수는 돈이란 사람의 삶에 꼭 필요한 현실의 문제이지만, 집착하거나 숭배해서는 안 될 대상이다. 돈은 하나님을 섬기는 데 아주 중요한 수단임과 동시에 심각한 방해가 될 수 있는 존재다. 따라서 돈에 대한 가치관은 예수를 따르는 제자들이 꼭 해결해야 할 선결과제다. 나아가 돈은 영생과 하나님의 구원을 부르는 결정적 조건이다. 한마디로 돈은 구원의 조건이다. 아니, 조건을 넘어 하늘나라에서 자신의 풍성한 삶의 여부를 가르는 잣대이기까지 하다. 즉 돈의 나눔, 구제를 통해 하늘의 복을 쌓는 것이다. 누군가 목마를 때, 그에게 냉수를 주는 것은 하나님께 드리는 거룩한 예물이다.

결국 하늘에 쌓는 것은 구제다. 이것은 예수의 말씀이기도 하지만 유대인들의 전통이기도 하다. 탈무드에 보면 마지막 하나님 나라에 끝까지 남는 것은 무엇인가 묻는다. 답은 구제다. 다른 모든 것은 다 사라지고 잊히지만 가난한 자에게 베푼 구제는 영원히 남는다는 것이다. 그래서 유대인들은 자기 수입의 십 분의 일을 꼭 남을 위해 쓰는 문화가 아직까지도 지켜지고 있다.

QUESTION 7

예수는 세속의 정치가인가?

삶 아 믿음

예수와 정치

정치는 진리나 사실보다 신념이나 이념이 앞서는 주제다. 흔히들 배를 탔을 때 사람들과 절대로 하지 말아야 할 두 가지 토론 주제가 있는데, 그게 바로 정치와 종교다. 왜냐하면 진리는 객관적 사실이 무엇인지 확인하면 끝나지만, 신념은 무엇으로도 타협이 안 되기 때문이다. 싸움으로 번지다 결국 어느 한쪽은 배에서 던져져야 끝난다고 해서 나온 말이다. 가족끼리도, 직장에서도, 심지어 교회에서 정치 논쟁은 삼가는 것이 좋다. 서로를 증오하게 되고 갈라놓기 때문이다.

이것은 아주 슬프고 답답한 일이다. 원래 정치는 이렇게 극단적인 신념이나 이념을 담고 싸우는 개념이 결코 아니다. 서양에서 막스 베버라는 사회학자는 정치란 "국가의 운영 또는 이 운영에 영향을 미치는 활동"이라 정의했고, 데이비드 이스턴은 "가치의 권위적 배분 행위"라고 짧게 말했으며, 해럴드 라스웰은 "누가, 무엇을, 언제, 어떻게 갖느냐의 문제"라고 했다. 정치란 나라의 물질적, 정신적 재화를 어떻게 적절하게 잘 나누어 조화롭게 사느냐의 기술이다.

한자는 정치의 본질을 더 분명하게 밝혀준다. '정치'(政治)에서 '정'(政)은 바르다의 '正'(정)과 일을 하다, 회초리로 친다는 '攵'(지)를 합친 말로, 바르게 하기 위해 일을 하거나 회초리로 치는 것이다. 치(治)는 물(水)과 건축물(台)이 합하여 물의 넘침에 의한 피해를 잘 수습한다는 것이다. 따라서 정치란 자신과 다른 사람의 부조화로운 것, 부정적인 것을 바로잡아 극복하는 일이다. 그러므로 정치는 다른 사람을 지배하는 것이 아니라 돕는다는 의미가 원래 뜻이다. 스웨덴이나 노르웨이 같은 북유럽 국가가 잘 사는 이유 중 하나는 정치를 이렇게 이해하고 노력한 결과라는 점에서 부러움을 금할 수 없다.

그렇다면 예수를 정치적 관점에서 보는 것은 어떨까? 어떤 면에서 보면 모욕적으로 비칠 수도 있을 것이다. 예수는 모든 인류의 구주이시고 하나님의 아들이신데 그런 세속적인 정치적 틀에 가두어서는 안 되는 것처럼 보이기 때문이다. 그러나 우리가 부인할 수 없는 사실은 예수께서 이스라엘 땅에서 3년 동안 공개적으로 활동하신 삶은 철저하게 정치적 환경 속에 둘러싸여 계셨다는 점이다.

예수는 공생애 직전 마귀에게 시험받으실 때 3가지의 질문을 집중적으로 받으신다. 그 질문들은 사실 인간이 가장 갖고 싶어 하는 세 가지 권력이었다. 경제 권력, 정치 권력, 종교 권력이다. 돌을 떡으로 만들어 사람들에게 먹여 보고 민생을 살려보라는 경제 권력, 성전에서 뛰어내릴 때 천사들이 받아주는 것을 보여주라는 종교 권력 그리고 영혼을 팔아 사탄에게 무릎 꿇고 얻을 천하만국을 다스릴 정치 권력의 유혹이었다.

이러한 정치적 질문과 요구는 예수께서 처음 하나님 나라 사역을 시작할 때부터 쏟아졌고, 십자가에 죽는 순간까지 따라다녔다. 예수 자신이 아무리 세상 권력자들과 거리를 두고 비정치적인 삶을 사셨다 하더라도 그의 사역 자체는 이미 당시의 사람들에게 정치적으로 보였고, 정치적으로 해석되었고, 정치적으로 부각될 수밖에 없었다. 예수는 과연 정치와 상관없는 분일까? 아니면 매우 정치적인 분이었을까?

▎정치와 상관없을 것 같은 예수

▎예수는 정치에 관심을 가지고 있으셨을까? 일단 그렇지 않은 것처럼 보인다. 예수는 요한복음 17장 고별설교에서 제자들에게 나의 공동체는 결코 이 세상에 속할 수 없다고 선을 긋는다. 이 말씀은 이후 탄생할 교회는 세상에 속하지 않는 존재라고 선언함으로써 비정치적 공동체임을 분명히 하신 것이다. 곧이어 이어지는 18장 예수의 재판 장면을 보면, 내 나라는 이 땅에 속해 있지 않다고 발언하신다. 내가 추구하고 전하고 가르친 하나님의 나라는 이 세상의 나라와 근본적으로 다르다. 이 세상 나라는 정치적 논리로 돌아가지만, 내 나라는 전혀 다른 원리로 작동한다. 마치 교회는 세상과 등지고 있는 듯한 느낌을 받는다.

요한복음 6장을 보면 오병이어 사건이 나오는데, 여기서 예수는 수많은 군중에게 먹을 것을 베푸심으로써 경제 권력의 현실화를 통한 정치 세력화의 가능성을 보여주신다. 정치인의 관점에서 볼 때, 이 사건은 누가 보아도 예수로 하여금 탄탄한 정치적 입지를 마련해준 전환점이었다. 실제로 예수에게는 극성 팬덤(열성팬 조직)이 형성되었다. 그들은 예수가 갈릴리 바닷가 이곳저곳을 다니실 때 어떻게 알았는지 항상 쫓아다녔다. 예수는 이들을 받아들이지 않으시고 산으로 도망하셨다. 그것이 여의치 않을 때는 썩을 양식이나 찾아 따라다닌다고 비판하셨다. 심하실 때는 자신을 하늘에서 내려온 떡이라는 난해한 비유를 드시면서 사람들을 충격에 빠뜨려 떠나가게 하셨다. 예수는 자신의 사역으로 인해 부각되는 정치적 유명세를 철저히 차단하고자 하셨다.

예수의 가르침을 보아도 그렇다. 대표적 교훈이라 할 산상수훈에서 가장 정치적인 주제라고 한다면 폭력에 대한 부분이다. 악한 사람의 폭력에 어떻게 대응해야 하는가에 대한 대응의 윤리다. 오른뺨을 맞으면 왼뺨을 돌려대고, 겉옷을 달라 하면 속옷까지 내어주고, 5리를 가자고 하면 10리까지 가주라. 폭력을 감수할 뿐만 아니라, 더욱 적극적으로 포용하여 선으로 갚을 것을 요구하시는 예수의 가르침은 분명히 세상 정치의 상식과는 전혀 다른 길이다. 폭력이란 관계의 문제이고, 관계는 정치적으로 풀어야 한다. 피해자가 가해자로부터 당한 인격적 모욕과 신체적 피해와 정신적 상처를 정상적으로 회복하기 위해서는 정치적 해결 과정이 필요하다. 피해자가 힘이 있어 똑같이 가해자에게 보복하거나, 아니면 법에 호소하여 처벌하도록 하는 것이다. 그러나 예수는 이런 정치적 고려를 넘어서는 길을 제시하신 것이다. 누가 보아도 비정치적 가르침으로 보인다.

예수의 제자들이 70명이었을 때 전도훈련을 보내시면서 하신 말씀도 그렇다. 제자들을 세상에 보내는 것이 마치 어린 양을 이리 떼 속으로 보내는 마음이라고 하셨다. 어린 양이란 비정치적 존재의 상징이다. 세상에 대해 아무것도 모른다. 세상이 어떤 정치적 메커니즘으로 돌아가고 있는지 무지한 존재다. 그런 존재를 오직 약육강식의 정치판에서 떼를 지어 약한 희생양을 찾아 혈안이 되어 있는 정치 10단인 이리떼에 보내는 심정이다. 떼란 집단이고, 집단이란 정치적 원리가 작동하는 기본 단위다. 예수는 비정치적 존재가 무서운 정치 현실 속에 들어가 생존할 수 있는 유일한 길은 뱀같이 지혜롭고 비둘기같이 순결하게 사는 길밖에 없음을 아셨다. 뱀처럼 '악'하지도 말고 비둘기처럼 '약'하지도 말라. 정치적인 세상에서 같이 미쳐 돌아가지 말고 비정치적 순수함을 지켜 내라는 어려운 말씀이다.

예수께서 겟세마네 동산에서 자신의 생애 마지막 기도를 마치고 체포되는 순간, 지금껏 졸던 베드로가 갑자기 칼을 꺼내어 제사장의 종 말고의 귀를 자르려 할 때 예수께서 하신 말씀 또한 비정치적 모습을 보여준다. "칼로 흥한 자는 칼로 망한다." 폭력으로 세운 나라는 폭력으로 무너진다. 정치적 권력은 정치적 권력으로 무너져 내린다. 비록 자신의 죽음이 정치적인 판 위에서 이루어지고 계심을 아셨지만, 결코 정치적으로 해결하고자 하지 않으시겠다는 선언이다. 만일 예수께서 살고자 하셨다면 얼마든지 정치적 타협은 있었고, 심지어 무리를 선동하고 규합하여 세력화할 기회도 충분했다. 그러나 예수는 결코 칼을 쓰지 않겠다고 하심으로써 비정치적 대응으로 자신의 길을 가셨다.

바리새인들이 예수를 정치적으로 곤란한 입장에 빠뜨리기 위해 던졌던 질문도 그렇다. 로마 황제 가이사에게 세금을 바치는 것이 옳은가 옳지 아니한가? 당신의 입장을 밝혀 보라. 당시 로마제국 지배하에서 세금 문제는 제국이냐, 조국이냐를 놓고 선택해야 할 정치적 입장의 문제였다. 세금을 내면 조국에 배신자와 매국노가 되고, 세금을 내지 않으면 제국에 반역자가 되어 실형을 살게 된다. 누가 보아도 정치적 이슈다. 예수는 "가이사의 것은 가이사에게, 하나님의 것은 하나님께 바치라(마 22:21)."라고 하심으로 정치 프레임에서 빠져나가셨다. 정치적인 것은 정치적으로 풀고, 종교적인 것은 종교적으로 해결하라. 훗날 이 말씀은 정교분리의 신학적 단서가 되고, 어거스틴과 루터에 의해 깊이 논의되었으며, 오늘날 국가와 교회의 관계를 설정할 때 가장 기본적인 성서적 근거로 자리 잡았다. 아무튼 예수는 자신을 정치적 프레임 속으로 끌어들이고자 하는 시도를 철저히 차단하셨고, 자신이 정치적 인물로 보이고 해석되는 것을 결코 원하지 않으셨다.

무엇보다 예수는 결정적으로 비정치적이시기를 원하셨고, 또 자신이 그러하다는 것을 보여준 말씀이 있다. 예수께 제자가 되어 따르겠다고 자청하는 서기관에게 던지신 말씀이다. "여우도 굴이 있고 공중의 새도 거처가 있으되 인자는 머리 둘 곳이 없다(마 8:20)." 얼핏 보면, 자연을 빗대어 하신 비유 같아 보이지만 이것은 철저한 비정치적 메시지다. 당시 이스라엘 땅에서 여우는 헤롯 안디바스의 별명이었다. 예수는 헤롯을 좋아하지 않으셨다. 그런 예수가 자신을 따르겠다고 하는 서기관에게 왜 자신의 행보를 헤롯과 비교하셨을까? 예수 자신의 길은 헤롯의 길과 다르다는 것 아닌가? 헤롯과 같은 정치적 인물은 집이 있다.

집이란 안정감과 보호의 상징이다. 헤롯 같은 정치적 인간은 자신을 둘러싼 정치적 세력과 군사력으로 자신의 정치적 안정과 보호를 받는 존재다.

그러나 인자인 예수는 어떠한 정치적 안전 장치 하나 없이 떠돌다 갈 존재다. 이 말씀은 예수 자신의 현재 모습이 비정치적 노마드(유목민)로 살고 있음을 밝힌 것이기도 하지만, 자신이 지향하는 삶의 가치이기도 하다. 예수는 자신에게서 정치적 안정감과 권력의 허상을 찾으려는 자원자를 물리치심으로써, 자신은 철저히 비정치적 개인으로 살다 갈 것임을 분명히 하셨다. 예수는 정치의 세계를 죄악시하지는 않으셨으나, 정작 자신은 그 세계와 일정한 거리를 두셨음은 분명한 사실이다.

▍정치와 상관있을 것 같은 예수

앞에서 언급한 내용들은 예수께서 정치와 무관하게 살았던 것과 같은 이야기들이다. 그런데 과연 예수는 비정치적인 행보만 걸어가셨을까? 사실은 그렇지 않다. 예수의 속마음이야 정치적인 것을 생각하지 않으셨을지라도 겉으로 드러나는 모든 행위와 언어는 정치적일 수밖에 없었다. 또 사람들에게 그렇게 비칠 여지가 많았다. 설령 정치적인 의도가 아니었다 하더라도 이미 정치적 이미지를 주기에 충분한 행동과 언어가 많았다는 뜻이다.

사역 초기 광야에서 40일 동안 시험을 받으셨을 때 사탄이 던진 질문 자체가 정치적 유혹이었음은 우리가 다 아는 사실이다. 예수는 제자도에 대해 가르치실 때 이런 극단적인 말씀을 하신 적도 있다. "내가 세상에 화평을 주러 온 줄로 생각하지 말라 화평이 아니요 검을 주러 왔노라(마 10:34)." 검이라는 것은 쪼개는 무기다. 둘로 분열시킨다. 아버지와 아들을 쪼개고, 어머니와 딸이 불화하고, 시어머니와 며느리가 갈라선다. 정치의 속성이다.

이 말씀은 일차적으로는 예수를 따르기 위해서는 사랑하는 가족들과도 작별할 각오를 하라는 뜻이다. 그러나 조금 더 깊이 생각해 보면, 예수는 자신의 존재 자체가 세상에 분열과 갈등을 촉발시킬 것이라고 보았다. 예수라는 분의 사상과 가치를 놓고 사람들은 여러 갈래로 찢어지고 서로 싸울 것이다. 예수를 따르는 사람들과 예수를 쫓아내는 사람들로, 예수를 위대하다고 생각하는 사람들과 예수를 위험하다고 생각하는 사람들로 갈라질 것이다. 예수의 메시지는 가족들을 불화시켰을 뿐만 아니라, 제자들 사이도 분열시켰고, 심지어 바리새인과 사두개인들을 갈라놓기까지 했다. 한 사람의 메시지와 행동이 사회적 파장을 일으켰다는 말은 곧 정치화되었다는 의미다. 예수의 '검' 발언은 매우 정치적 메시지다.

심지어 누가복음 22장에서 예수께서는 제자들과 마지막 만찬을 하신 후 제자들에게 "검 없는 자는 겉옷을 팔아 사라(36절)"고 말씀하신다. 마치 전쟁 준비에 돌입할 것을 촉구하는 듯한 비장한 발언이다. 저항하고 투쟁할 것을 독려하는 지극히 정치적 선언이다. 물론 이 말씀을 듣고 제자들이 실제로 검 두 개를 내어놓았을 때는 오히려 족하다고 하시면서 말씀을 거두신다. 실제로 전쟁을 하자고 하신 것은 아닌 것 같은데, 아주 이해하기 곤란한 장면이다. 그러나 분명한 것은 검을 사라는 예수의 말씀 속에서 예수가 결코 정치적 관념이란 전혀 없는 순진한 청년은 아니라는 사실이다.

예수는 누가복음 12장에서 무리에게 "외식하는 자여 너희가 천지의 기상은 분간할 줄 알면서 어찌 이 시대는 분간하지 못하느냐(56절)"고 따져 물으신다. 자연의 이치는 경험적 통계로 잘 꿰뚫어 보면서, 시대의 흐름은 분별하지 못하는 것에 대한 탄식이다. 시대를 분별한다는 말은 깊은 역사의식을 가지고 자신이 살고 있는 시대의 정치, 경제, 사회, 문화, 종교의 흐름을 읽고 판단하는 것이다. 이 말씀은 그리스도인들에게 시대의 정치적 흐름에 대한 감각을 가질 것을 촉구하시는 것이다. 시대를 분별하는 데 정치적인 맥락을 모르고서야 어찌 분별한다 하겠는가. 이 말씀은 그리스도인들은 세상에서 결코 정치와 무관하게 살 수 없는 존재이며, 오히려 정치를 꿰뚫어 볼 수 있는 안목을 가지고 살아야 할 것을 보여준다.

정치 권력가로 비친 예수의 행보

복음서에 정치에 대한 노골적인 예수의 어록이 있는 것은 아니지만, 제자들에게 예수는 이미 정치의 흐름을 훤히 내다보고 계신 분으로 비쳤다. 심지어 제자들의 눈에 예수는 정치권력을 손에 쥘 만한 미래의 권력자로 보였다. 이것을 가장 먼저 알아본 이는 야고보와 요한의 어머니 살로메다. 그녀가 귀한 두 아들을 자신들의 가업을 잇는 것을 포기하고 예수의 제자로 들여보낸 이유가 무엇이겠는가? 그녀와 그녀의 남편 세베대는 예수에게서 유대인의 왕이라는 세속권력의 미래 그림을 보았던 것이다. 그것이 빨리 올 것이라고 생각했던 살로메는 예수께서 왕좌에 오르실 때 자신의 두 아들을 좌의정과 우의정으로 앉혀달라고 노골적으로 청탁한다. 복음서에 나오는 대표적인 엄마의 치

맞바람 사건이다.

예수는 제자들을 부르시고 데리고 다니셨다. 엄청난 무리들을 몰고 다니기도 하셨고, 잘 나가실 때는 5,000명, 4,000명이 그분 주위에 모여들어 팬덤이 만들어지기도 했고, 70명의 제자가 따르기도 했다. 이를 다른 관점에서 보면 매우 정치적인 모습일 수 있다. 12명이든 70명이든 하나의 집단을 형성하여 몰고 다닌다는 것은 매우 정치적인 행보로 보일 수밖에 없다. 더구나 제자들 내에는 무장투쟁과 열심당원이 세 명이나 있었고, 로마의 앞잡이라 욕을 먹는 세리도 있었다. 다양한 정치적 지형을 보여주는 제자들이 예수를 따랐다.

예수의 정치가로서의 이미지가 가장 빛을 발한 사건은 단연 종려주일 예루살렘 입성이다. 죽음을 향해 가는 길치고는 너무나 화려한 왕 혹은 개선장군의 입성 장면이다. 왕이 걸어야 할 카펫은 거지 같은 제자들의 옷으로 대체하고, 왕이 탈 하얀 말은 동네 가정집에서 키우는 어린 나귀가 대신하고, 승리의 깃발과 환호의 깃발은 종려나무 가지로 흔들어 댔다. 놀라운 정치 패러디다. 예수는 이 행사를 직접 연출하셨고 직접 주인공으로 출연하셨다. 세상이 자신을 어떻게 생각하고 기대하는지를 너무나 잘 알고 계셨고, 오늘만큼은 그들에게 맞추어 주기로 하신 것이다. 정치인으로서 가장 노골적으로 드러내신 상징적 사건이다.

빌라도 총독 앞에서의 재판은 철저히 정치적 혐의였다. 이른바 로마제국에 저항하여 유대의 독립을 쟁취하고 다윗의 왕국을 회복하고, 자신은 그 나라의 왕이 되려 한다는 전통적 메시아 사상의 성취다. 로마의 입장에서는 반역이다. 그래서 빌라도의 법정에서 오간 빌라도와 예수의 대화의 주제는 '나라'였다. 내가 꿈꾸는 나라는 이 세상에 속한 것이 아니라는 말씀은 혐의 자체가 정치적인 것이었음을 보여준다. 결국 예수의 십자가 죄패에 쓰인 문구조차도 "이는 유대인의 왕 예수라 (마 27:37)"였다. '구세주 예수'도 아니고 '하나님의 아들 예수'는 더더욱 아니다. '유대의 왕' 예수였다. 철저히 정치적 구호이며 정치적 죄패였다.

오직 하나님의 나라만을 가르치셨고, 하나님을 아버지라 부르셨고, 하나님과의 깊은 내적 관계를 추구하셨던 예수는 정작 자신의 의도와는 상관없이 정치적인 이유로 정치범들과 함께 십자가에 못 박혔다. 참 이해하기 어려운 역설 중의 역설이다.

▎종교를 말했으나 정치로 평가받다

지금까지 예수의 말씀과 행보를 정치적인 시각으로 살펴본 결과는 이렇다. 한마디로 예수는 종교를 말했지만 세상은 정치로 평가했다는 것이다. 예수의 가르침은 전적으로 하나님 아버지와 하나님의 나라, 즉 종교적인 이야기였으나, 그것이 이스라엘 사회에서 일으킨 정치적 파장은 매우 컸다는 점이다. 예수는 오직 하나님을 이야기했으나 세상은 그를 정치범으로 몰아 사형을 시켰다. 도대체 이게 무슨 말인가? 종교와 정치는 다른 영역이 아닌가? 가이사의 것은 가이사에게, 하나님의 것은 하나님의 것이 아니던가? 고대시대 교부 터툴리아누스가 외쳤듯이 예루살렘(종교)과 아테네(정치)가 무슨 상관이란 말인가?

그렇다. 종교와 정치는 서로 다른 세상이고 다른 가치를 지향한다. 그러나 그것은 하나만 알고 둘은 모르는 이야기다. 종교의 가장 근원을 건드린다는 것은 곧 정치의 본령을 건드는 일이다. 정치적 파장을 불러

일으킬 수 있다는 말이다. 가장 종교적일수록 가장 정치적일 수 있다. 예수가 바로 그런 분이셨다.

예수의 가장 종교적 가르침이 무엇일까? 예수는 우리에게 "하나님을 아버지로 부르라", "너희는 하나님의 자녀라", "아버지가 너희 안에 계시고 너희가 아버지 안에 있다"라고 수없이 강조하셨다. 그렇게 무섭고 두려울 것 같은 하나님이 내 아버지이고, 그렇게 멀리 떨어져 계실 것 같은 하나님이 내 안에 계신다는 것은 혁명적 선언이다. 이 말씀은 우리를 자유케 하고 해방하게 한다. 공포와 두려움의 하나님에서 사랑과 평화의 하나님이 되었다. 율법의 종교에서 은혜의 종교로 전환되었다. 흥미로운 사실은 공포의 종교는 공포의 정치를 낳고, 사랑과 은혜의 종교는 자유와 해방의 정치를 낳는다는 것이다.

종교에서 가장 중요한 것은 자기가 믿는 신을 어떤 존재로 인식하고 고백하는가이다. 공포의 신을 믿는 사회는 공포의 문화가 자리 잡고, 율법적인 신을 고백하는 사회는 경직되고 정죄하는 문화가 퍼지며, 사랑과 평화의 인격적 신을 믿는 사회는 자유와 평등과 창조적인 문화가 꽃피울 수밖에 없다. 구약시대 이스라엘이 믿는 여호와 하나님은 공포와 율법의 하나님이었다. 그래서 예수께서 오셨을 때 유대 사회는 차별과 정죄와 공포의 사회였다. 예수는 이런 사회를 개혁하기 위해 정치 운동을 하신 분이 아니다. 예수는 단지 인격적인 사랑의 아버지 하나님을 말했고 스스로 그렇게 실천하셨을 뿐이다. 사람들은 잘 모른다. 이 종교적 가르침이 정치적으로 얼마나 큰 영향을 주었는지를 말이다.

창녀와 세리와 이방인을 자유롭게 만나면서 "인자는 죄인을 부르러 왔노라" 하신 예수의 메시지는 사랑과 은혜의 하나님 신앙의 표현이었다. 그러나 그 신앙은 당시 유대 사회의 결속 이데올로기, 곧 '선민사상'에 금을 가게 했다. 유대인과 이방인, 의인과 죄인, 선택받는 민족과 버림받은 민족으로 철저하게 차별하며 살고 있는 유대인들에게 혼란과 분노를 일으켰다. 유대인들에게 예수의 이런 행보는 오랜 세월 사회를 떠받치고 있는 불평등한 계급구조, 차별적인 정치구조를 파괴하는 것처럼 보였다. 그들에게 예수는 정치적으로 위험한 인물이다. 종교의 근원적 가치로 파고 들어간다는 것은 기존 정치 패러다임을 흔드는 일이다.

가장 종교적인 것이 가장 정치적이다

예수께서 예루살렘 성전에 들어가셔서 둘러 엎으신 사건은 신앙의 본질 추구가 얼마나 정치적 파장을 불러오는지를 가장 잘 보여준 사건이다. "내 아버지의 집은 오직 기도하는 집이라"라고 하신 말씀은 가장 중요한 신앙의 본질이다. 오직 성전은 하나님만을 예배하고 하나님께만 기도하고 하나님을 높이는 곳이다. 그래서 돈 바꾸는 자들과 비둘기 파는 자들을 내쫓으셨다. 누가 뭐래도 종교적 행위였다. 그러나 동시에 그 행위는 권력가들에게는 엄청난 정치적 위협이었다. 성전으로 들어오는 어마어마한 헌금으로 자신들의 부와 종교체제를 유지하는 제사장 집단의 기득권에 대한 강력한 도발이다. 이 일은 예수께서 보여주신 행위 중에 가장 난폭하고 폭력적인 모습이다. 그러나 대부분의 성경주석서는 이 이야기 제목을 '성전정화' 혹은 '성전청결'이라고 붙인다. 마치 예수가 성전을 조용히 청소하신 것처럼 그리고 있다. 이것은 큰 왜곡이다. 예수는 분노하셨고, 소리치셨으며, 사람들을 내쫓으셨다.

　예수의 행위는 성전을 불의한 돈의 부패 고리로 만들고 있는 종교 권력가들에 대한 노골적인 '항쟁 사건'이다. 당시 해마다 큰 절기가 되면 해외 동포들이 내는 헌금이 어마어마했다. 제사장 권력가들에게 이들의 헌금은 엄청난 수입원이었다. 당시 1만 8천 명이나 되는 제사장들이 있었고, 성전에서 들어오는 헌금으로 이들은 유대 땅의 15퍼센트나 소유하는 최대 부자들이었다. 예수는 이러한 성전의 부패 구조를 정확히 꿰뚫어 보고 계셨고, 이를 문제 삼으신 것이다. 예수는 오직 하나님의 열정에 불타는 격정 속에서 그런 행위를 하셨다. 그러나 제사장들의 눈에는 자신들의 기득권을 위협하는 강력한 정치적 도발로 보였다.

　예수의 하나님 나라 운동도 그렇다. 하나님으로부터 기쁜 소식이 왔다는 은혜의 복음 사상 또한 유대교 체제를 뒤흔들어 놓았다. 당시 바리새인들이 섬기는 모세율법은 너무 경직되어 있었다. 심지어 바울은 구약의 신앙 전체를 율법으로 규정하기도 했다. 예수가 맞닥뜨린 율법의 세계는 인간은 율법을 공부해야 하고, 열심히 따라야 하며, 지키기 위해 노력해야 구원을 받는다고 가르쳤다. 이것은 인간 중심적 수행의 종교다. 토라에 대한 학습이 필요하고, 단계별로 진행하며, 오랜 시간과 노력이 따른다. 여기에는 사람마다 차별이 생긴다. 종교적 탁월자들이 나타나고 미숙자들이 생긴다. 탁월자들은 바리새인이고 서기관이며 율법사들이었고, 미숙자들은 창녀와 세리와 이방인이었다.

　예수는 아무런 노력이나 수고 없이 그 하나님 나라가 훌쩍 모든 인간에게 임했다고 선포했다. 여기에는 어떠한 차별도 없다. 누구나 하나님 나라를 맞이할 수 있다. 바리새인이나 세리나, 서기관이나 창녀나 누구든지 하나님 나라를 누릴 수 있다. 이것이 예수가 선포한 복음의 세계다. 종교 지도자들이 좋아하겠는가! 그들에게 예수의 하나님 나라는 자신들의 밥줄을 끊을 수 있었다. 생존의 문제는 곧 정치적 문제가 된다. 예수는 하나님 나라의 본질을 건드신 것뿐인데, 그 파장은 너무나 컸다. 종교를 업으로 먹고사는 이들의 삶의 기반을 흔드는 핵폭탄이다. 어쩌면 좋은가! 가장 종교적인 것이 가장 정치적일 수 있다는 것을 예수는 모르셨을까? 분명한 것은 하나님 나라의 은혜와 복음을 말씀하신 그분에게 세상은 "유대인의 왕"이라는 정치적 죄패를 달아서 십자가에 못 박았다는 사실이다.

예수는 좌파일까 우파일까

이 질문은 우리가 예수에 대하여 가장 궁금한 부분이다. 예수에게는 무의미한 것이겠지만, 우리에게는 흥미로운 주제다. 성경은 율법이나 계명을 놓고 따를 때 좌우로 치우치지 말 것을 항상 강조한다. 물론 이 말씀은 좌우 정치 이념을 말하는 것은 아니지만, 정치에도 적용할 수 있는 말씀임에는 틀림없다.

일반적으로 좌파는 진보이고 우파는 보수를 대변한다. 보수의 대표적 가치는 자유이고, 진보는 평등이다. 우파는 능력 있는 사람이 자유롭게 살며 능력 없는 사람에게 베풀며 사는 세상을 추구한다. 좌파는 더불어 잘사는 차별 없는 세상을 꿈꾼다. 보수는 성장을 강조하고, 진보는 분배를 중시한다. 진보는 이민자들을 받아들일 것을 촉구하고, 보수는 이민자들을 돌려보낼 것을 요구한다. 진보는 변화하는 현재의 시대에 주목하고, 보수는 과거의 좋은 전통을 지키고 싶어 한다. 보수는 민족주의적이고, 진보는 국제주의적이다.

그렇다면 예수는 보수적인 분일까, 진보적인 분일까? 예수는 구약의 영성 전통을 철저히 지켜내신 면에서 매우 보수적이시다. 새벽에 기도하고, 한밤중이라도 산에 홀로 올라가셔서 하나님과 깊은 기도의 시간을 가졌다. 심지어 변화산에서는 모세와 엘리야를 만나는 신비한 체험까지 하신다. 모세율법에 대해서도 사람들은 이를 파괴하러 온 분이라고 비난했지만, 정작 예수 자신은 율법의 일점일획도 지켜야 한다고 강조하셨다. 매우 보수적이셨다.

그러나 예수의 행보를 보면 매우 파격적이셨다. 사회에서 배제된 가난한 자들을 일부러 찾아가셨고, 여성들을 존중하셨고, 창녀와 세리와 죄인들을 가까이하셨다. 심지어 그들의 편을 드셨다. 가부장 시대에 여성의 편을 드셨다는 것, 성차별 시대에 매춘부를 받아주셨다는 것, 식민지 상황에서 매국노들과 함께 밥을 먹었다는 것, 선민의식으로 찌들어 있는 유대인들에게 이방인을 만난다는 것은 매우 진보적 행보다. 예수가 오늘 대한민국에 오신다면 이민자들과 다문화 가정들에게 잘하라고 하실 것이다.

예수의 비유를 보면 좌우가 모두 보인다. 아침 9시에 들어온 품꾼과 저녁 5시에 들어온 품꾼에게 똑같이 1데나리온 주는 주인의 행동이 맞다고 하신 포도원 품꾼 비유에서 예수는 분배주의자, 평등주의자의 모습을 보이신다. 좌파적 이미지다. 그러나 주인이 능력에 따라 5달란트, 2달란트, 1달란트로 차별하여 주었다는 달란트 비유에서 예수는 자유시장주의자, 능력주의자, 심지어 경쟁주의자로 보인다. 우파적 이미지다.

예수는 좌파인가 우파인가? 보수적인가 진보적인가? 답은 간단하다. 예수는 좌파이자 우파이며, 보수적이자 진보적이다. 동시에 좌파도 아니고 우파도 아니다. 좌우로 치우치지 말라는 말씀처럼, 예수는 차별 없는 세상(평등)과 자유로운 세상(자유) 모두를 긍정하신다. 차별 없는 분배와 개인의 능력차 모두를 인정하신다. 종교적으로 보수적이시면서도 인간에 대한 사랑에 있어서는 진보적이시다. 마치 감리교의 창시자 존 웨슬리가 정치적으로는 왕당파를 지지하는 보수당원이었지만, 노동조합을 만들어 노동자들을 도왔다는 사실을 어떻게 이해할까? 한 사람의 생각과 행위를 정치적인 좌우 이념으로 재단하는 것은 폭력이다. 예수처럼 좌우의 좋은 가치를 모두 품을 수 있어야 하지 않을까. 건강한 독수리는 두 날개로 하늘을 난다.

QUESTION 8
예수는 왜 하나님을 아버지로 불렀을까?

하나님의 이름

신성모독 죄에 걸린 분

예수가 십자가에 돌아가신 원인은 여러 가지가 있다. 크게 종교적 원인과 정치적 원인이다. 종교적 원인은 죽음을 촉발한 간접적 차원으로 볼 수 있고, 정치적 원인은 죽음에 이르게 한 직접적 차원이다. 종교적 이유는 종교 지도자들로부터의 비난에서 시작한다. 그러나 그런 비난으로는 십자가의 죽임을 당할 법적 효력도 없거니와 사법권은 로마 총독 빌라도에게 있었기 때문에 죽일 방법이 없다. 죽이려면 정치적 명분이 있어야 한다. 예수가 죽음에 이르게 된 명분은 반역자라는 정치적 혐의였다. 죄패에 쓰인 대로 헤롯이 유대의 왕이 아니라 예수가 "유대인의 왕"이라는 반역의 죄였다.

한 마디로 언어도단이다. 우리가 앞 장에서 보았듯이, 예수의 하나님 나라 운동 혹은 예수 운동은 결코 세상의 정치 운동이 아니었다. 적어도 예수는 이스라엘 민중이 기대하고 기다려 왔던 정치적 메시아가 아니었다. 예수는 한 번도 이스라엘을 로마제국으로부터 독립시켜 다윗 왕조를 부활하려는 꿈을 꾸신 적이 없다. "유대인의 왕"이라는 죄패는 예수를 죽이기 위한 정치적 프레임일 뿐이었다.

사실 예수를 죽음에 이르게 한 진짜 원인은 종교적 이유였다. 도대체 예수는 무슨 말씀을 하셨기에 그토록 유대 종교 지도자들로부터 죽이고 싶을 만큼 미움을 받으셨을까? 자신들에게 사법권이 없어 반역자의 굴레를 씌워서까지 죽이고 싶었던 예수의 사상은 무엇이었을까? 이른바 그들에게 결코 있어서는 안 될 신성모독의 실체는 무엇이었을까?

요한복음은 이를 두 가지로 요약한다. "유대인들이 이로 말미암아 더욱 예수를 죽이고자 하니 이는 안식일을 범할 뿐 아니라 하나님을 자기의 친아버지라 하여 자기를 하나님과 동등으로 삼으심이러라 (요 5:18)." 하나는 안식일에 행하신 파격적 행보요, 다른 하나는 하나님을 아버지로 부르는 신성모독적 사상이다. 안식일은 앞서 논쟁에서 다루었으니 여기서는 다루지 않겠다.

하나님을 아버지로 부르는 일이 왜 예수를 죽음에 이르게 했을까? 무엇보다 종교에서 가장 중요한 것 가운데 하나는 신을 어떻게 부르는가 하는 신관이다. 자기가 믿는 신이 어떤 분인가를 인식하는 것과 신의 이름을 어떻게 부를 것인가를 정립하는 것은 매우 중요하다. 우리가 부르는 신의 이름 속에는 신의 모든 속성이 들어있고, 그 이름을 부르는 자와의 관계를 보여준다. 신의 이름을 어떻게 부르느냐가 그 종교의 본질을 나타낸다. 예수의 아버지 호칭 자체는 그 내용을 판단하기 전에 이미 그것 자체가 유대교 종교 전통에서 아주 중요한 사안이란 것이다. 유대교의 근간을 뿌리째 뽑아낼 수 있는 주제다.

어느 정도 충격적이고 혁명적이었길래 바리새인이나 제사장들이 그토록 죽이고 싶어 했을까? 구약성경에서 하나님을 아버지라고 아예 부르지 않은 것도 아닌데 말이다. 출애굽기나 신명기, 시편이나, 예언서 등에서 하나님을 아버지라고 부른 예들이 꽤나 있다. 그런데 왜 예수의 아버지 호칭을 가지고 그렇게 문제를 삼았을까? 예수의 아버지 신학이 당시에 왜 그렇게 파격일 수밖에 없었을까? 이를 알아보기 위해서는 구약성경에 나오는 하나님 이름의 역사를 알아야 한다. 분명한 사실은 예수를 죽음으로 내몰게 한 것은 하나님을 아버지로 불렀다는 것이다.

불러서는 안 될 그 이름, 야훼 하나님

이스라엘 사람들은 전통적으로 하나님의 이름을 부르기를 무서워했다. 왜 그랬을까? 표면적으로는 십계명의 3계명 때문이다. "너는 네 하나님 여호와의 이름을 망령되게 부르지 말라"는 명령이 워낙 중요했기 때문이다. 망령되게 부르지 말라는 명령은 '함부로' 혹은 '잘못' 부르지 말라는 것이지, 아예 부르지 말라는 것은 아니다. 그러나 어차피 부르다 보면 잘못 부르게 될 게 뻔하다. 가급적이면 아예 하나님의 이름을 부르지 않는 게 낫다 싶은 것이다. 자연히 유대인들은 하나님의 이름 자체를 부르지 않는 전통을 지켜오게 된다. 부르다 죄짓느니 아예 부르지 말라는 것이다.

그러나 단순히 십계명에서 그렇게 명했기 때문에 하나님의 이름을 부르지 않았다는 것은 너무 피상적인 답변이다. 여기에는 좀 더 신학적인 이유가 있다. 그것은 바로 하나님에게는 이름이 없기 때문이다. 아니 없어야 하기 때문이다. 하나님이 이름을 갖는 순간 더이상 하나님이 아니다. 이름을 갖는 순간 그 존재는 어딘가에 종속되기 마련이다. 이름이란 누군가에 의해 규정된 것이기 때문이다. 세상의 모든 존재물은 이름을 갖는다. 그리고 그 이름으로 자신의 본질을 드러낸다. 우리는 그 존재물의 이름을 통해 본질을 알게 되고, 우리는 존재물의 본질을 보고 이름을 짓는다. 이름을 갖는다는 것은 우주의 질서 속에 있다는 뜻이고, 그 질서 안에서 규정되었다는 의미이다. 그리고 질서 속에 있어야만 존재할 수 있는 것이 이름이다.

하나님은 그 무엇으로도 규정할 수 없고, 제한할 수 없으며, 나아가 판단할 수 없는 분이다. 하나님은 우리가 이름을 지어 정의할 수 없는 분이다. 이름을 짓는 순간 하나님은 더이상 하나님일 수 없다. 우리 같은 인간에게는 이름이 있다. 만물의 사물들은 모두 이름이 있다. 그들은 존재물이기 때문이다. 그러나 하나님은 존재물을 만드신 분이시기에 이름을 가질 수 없다. 우리가 기껏 말할 수 있는 것은 그저 하나님은 존재 자체, 혹은 궁극적 근원 정도다. 더이상 설명할 방법이 없다.

이것이 바로 유대인들이 하나님의 이름을 그토록 부르지 않으려는 근본적인 이유다. 그들에게 하나님은 이름 위의 이름이며, 존재 위의 존재이며, 근원 중의 근원이시다. 인간의 세 치 혀로 표현할 수 있는 분이 아님을 일찌감치 자각한 사람들이다. 특히 구약 후반부 바벨론 포로 시대를 지나면서 그 정도는 더욱 심해졌다. 서기관들이 성경을 필사할 때 하나님의 이름이 나오면 목욕하고 쓰는 전통이나, 대제사장이 7월 대속 죄일에 단 한 번 부르는 것 외에는 금지시키는 규례 등이 그러하다.

'야훼'라는 하나님의 이름을 고유명사로 부르는 것이 너무 송구스러워 '아도나이'라는 소유격 대명사로 쓴 것도 그렇다. 그러나 '나의 주님'을 뜻하는 이 말도 부담스러워 '아도나이' 어간에 '이름'을 뜻하는 '쉠'을 붙여서 '아도쉠'이라 하여 '나의 주님의 이름'이라고 거리 두기를 하여 불렀다. '야훼'는 너무나 부르기 부담스러워서 네 철자 히브리어 자음 'YHWH'에다 아도나이의 히브리어 모음 'e, o, a'를 섞어서 'YeHoWaH'를 만들어 불렀는데, 이것이 한글식으로는 '여호와'가 되었다. 심지어 영어권에 있는 유대인들은 하나님을 'God'라 쓰지 않고 'Gd'라고 쓸 정도다.

이처럼 이스라엘 사람들에게 하나님은 불러서는 안 될 이름이었다. 창세기에서 야곱이 얍복강에서 하나님의 이름을 알려달라고 했을 때, 하나님은 "어찌하여 내 이름을 묻느냐(창 32장)"며 가르쳐 주지 않으신다. 구약성경에서 하나님이 자신을 소개할 때 기껏 하시는 말씀이 '네 조상의 하나님' 정도다. 좀 더 구체적으로 하실 때는 '아브라함의 하나님, 이삭의 하나님, 이삭의 하나님'이 전부다. 이름 자체를 계시하시지 않는다. 그러나 놀랍게도, 구약성경을 보면, 하나님은 자신의 이름을 이스라엘 자손들에게 가르쳐 주셨다! 그리고 이스라엘은 하나님의 이름을 불렀다.

하나님 이름의 역사

그렇다면 구약에서 이스라엘 민족은 하나님의 이름을 어

떻게 불렀을까? 크게 세 가지 이름으로 정리할 수 있겠다. 첫째는 엘이요, 둘째는 여호와요, 셋째는 아도나이다. 이를 하나씩 살펴보자.

먼저 하나님의 이름 '엘'의 역사다. 역사적으로 이스라엘의 조상이라 할 수 있는 창세기의 족장들(아브라함, 이삭, 야곱)이 체험한 하나님의 이름은 '엘'이다. 넓은 의미의 신개념이다. 신약에서 '데오스'와 같은 말이다. 이를 우리나라 기독교에서는 '하나님'이라 부르고, 가톨릭에서는 '하느님'이라 부르는 것과 같다. 신앙인만이 아니라 일반인들도 부르는 보편적인 신의 이름이다.

엘은 당시 셈족 언어를 쓰는 사람들이 흔히 불렀던 신의 이름이다. 가나안 종교에서 만신전의 가장 높은 신의 이름이 '엘'인데 황소의 형상으로 나타난다. 이처럼 엘은 이방의 최고신의 이름이기도 하지만, 이스라엘의 하나님의 이름으로도 널리 불렸다. 구약성서에만 230회 정도 나온다.

여기에다 형용사를 붙이면 이스라엘이 체험한 하나님의 이름이 된다. 엘로힘은 창조주 하나님, 엘로이는 살피시는 하나님, 엘샤다이는 전능하신 하나님, 엘올람은 영원하신 하나님, 엘칸나는 사랑하시는 하나님, 엘엘리온은 가장 높으신 하나님, 임마누엘은 함께 하시는 하나님이다. 이스라엘이라는 말도 물론 야곱이 얍복강에서 하나님께 받은 이름이지만, '하나님과 싸워서 이긴 사람'이란 뜻이다.

천사 '라파엘'은 하나님의 치유란 뜻이다. 벧엘은 하나님의 집이란 뜻이다. 그만큼 히브리어 중에 엘이 들어간 단어가 많다는 것은 하나님 신앙의 문화가 깊음을 의미한다. 엘리야는 "여호와는 하나님이시다"란 뜻이다. 그의 제자 엘리사는 "하나님은 구원하신다"이다. 사무

엘은 '하나님의 이름' 혹은 "그의 이름은 하나님이시다"란 뜻이다. 이루 말할 수 없을 정도로 이스라엘 사람들은 모든 것을 하나님과 연결된 삶을 살고자 했다. 그러나 무엇보다도 이들 중에 가장 많은 이름은 엘로힘이다. 2,600회 정도 나온다. 그만큼 구약에서 하나님은 자신의 백성들에게 창조주로 가장 많이 경험되고 있음을 보여준다.

다음은 '**여호와**'의 역사다. 엘로힘과 함께 구약에서 가장 대표적이고 가장 많이 불린 이름은 단연 '여호와(YHWH)'다. 구약에서만 대략 6,823회 정도 나온다. 이 이름은 창세기 2장 4절부터 등장하지만, 그 의미를 설명해 주고 있는 곳은 호렙산 떨기나무 앞에 있는 80세 모세의 소명 장면에서다. 애굽으로 가서 고통받는 동포를 인도하라는 하나님의 명령에 항변하던 모세가 던진 질문에서 비롯된 이름이다.

"너희 조상의 하나님이 나를 너희에게 보내셨다 하면 그들이 내게 묻기를 그의 이름이 무엇이냐 하리니 내가 무엇이라고 그들에게 말하리이까?(출 3:13)." 이때 모세의 질문에 대한 답으로 주신 하나님의 자기 이름이 여호와 혹은 야훼다. 시내산 기슭 떨기나무 앞에서 모세에게 나타나신 하나님께서 밝히신 자기 이름 여호와, 무슨 뜻일까? 성경은 이 뜻을 "스스로 있는 자(I am that I am.)"로 번역했다. 여호와 혹은 야훼라는 말은 기가 막힌 표현이다. 어떠한 의미 설명이나 서술도 용납하지 않는 이름이다. 누군가에 의해 피조되지도 않고 영향 받지도 않는, 그야말로 스스로 존재하는 이름이다. 그래서 "나는 나다"라고도 번역한다. 지극히 존재적 이름이다. 그러나 동시에 야훼는 "나는 내가 행할 바를 행하는 자다"라는 행동하시는 하나님의 이름이기도 하다. 이름을 갖는다는 것은 이름을 가진 사물들의 세계에 종속된다는 뜻이다.

하나님은 이름을 갖지 않으심으로써 이 세계에 속한 분이 아니어야 한다. 그럼에도 불구하고 하나님은 이스라엘에게 여호와라는 이름을 가르쳐 주셨고 스스로 종속되셨다. 그러나 여호와라는 이름 자체는 그 어떤 것에도 얽매여 있지 않다. "나는 나다." 그것이 전부다.

엘과 같이 여기에 형용사를 붙이면 이스라엘 사람들이 삶의 현장에서 경험한 하나님의 이름들이 등장하게 된다. 아브라함이 이삭을 바치는 모리아산에서 이삭 대신 수풀에 있는 양을 바치면서 모든 것을 미리 준비하시는 하나님을 체험했다 하여 '여호와 이레'라 했다(창 22장). 이스라엘 민족이 출애굽하여 3개월 만에 르비딤이라는 곳에서 아말렉과의 첫 전투를 치르면서 하나님이 승리를 주셨다 하여 '여호와 닛시'라 했다(출 17장). 이 외에도 여호와는 우리를 치유하시는 분이라 하여 '여호와 라파'라 불렀고, 여호와는 평화를 주시는 분이라 하여 '여호와 샬롬'이라 불렀으며, 여호와는 거룩하시다 하여 '여호와 카도쉬'라 불렀고, 여호와는 우리의 목자가 되신다 하여 '여호와 로이'라 고백했다.

그러나 구약에서 이스라엘 사람들이 가장 많이 불렀던 이름은 '여호와 츠바오트'이다. 특히 시편과 예언서에 많이 등장하는데 대략 280회 정도 된다. 이 이름은 우주 삼라만상을 다스리는 의미를 담은 이름이다. 여기서 '츠바오트'는 천사가 속한 영계를 포함하여 모든 피조계의 우주 만물을 뜻함과 동시에 이스라엘 군대를 가리키는 말이다. 그래서 여호와 츠바오트는 만물을 다스리시는 여호와는 또한 이스라엘을 위해 싸우시는 여호와라는 뜻이다. 이 이름은 주변 이방 세계 자연종교의 우상들을 무력화하시는 유일한 신이며, 창조주이며, 역사를 통치하시는 왕권을 가진 신이다. 이처럼 엄청난 능력의 하나님이 이스라엘 군대의 하나님이라는 것이다. 그래서 개역개정판 성경에서는 "만군의 하나님 여호와"로 번역해 놓았다.

마지막으로 구약시대 후반부로 가면서 자주 등장하는 하나님의 이름이 있는데, 바로 '아도나이'다. 대략 440회 정도 나오는데, '아도나이 여호와' 라는 표현만 280회 정도 사용되고 있다. "여호와는 나의 주"라는 뜻이다. 엘로힘이 창조주 하나님, 여호와 츠바오트가 만군의 하나님, 만왕의 왕이었다면, 아도나이는 나의 주 하나님이다. 느낌이 전혀 다르지 않은가! 창조주라는 고백에서 이스라엘은 피조된 존재라는 자기 정체성을 확립했고, 만군의 하나님, 만왕의 왕이라는 이름 속에서 그들은 하나님의 군사요 하나님의 백성이라는 자의식으로 충만했다. 그러나 이제 구약역사의 후반부로 가면서 "하나님은 나의 주인"이라는 고백을 통해 이스라엘은 자신들을 주관하는 진정한 주인은 하나님이시며, 자신들은 그분의 종이라는 인식을 분명히 하고자 했다.

흥미롭게도 아도나이라는 이름을 가장 많이 쓴 사람은 에스겔이다. 무려 222회나 사용하고 있다. 에스겔이 누구인가? 남유다 왕국이 신흥 바벨론제국에게 망하여 3차례에 걸쳐 가장 똑똑한 왕족과 귀족들을 중심으로 70년 동안 포로로 끌려가 망국의 한으로 가득했던 시대를 살았던 예언자다. 그를 포로 시대 선지자라고 한다. 기존의 모든 제도와 권위가 무너진 시대. 자신의 땅을 잃어버리고 남의 땅에서 살던 시대. 두 세대를 지나면서 민족의 뿌리와 정체성이 사라질 위기에 처한 시대. 여호와 신앙은 흐려만 갔다.

현실적으로 이스라엘의 주인은 바벨론제국이며, 자신들은 제국의 노예로 전락했다. 자신들의 주인이 누구인지 흔들릴 때, 선지자 에스겔이 던진 강력한 메시지가 바로 여호와 하나님이 바로 너희의 주인이라는 것이었다. 전쟁에서 패하여 포로의 신세가 되어버린 이제 절실하게 불러야 하는 하나님은 창조주 하나님도 아니고, 만군의 하나님이나 만왕의 왕은 더더욱 아니었다. 그들에게 절실한 것은 자꾸만 흐려지는 하나님과의 관계였다. 내 삶의 진정한 주인의 상실이다. 나의 주인은 누구인가? 나라를 잃고 70년째 타국에서 살고 있는 이스라엘에게 하나님은 나의 주인이어야 했다. 에스겔은 하나님이 바로 우리의 주인이라는 신앙을 회복시키고자 했다.

구약 후반 포로 시대에 불린 '아도나이' 신앙은 주전 250년경 히브리어 성경을 헬라어로 번역한 최초의 성경 셉투아진트(칠십인역)에서 '6호 큐리오스'로 번역되면서 신약성서에서 예수 그리스도를 부르는 이름으로 이어졌다. 이로써 구약에서 불렸던 하나님의 이름은 우주 만물을 창조하신 하나님에서 출발하여 만군을 다스리고 만왕의 왕으로 통치하시는 하나님을 거쳐 나의 주인이 되시는 하나님으로 변화되어 갔다. 변화의 흐름에서 느낄 수 있는 것은 공동체가 부르는 이름에서 개인이 부르는 이름으로 이동한다는 것 그리고 하나님의 이름을 직접적으로 부르는 명사 형태에서 이제는 간접적으로 부르는 대명사 형태로 변했다는 것이다. 아무래도 포로 시대를 지나면서 유대교가 탄생하고, 성경을 기록하는 서기관과 바리새파 같은 율법주의자들이 등장하면서 하나님의 이름을 함부로 부르지 않으려는 종교적 분위기의 영향이 아닌가 싶다.

구약성경에서 하나님의 이름의 역사는 엘에서 여호와로, 여호와에서 아도나이로 변해갔다. 기독교 신앙에서 하나님의 이름을 어떻게 부르는가는 매우 중요하다. 내가 부르는 하나님의 이름 속에 나와 하나님의 관계가 표현되고, 내가 누구인지에 대한 정체성이 드러나기 때문이다. 이제 우리는 예수께서 새롭게 부르신 혁명적 하나님의 이름 '아버지' 앞에 섰다.

구약에서도 하나님을 아버지라고 불렀을까

구약의 역사에서 이스라엘 사람들은 기도할 때나 예배할 때 하나님을 아버지라고 불렀는가? 아니다. 그런 것 같지 않다. 적어도 구약에서는 하나님을 아버지라고 직접적으로 부르지는 못한 것 같다. 그러면 하나님을 아버지로 표현한 말은 있는가? 그건 많다. 바로 여기에 오해가 있는 것 같다. 어떤 학자들은 예수가 아버지라는 호칭을 처음 쓰셨다며 환호한다. 이른바 예수는 아버지 혁명가라고 극찬한다. 반면, 어떤 학자들은 구약에도 하나님을 아버지라고 부르는 구절이 많다며, 예수가 처음 부른 것이 아니라고 주장한다.

문제는 하나님을 아버지라는 이름으로 부르는 것과 아버지로 설명하는 것의 차이다. 구약에서 이스라엘 사람들은 하나님을 아버지로 부르지는 않았지만, 아버지로 설명하기는 했다. 출애굽기 4:22을 보면, "너는 바로에게 이르기를 여호와의 말씀에 이스라엘은 내 아들 내 장자라"는 말이 나온다. 하나님이 이스라엘에게 아버지라는 표현이다. 그리고 40년 후, 모세의 고별설교인 신명기 후반부에서 하나님이 이스라엘 민족의 아버지임을 이렇게 묘사한다. "어리석고 지혜 없는 백성아 여호와께 이같이 보답하느냐 그는 네 아버지시요 너를 지으신 이가 아니시냐 그가 너를 만드시고 너를 세우셨도다(신 32:6)." 하나님은 이스라엘 백성을 창조하시고 세우신 아버지다.

시편에도 하나님을 아버지라고 표현한 것이 두 번 정도 나온다. "그의 거룩한 처소에 계신 하나님은 고아의 아버지시며 과부의 재판장이시라(시편 68:5)." 그리고 시편 89:26에서는 "그가 내게 부르기를 주는 나의 아버지시요 나의 하나님이시요 나의 구원의 바위시라 하리로다"고 고백하고 있다. 하나님은 누구인가? 고아의 아버지시고, 나의 아버지라는 것이다. 조금 간접적인 표현이지만, 하나님의 연민과 긍휼의 속성을 아버지에 비유한다. "아버지가 자식을 긍휼히 여김 같이 여호와께서는 자기를 경외하는 자를 긍휼히 여기시나니(시 103:13)."

예언자들에게 가면 하나님을 아버지로 표현하는 강도가 좀 더 강해진다. 예레미야는 하나님을 '이스라엘의 아버지'라고 직접적으로 설명한다. "그들이 울며 돌아오리니 나의 인도함을 받고 간구할 때에 내가 그들을 넘어지지 아니하고 물 있는 계곡의 곧은 길로 가게 하리라 나는 이스라엘의 아버지요 에브라임은 나의 장자니라(렘 31:9)." 포로되었던 이스라엘이 회개하며 하나님께 돌아올 때, 하나님은 그들에게 아버지가 되고, 그들은 하나님에게 장자가 될 것이라는 예언이다. 하나님과 이스라엘의 관계를 부자 관계로 직접 표현한 말씀이다.

이사야는 미래에 오실 메시아의 이름을 '영존하는 아버지'라 불렀다. "이는 한 아기가 우리에게 났고 한 아들을 우리에게 주신 바 되었는데 그의 어깨에는 정사를 메었고 그의 이름은 기묘자라, 모사라, 전능하신 하나님이라, 영존하시는 아버지라, 평강의 왕이라 할 것임이라(사 9:6)." 이사야는 하나님은 우리의 아버지로서, 우리를 너무나 잘 알고, 우리를 인정해 주고, 우리를 구속하신 아버지라고까지 설명한다. "주는 우리 아버지시라 아브라함은 우리를 모르고 이스라엘은 우리를 인정하지 아니할지라도 여호와여, 주는 우리의 아버지시라 옛날부터 주의 이름을 우리의 구속자라 하셨거늘(사 63:16)." 나아가, 이사야는 여호와는 우리를 지으시고 만드신 토기장이 아버지, 곧 창조주 아버지로까지 말한다. "이제 주는 우리 아버지시니이다 우리는 진흙이요 주는 토기장이시니 우리는 다 주의 손으로 지으신 것이니이다(사 64:8)."

사실 이상에서 언급한 정도가 구약에서 하나님을 아버지로 표현한 구절 전부다. 구약에서 하나님을 아버지로 표현한 구절은 어느 정도 찾아볼 수 있지만, 결코 많지는 않다. 그것도 하나님의 속성을 설명하는 도구로서 아버지라는 비유로 사용될 뿐이다. 하나님을 아버지라고 직접적으로 부르는 표현은 거의 없다. 왜 그럴까? 적어도 십계명과 토라를 익힌 유대인들이라면 하나님 이름 자체를 부르기를 꺼렸기 때문이다.

예수가 즐겨 쓰신 '아바'는 아빠일까

예수께서는 본격적으로 하나님을 아버지라 부르기 시작했고, 그렇게 가르치셨다. 그 영향으로 '아버지' 호칭은 기독교의 신관이 되었다. 누가 뭐래도 기독교의 하나님은 아버지다. 세상에 이런 파격적인 신관이 어떻게 가능한가? 어느 종교가 자신의 신을 아버지라고 부르는가? 너무나 인격적인 호칭이고, 친밀한 이름이며, 가족적인 하나님이다. 멀리 계시던 하나님이 우리에게 너무 가까이 오신 것 같다. 만군의 하나님이나 만왕의 왕이신 하나님은 너무나 멀고, 창조주 하나님은 그보다 더 멀고 막연하다. 그런데 아버지는 머리에 쏙 박히고 가슴을 파고든다. 그림이 그려진다. 친근하기까지 하다. 어쩌면 하나님을 대하는 태도가 건방져도 될 것 같은 이름이다.

기독교는 살짝 한 발 더 들어가 버렸다. 최근 20세기 기독교는 하나님을 '아빠'로 부르며 그 친밀함이 극을 달렸다. 독일의 신학자요 어린 시절 이스라엘에서 살았던 요아킴 예레미야스 박사의 해석이 '아빠' 신학에 불을 질렀다. 그는 마가복음과 바울서신에 나오는 '아바 아버지'라는 이름에서 '아바(abba)'를 영어의 '아빠(daddy)'로 번역했다. 즉 예수가 부르신 '아바'는 아이가 태어나 처음 부르는 이름 '엄마', '아빠'의 그 아빠라는 것이다. 인간이 최초로 부르는 원초적 이름이요, 세상의 모든 자식이 가장 친근하게 부르는 이름이며, 무엇을 요구해도 두려울 것 없을 이름이며, 어떠한 부족함도 없는 풍성함의 이름이다. 예레미야스는 예수가 이처럼 하나님을 어린아이가 아빠를 부르는 것처럼 불렀다고 해석했다.

그의 영향은 대단하여 많은 목회자와 신학자들은 '아빠' 신학을 강단에서 외쳤고, 하나님을 아빠로 부르며 하나님과 친근하게 사귈 것을 가르쳤다. 당시 아버지라는 이름은 결코 친근함의 상징이 아니었다. 당시는 가부장제 사회였고, 집안에서 아버지는 자녀들의 생사여탈권을 가진 최고 권력이었으며, 자녀들에 관한 한 부권은 국가도 어쩌지 못할 정도로 막강했다. 그런 시대에 아버지 호칭은 여전히 왕이나 군대의 사령관 못지않은 권위자일 뿐이다. 그래서 예수는 아버지보다는 '아바'를 사용했다는 것이다. 아빠는 아버지와 다르기 때문이다.

하지만 그의 주장은 곧 반박되었고, 자신도 이를 정정하기에 이른다. 알고 보니 예수께서 쓰신 '아바'는 아이들이 쓰는 호칭이 아니라,

당시 아람어를 쓰는 세계의 사람들이 자신의 아버지를 부를 때 쓰는 호칭이라는 것이다. 가끔씩 신학계에서는 이런 해석 오류의 해프닝이 발생한다. 대표적인 것이 사울이 변하여 바울이 되었다는 것이다. 사울은 히브리식 이름이고, 바울은 헬라식 이름일 뿐이었다. 그가 이스라엘 사람들 앞에서는 자신을 사울이라 소개하고, 헬라 세계에서 선교할 때는 바울이라 소개했을 뿐이다. 해외에서 산 경험이 있는 사람들은 이름 두 개 정도 쓰는 것은 기본이다.

마찬가지로 '아바 아버지' 해프닝도 그렇다. '아바'는 아람어의 아버지이고, '파테르'는 헬라어의 아버지일 뿐이다. 마가가 "아바 아버지여"라고 표기할 때 예수가 원래 쓰셨던 아람어의 발음을 넣어준 것이다. 거기에다 헬라 독자들을 위해 '파테르'를 같이 써준 것이다. 바울도 마찬가지다. "너희는 다시 무서워하는 종의 영을 받지 아니하고 양자의 영을 받았으므로 우리가 아빠 아버지라고 부르짖느니라(롬 8:15)." 바울이 누구인가? 이스라엘과 헬라를 자유자재로 넘나들었던 국제적인 인물이다. 히브리어와 헬라어를 모국어처럼 쓰는 사람이었다. 선교사 바울은 예수께서 원래 쓰셨던 아람어의 '아바'와 선교대상자들의 언어인 헬라어의 '파테르'를 같이 써준 것이다. 그러나 예수가 부르신 아버지 호칭에 담긴 친근함과 사랑의 관계를 가장 잘 표현한 호칭은 누가 뭐래도 '아빠'다. 아빠 하나님은 건방져 보일지 몰라도 하나님과 내가 아주 깊은 사랑과 신뢰의 관계를 보여주는 유일한 이름이다.

예수의 아버지 혁명

예수께서 하나님을 아버지라고 부른 것이 과연 그 시대

신관의 일대 혁명이었는가? 구약성서에서도 노골적으로 하나님을 아버지로 부르지는 않았어도 비유적으로는 표현한 일들은 있었기 때문이다. 예수의 아버지 호칭이 결코 새로울 것은 없다는 것이다. 그리고 신학자 요아킴 예레미야스의 "아바는 아빠다"라는 신학 또한 원어 연구의 부실에 의한 해프닝이었다고 말했다. 그러므로 예수가 마치 기존에 없던 아버지 호칭을 처음 사용하신 것도 아니고, 아버지만으로는 그 의미가 부족해서 어린아이가 부르는 아빠라고 자극적으로 부르신 것 또한 아니라는 것이다. 결코 예수가 하나님을 아버지라고 부르신 것이 특별히 새로운 것은 아니라는 주장이다.

그러나 이러한 주장은 복음서의 예수의 언행을 잘 살펴보면 상황은 달라진다. 일단 양적으로 볼 때, 신약성서, 특히 4개의 복음서에서 예수가 부르신 '아버지 하나님'은 구약 전체와 사복음서의 엄청난 분량의 차이에도 불구하고 상대적으로 매우 많은 횟수를 보여준다. 마가복음이 6회, 마태복음이 47회, 누가복음이 21회, 요한복음은 무려 100회가 넘는 빈도수를 보여준다. 네 권의 책에서 150회 이상 하나님을 아버지로 언급하고 있다.

질적으로 보아도 예수는 노골적으로 하나님을 아버지라고 부르라고 가르치셨고, 자신이 직접 하나님을 아버지라고 부르셨고, 심지어 자신이 생각하는 하나님의 속성을 아버지로 풀어내 보이시기까지 하셨다. 한 마디로 예수의 신관은 아버지 신관이요, 그의 신학은 아버지 신학이며, 그의 신앙은 아버지 신앙이라고 말할 수 있을 정도다.

예수의 여러 가르침 가운데 가장 독특하고 혁명적이라 할 수 있는 것이 바로 하나님을 아버지로 부르는 것이다. 이것을 혁명이라고 말하는 이유는 구약에는 없던 이름을 예수가 창조해 내어서가 아니다. 하나님을 아버지로 부르신 최초의 분이 예수였다는 의미도 아니다.

원래 혁명이란 없던 일이 갑자기 생겨나는 것이 아니다. 오히려 혁명이란 오랜 세월 동안 있어 왔고 보아 왔고 쌓여왔던 엄청난 에너지가 결정적인 때를 만나 폭발하는 사건이다. 마치 솟아오른 용암이 산과 마을을 덮어버리듯, 한 시대를 뒤집어 놓고 새로운 시대를 여는 대전환의 카이로스(시간)다. 즉 양과 질에서 기존의 시대와 압도적 차이를 보이는 현상이다. 그런 면에서 예수의 아버지 호칭은 혁명적이었다.

예수의 입에서 나온 아버지 호칭 사용은 그야말로 거침이 없으셨다. 놀랄 정도로 아버지가 입에 붙으신 분이었다. "하늘에 계신 너희 아버지", "너의 아버지", "하늘에 계신 우리 아버지", "은밀한 중에 보시는 네 아버지", "너희 하늘 아버지", "하늘에 계신 내 아버지의 뜻대로", "하늘에 계신 내 아버지 앞에서", "천지의 주재이신 아버지여", "자기 아버지의 나라", "아버지의 원대로", "아버지와 아들과 성령의 이름으로", "아바 아버지여", "아버지가 내 안에 내가 아버지 안에" 등등. 이처럼 예수에게 아버지 칭호는 너무나 자연스러웠다. 히브리인들이 하나님의 이름을 부르는 것을 두려워하는 것과는 거리가 멀었다. 예수는 아버지를 입에 달고 사신 분이다. 우리들이 하나님을 아무 어려움 없이 아버지라고 부르며 기도하는 것은 매 순간 아버지를 입에 달고 사셨던 어떤 한 분의 열정 덕분이 아닐까.

예수는 아버지를 어떻게 불렀을까

이제 본격적으로 예수의 생애와 말씀을 모두 담아놓은

네 개의 복음서로 들어가 보자. 복음서에서 예수는 아버지를 얼마나 자주, 어떤 의미를 가지고 부르고 계신지를 보자. 각각의 복음서마다 아버지 하나님 호칭을 어떻게 묘사하고 있는지 하나씩 살펴보자.

먼저, 가장 먼저 쓰인 복음서 **마가복음**을 보자. 마가복음에서는 예수의 입에서 나오는 아버지는 6회 정도다. "아버지는 종말에 그의 영광 속에서 천사들과 함께 오실 것이다(막 8:38)." "아버지는 우리의 허물을 사하여 주실 것이다(막 11:25)." "마지막 때는 아들도 모르고 오직 아버지만 아신다(막 13:32)."

흥미로운 것은 마가복음에서만 나오는 표현이 바로 "아바"다. 겟세마네 동산에서 예수께서 기도하실 때 들어간 호칭이다. "아바 아버지여, 아버지께는 모든 것이 가능하오니 이 잔을 내게서 옮기시옵소서. 그러나 나의 원대로 마시옵고 아버지의 원대로 하옵소서(막 14:36)." 마가복음에서는 '아바 아버지'를 유일하게 썼다는 것 외에는 아버지 호칭에 대한 특별한 특징을 찾아보기 어렵다. 워낙 복음서의 길이도 짧고 빈도수도 낮기 때문이다.

다음은 유대인들이 가장 좋아하는 복음서 **마태복음**이다. 마태복음으로 가면 상황이 급변한다. 하나님을 아버지로 부르는 횟수가 50회 가까이 급증한다. 내용 또한 다양하고 깊어진다. 마태복음에서 예수는 아예 땅에 있는 육신의 아버지를 아버지라 부르지 말라고 하신다. 오직 너희들의 아버지는 한 분이다. 그분은 바로 하늘에 계신다고 말씀하신다(마 23:9). 매우 과격적인 가르침이다. 땅에 있는 아버지를 부정하고 하늘의 아버지만 인정하라는 말씀은 어쩌면 이 땅의 가족 질서를 깨뜨리는 듯한 과격한 선언이다.

예수는 제자들에게 "하늘에 계신 그 아버지께 영광을 돌리라"라고 촉구하시고(마 5:16), "아버지의 온전하심과 같이 너희도 온전할 것"을 가르치셨으며(마 5:58), "모든 것을 아버지의 뜻대로 해야 한다"라고 주장하셨다(마 7:21). "하늘에 계신 아버지는 해를 악인과 선인에게 비를 의인과 불의한 자 모두에게 내려 주시는 분"이며(마 5:45), "은밀하게 기도하는 모든 사람의 기도를 갚으시는 분"이며(마 6:4), "우리가 구할 것을 이미 아시는 분"이며(마 6:8), "구하는 자에게 좋은 것으로 주시는 분"이다(마 7:11). 심지어 아버지는 그의 사랑하는 자녀를 기르시며(마 6:24), 자녀의 잘못을 용서하시며(마 6:14), 그들에게 상을 주신다(마 6:1).

그러나 예수는 하늘의 아버지는 자녀들이 사람들 앞에서 아버지를 시인하면 아버지도 시인하지만, 부인하면 아버지도 부인하신다는 지극히 인간적인 면모가 있음을 말씀하신다(마 10:32). 마지막 때에 예수께서 아버지의 영광으로 올 때 행한 대로 갚으실 것이라는 냉정한 심판자의 모습도 잊지 않으신다(마 16:27).

무엇보다 이러한 아버지의 성품을 가장 잘 아는 자는 예수 자신과 자신의 가르침을 받은 소수의 제자밖에는 없다. 예수 자신을 가장 잘 아는 분은 오직 하늘의 아버지 외에는 없다고 하신다. "아버지 외에는 아들을 아는 자 없고, 아들과 아들의 소원대로 계시를 받은 자 외에는 아버지를 아는 자가 없느니라(마 11:27)." 예수는 아버지의 모든 비밀을 다 아는 분이라고 생각하실 정도로 아버지 독점적이고, 아버지 친화적이셨다.

누가복음은 예수가 부르신 아버지의 구체적인 속성을 풀어준 기가 막힌 책이다. 고대 시대를 사셨던 예수가 아무리 하나님을 아버지라고 불렀다 해도 구약의 전능한 엘로힘과 만군의 하나님, 만왕의 왕 여호와 츠바오트와 다를 게 없는 이유가 있다. 동양에서 군사부일체라 하여 왕과 스승과 아버지를 같은 반열에 올려놓고 공경하라고 한 것처럼, 예수 당시에도 왕이나 아버지는 여전히 전능한 권력자이기 때문이다. 자녀들의 생사여탈권을 소유한 당시 아버지의 권위는 국가의 법을 초월해 있었다. 명예를 최고의 가치로 여겨 자식의 목숨보다 아버지의 명예가 더 중요한 시대에 아버지는 자녀들에 대한 명예살인을 집행할 수 있었다. 개인보다는 집단과 공동체의 이익을 우선하는 그 시대에, 자녀에 대한 아버지의 폭력은 우리의 상상을 넘어선다.

아무리 예수가 아버지와 친밀하고 아버지의 모든 것을 알아서 입에 아버지를 달고 다니셨다고 해도 사람들은 여전히 아버지 하나님이 구약의 하나님과 구체적으로 뭐가 다른지 실감할 수 없는 시대였다. 예수가 부르는 아버지가 자녀들을 죽였다 살렸다 하는 아버지인가? 그 아버지는 자신의 명예를 위해 자녀들을 감옥에 처넣을 수 있는 잔혹한 분 아닌가? 아버지의 뜻을 거스르는 자녀들에 대해서 폭력을 행사해서라도 꺾는 분 아니겠는가? 많은 사람은 예수의 아버지 호칭에 여전히 의구심을 품었을 것이다. 하나님을 아버지라고 부른다고 해서 새로워질 것은 없으니까.

그래서 누가복음은 이 의심의 눈초리에 답이라고 하겠다는 듯 예수의 아버지 신학을 펼쳐 보인다. 그것도 이야기를 통해서 간접적으로 풀어놓는다. 15장에 나오는 그 유명한 '잃어버린 아들'의 비유를 통해서다. 이 비유는 집 나간 자식이 돌아오는 휴먼 드라마가 아니다. 하나님과 인간의 관계를 은유적 이야기로 설명해 낸 위대한 신학이자 인간학이다. 하나님을 떠난 인간의 타락과 비참 그리고 돌이킴과 회복의 인간론이다. 그러나 동시에 이 이야기는 예수께서 부르는 아버지 하나님이 어떤 분인지 가장 구체적으로 설명해 낸 위대한 신론이다. 이 짧은 비유 속에서 예수는 자신이 섬기는 아버지는 이런 분이라고 소개하신다. 대략 7가지 모습을 보여주신다.

죽기 전에 유산을 상속해 달라는 패륜적인 아들의 요구를 속절없이 받아주는 아버지(12절), 떠나는 아들을 잡지 못하는 아버지(13절), 떠난 아들을 한없이 기다리는 아버지(20절), 아들을 보고 체면 따위 무시하고 쏜살같이 달려가는 아버지(20절), 측은히 여겨 달려가 목을 안고 입을 맞추는 아버지(20절), 아들의 패륜적 과거를 잊고 제일 좋은 옷, 가락지, 신발, 살진 송아지를 잡아 환영 잔치를 베푸는 아버지(22, 23절), 내 것이 다 네 것이라고 밝히는 아버지(31절).

예수의 아버지 하나님은 더이상 가부장 시대의 권력자가 아니다. 강력한 힘으로 이스라엘을 보호하고 다스리는 왕도 아니다. 군대 사령관처럼 군인들을 명령하고 통솔하는 무서운 카리스마도 아니다. 이 비유에서 밝히는 예수의 아버지 하나님은 풍요롭고 모든 것을 가진 분이지만 자식에게 하염없이 자애로운 분이다. 자식을 지극히 사랑하지만, 자식의 의사결정 또한 매우 존중하는 분이다. 아버지의 뜻을 거역하여 떠나도 자식이 내린 결정이기에 아프지만 잡지 않는 분이다. 그리고 속앓이를 심하게 하시는 분이다. 떠난 자식의 고통을 덜어줄 힘이 있지만 자식의 독립성을 존중하는 분이다. 그저 자식을 하염없이 기다리는 분이다. 그러나 아버지에게로 돌아오는 자식에게는 자신의 영광과 권위와 지위를 잊고 달려가 입을 맞추고 품에 안는 분이다. 과거의 모든 잘못을 망각하고 현재 자식의 모습만을 기뻐하는 분이다. 그리고 자신의 모든 것을 주고 베푸는 분이다.

이 비유에서 예수께서 새롭게 그려내고 있는 아버지 하나님은 가히 혁명적이다. 구약에서는 도저히 찾아보기 어려운 아버지의 모습이다. 아무리 좋은 아버지라 하더라도 자식에게 죽기 전에 유산을 물려주면서 끌려다니는 아버지는 없기 때문이다. 이른바 예수의 아버지 하나님은 자비의 하나님이요, 자유의지를 존중하는 하나님이요, 돌아올 때까지 끝까지 기다리는 하나님이요, 먼저 찾아오시는 성육신의 하나님이요, 인간에게서 측은지심을 느끼는 사랑과 긍휼의 하나님이요, 돌아온 죄인을 향한 용서의 하나님이요, 인간의 회복을 한없이 기뻐하는 하나님이요, 너와 나를 구분하지 않으시는 일치의 하나님이다. 이야말로 기독교 신학에서 말하는 신관의 핵심 중의 핵심 아닌가!

"아버지가 내 안에, 내가 아버지 안에"

요한복음서로 가면 예수의 아버지 신학은 더욱 깊어지며 신비스러워진다. 누가복음이 아버지 하나님의 새로운 모습을 보여주었다면, 요한복음은 그 아버지 하나님과 예수 자신의 관계를 심도 있게 그리고 있다. 아버지는 예수를 사랑하셔서 만물을 주셨고(요 3:35), 아들에게 생명을 주셨으며(5:26), 더이상 자신이 심판하지 않고 그것을 아들에게 맡기셨다(요 5:22). 예수에게 있어서 아버지는 모든 권한을 아들에게 위임하신 분이다. 그래서 예수는 자신이 열심히 일하는 이유는 모든 권한을 주신 아버지의 일이자, 아버지 또한 일하시기 때문이라고 밝혔다(요 5:17).

예수는 자신이 하는 모든 생각과 말은 아버지에게서 보고 배운 것이라고 말씀하신다. "나는 내 아버지에게서 본 것을 말하고 너희는 너희 아비에게서 들은 것을 행하느니라(요 8:38)." 이것은 아버지가 나를 아시고 내가 아버지를 아는 '상호지식'에서 비롯한다(요 10:15). 심지어, 나의 것이 아버지의 것이고 아버지의 것이 나의 것이라는 '상호소유'의 관계까지 말씀하신다. "내 것은 다 아버지의 것이요, 아버지의 것은 다 내 것이온데(요 17:10)."

어떻게 예수와 아버지 하나님은 너무나 서로 잘 알고 서로의 소유까지 공유하는 관계가 되었는가? 대답은 같이 살기 때문이라고 말씀하신다. 이른바 '상호내재' 사상이다. 둘이 서로에게 거하는 관계다. "아버지께서 내 안에 계시고 내가 아버지 안에 있음을 깨달아 알리라(요 10:38)." "내가 아버지 안에 거하고 아버지는 내 안에 계신 것을 믿으라(요 14:11)." "그날에는 내가 아버지 안에, 너희가 내 안에, 내가 너희 안에 있는 것을 너희가 알리라(요 14:20)." "내가 아버지에게서 나와 세상에 왔고 다시 세상을 떠나 아버지에게로 가노라(요 16:28)."

함께 거함으로써 서로가 서로에 대하여 모든 것을 알고, 모든 것을 공유하며, 모든 것을 나눈다. 그야말로 누가복음 15장의 비유 마지막 부분에서 아버지가 큰아들에게 한 말, "내 것이 다 네 것(눅 15:31)"이 된 상태이다. 여기까지만 보아도 예수의 아버지 호칭은 가히 혁명적이고 놀라울 뿐이다. 하나님이 내 안에 있고 내가 하나님 안에 있다는 것만으로도 상상하기 어려운 신-인 관계다. 여기까지가 좋았다. 그런데 예수는 여기서 한 걸음 더 나아가신다. 이 한 걸음만 내딛지 않으셨더라면 죽지 않으셨을 수도 있다. 그것이 무엇인가?

"아버지와 나는 하나라"는 선언이다(요 10:30). 이 말씀은 하나님과 예수가 맺으신 관계가 얼마나 깊은가를 설명하는 표현임에도 불구하고, 당시 유대인들은 하나님과 자신을 같은 위치로 놓았다는, 이른바 신성모독의 표현으로 읽었다는 것이다. "유대인들이 이로 말미암아 더욱 예수를 죽이려 하니 이는 안식일을 범할 뿐 아니라 하나님을 자기의 친아버지라 하여 자기를 하나님과 동등으로 삼으심이라(요 5:18)."

부부동체라는 말이 있다. 부부는 하나라는 말이다. 이 말은 부부의 관계가 깊다는 것을 말하는 것이지, 둘 사이 힘의 관계를 말하는 것이 아니다. 마찬가지로 아버지와 나는 하나라는 말씀은 관계의 깊이지 관계의 형식을 말함이 아니다. 심지어 예수는 제자들에게까지 이 관계를 분명히 하셨다. 빌립이 예수께 아버지를 보여달라고 한다. 예수께서 아버지 하나님에 대하여 얼마나 많은 이야기를 하셨으면 제자들이 그 아버지를 실제로 보고 싶은 마음이 들었을까. 그때 예수의 대답이 걸작인데, 유대인들이 들었다면 그야말로 죽이고 싶은 말이다. "나를 본 자는 아버지를 보았거늘 어찌하여 아버지를 보이라 하느냐(요 14:9)." 요한복음에서 예수의 아버지 혁명은 그 절정의 마침표를 찍는다. 십자가의 죽음과 함께 말이다.

"아버지 신앙"의 세 가지 특징

이제 예수께서 그토록 자주 부르시고 사랑하시고 자신을 죽음에까지 이르게 했던 그 이름, '아버지' 신앙의 특징을 요약해 보자.

첫째, 예수의 아버지 신앙의 가장 독특한 것은 개인성이다. 예수에게 있어서 아버지는 단독자의 하나님이다. 예수는 개인의 하나님을 강조하셨다. 이것은 당시 사회구조에서 지극히 파격적인 생각이다. 고대 사회란 집단사회다. 특히 가족집단이 가장 중요했다. 모든 것을 집단적으로 사고하고 행동하는 사회다.

엘로힘은 이스라엘 민족의 하나님이다. 여호와 츠바오트는 이스라엘 국가의 하나님이다. 이스라엘 군대의 여호와다. 아도나이 또한 포로된 이스라엘 민족의 주인이지, 개인의 주인은 아니다. 아간의 범죄로 이스라엘 전체가 고통받는다. 의인 10명이 없어서 소돔과 고모라가 심판을 받는다. 아브라함 한 사람이 복의 근원이 되면 그의 후손들이 다 복을 받는다. 요셉 한 사람이 성공하여 그의 가족이 호강했다. 모든 신앙은 가족과 민족과 국가에 얽혀있다. 예수 당시 이스라엘 사람들이 기다리던 메시아 또한 민족의 구세주요 국가의 구원이었지, 한 개인의 메시아가 아니다.

그러나 예수는 한 개인의 아버지 하나님을 강조하셨다. 한 영혼이 천하보다 귀하다고 하셨다. 백 마리의 양 중에 한 마리를 잃어버리면 아흔아홉 마리를 두고서라도 한 마리의 잃어버린 양을 찾아야 한다. 여러 남편과 살았던 여자가 부활 때 어느 남편의 아내가 되어 하나님을 맞이하냐고 물었을 때, 예수는 단독자로서 하나님을 맞이할 것이라고 말씀하셨다.

예수는 하나님을 부를 때 '나의 아버지' '내 아버지 집' '너의 아버지'라고 하셨다. 물론 '우리 아버지' 혹은 '너희 아버지'라는 공동체적인 면도 말씀하셨다. 그러나 예수에게 있어서 우선적인 것은 개인의 내면적 신앙의 대상으로서의 아버지였지, 결코 집단이나 공동체의 신앙 대상으로서의 아버지는 아니었다. 그래서 독일의 신학자 에른스트 트뢸취는 예수를 '인류 최초의 개인주의자(Individualist)'라고 불렀다. 인간이 신을 만난다는 것은 근본적으로 단독자로서의 체험이요, 한 영혼의 영원한 생명이 걸린 근원적 차원이기 때문이다.

둘째, 예수의 아버지 하나님은 인격적이다. 군사부일체의 아버지도 아니고, 자녀의 생사여탈권을 가지고 명예살인을 일삼는 폭력적인 아버지는 더더욱 아니다. 예수의 아버지는 악인과 의인 모두에게 비를, 빛을 주시는 공평하신 분이며, 자녀의 은밀한 기도에 응답하시는 분이자, 더 좋은 것으로 주시는 자비로운 분이다. 그러나 하나님이 인격적이라는 말은 공평이나 자비의 차원을 넘어선다. 자녀의 생각과 의지를 존중하신다는 것이다. 누가복음 15장의 잃어버린 아들 비유가 말하는 하나님 아버지의 모습이 바로 인격성이다. 자녀의 의사결정을 들어주고 받아들이며, 비록 속앓이를 할지언정 강제로 막아서지 않으며, 하염없이 기다리고 또 기다리는 아버지다.

이것은 기독교 신앙에서 매우 중요한 지점이다. 수많은 그리스도인이 하나님의 섭리를 일방적이라고 이해하는 일이 많다. 자신에게 일어나는 일들을 하나님의 뜻이라고 해석하면서 기뻐하든 푸념하든 결국엔 하나님은 나의 의지와 상관없이 역사하신다는 생각이다. 나의 의지와 뜻과는 상관없이 하나님은 당신 마음대로 나의 길을 이끌어 가신다는 신앙이다. 그러나 예수는 아버지를 그렇게 말하지 않았다. 자신이 십자가의 길을 갈 때에도 겟세마네에서 하나님 아버지와 심각하게 의논했다. 그리고 자신이 결단했다. 예수는 한 번도 하나님 아버지와 일방적으로 관계하지 않으셨다. 왜냐하면 예수에게 있어서 하나님은 지극히 인격적인 아버지이셨기 때문이다.

셋째, 예수께서 부르신 아버지 하나님은 항상 우리와 함께하신다. 내재성이다. 떠나지 않으신다. 요한복음에서 예수께서 말씀하시는 아버지의 가장 강력한 특징이다. "내가 아버지 안에, 아버지가 내 안에" 서로 거한다. 아버지는 멀리 계셔서 돈만 부쳐주는 부자가 아니다. 항상 내 곁에서, 심지어 내 안에 계셔서 나를 기뻐하시고 도우시고 동행하신다. 예수는 언제나 아버지와 함께하셨다.

구약의 엘로힘과 여호와 츠바오트가 초월의 하나님이었다면, 예수의 아버지는 내재의 하나님이다. 구약의 이스라엘 백성들은 하나님은 하늘에 계시고 우리는 땅에 있는 존재라고 고백했다. 하나님과 인간의 질적 차이가 신앙의 기본관계였고, 하나님과 인간의 분리가 거룩의 출발이었다. 창조주 하나님과 피조물 인간의 질적 차이는 이루 말할 수 없다. 만왕의 왕이신 하나님과 그의 백성인 우리 사이의 거리는 결코 가까울 수 없다. 하나님은 우리와 거리를 두어야 경배받으시기에 좋다. 하나님은 우리와 멀리 계셔야 더 거룩하다. 철저하게 타자화된 하나님이다.

예수는 하나님을 아버지로 내재화하셨다. 가족이라는 공동체 구성 안에서 아버지는 타자가 아니다. 아버지는 내가 볼 수 있고, 만질 수 있고, 말을 걸 수 있는 또 다른 나다. 아버지는 나를 낳으신 존재의 근원이다. 따라서 나는 아버지의 형상을 공유한 존재다. 나의 외모, 나의 생각, 나의 감정 모두가 아버지를 닮았다. 나와 아버지는 삶의 모든 부분을 공감하고 이해할 수 있다. 내가 무엇을 요구해도 아버지는 받아들이며, 내가 어떤 일을 말해도 아버지는 알아들으신다. 아버지는 우리 안에 항상 들어와 계시기 때문이다.

QUESTION 9
예수의 하나님 나라는 어떤 나라일까?

사랑의 나라

하나님 나라, 그 개념의 변천사

예수께서 3년간 제자들과 세상 사람들에게 집중적으로 외치고 가르치신 수많은 말씀을 하나의 사상으로 요약하면 단연 '하나님의 나라'다. 이것은 예수 말씀의 핵심이자 목표이며, 다른 모든 가르침은 하나님 나라 사상의 가지들이다. 가장 위대한 가르침이며, 가장 변혁적인 메시지였다. 그렇다면 예수께서 전한 하나님의 나라는 우리가 생각하는 나라와 어디가 같고, 어디가 다를까?

복음서에서 예수는 하나님 나라를 두 단어로 푸셨다. 하나님의 나라와 하늘나라다. 예수께서 사용하신 하나님의 나라(Kingdom of God)는 일단 영토 개념이 아니다. 장소의 용어가 아니라, 지배의 용어다. 누가 다스리느냐의 문제다. 하나님의 나라는 하나님이 다스린다는 의미다. 통치권자가 하나님께 있다는 뜻이다. 하나님의 지배가 있는 곳, 바로 그곳이 하나님의 나라다.

반면, 마태는 이것을 하늘나라 혹은 천국이라고 표현했다. 하늘나라(Kingdom of Heaven)는 눈에 보이지 않으나 분명히 존재하는 하나님의 통치가 이루어지는 영역을 강조한 용어다. 한글 개역 성경은 하늘나라를 천국으로 번역했다. 다소 영토적 개념으로 보이지만, 이것 또한 통치의 의미에 더 가깝다.

통계를 내 보면, 복음서에서 하나님 나라로 표현된 단어는 마태복음 4회, 마가복음 14회, 누가복음 32회, 요한복음 2회, 다른 서신들에서 15회 정도 등장한다. 반면, 천국이라는 표현은 마태복음에만 33회 사용되었다. 아마도 하나님이라는 인격적 용어를 사용하지 않으려는 유대인들을 배려한 마태만의 글쓰기 특징이다.

흥미로운 사실은 예수께서는 하나님의 나라를 두 가지 차원 모두 생각하셨다는 것이다. 죽어서 가는 나라와 이 땅에 임하는 나라로 말이다. 즉 가는 천국과 오는 천국 모두를 말씀하셨다. 보수적 전통의 교회에서는 천국을 죽어서 가야 할 곳으로만 믿고자 했다. 이를 초월적 천국관이라 한다. 반면 진보적 전통의 교회에서는 살아서 임하는 하나님의 통치를 주목했다. 이를 내재적 천국관이라 한다.

한편, 예수는 죽어서 가는 영토적 개념의 하나님 나라도 말씀하셨다. 사실 하나님의 나라는 구약에서는 발견할 수 없는 세계관이었다. 구약의 히브리 사상에서 사람은 죽어서 스올(음부)로 내려갈 뿐이다. 시편이나 히스기야의 기도를 보면 사람은 죽어 땅속 차가운 곳으로 내려간다. 음부의 가장 중요한 특징은 하나님이 계시지 않는다는 것이다. 동시에 심판도 없다. 그냥 그곳에 머물 뿐이다.

히스기야는 죽음 선고를 받고 원통했던 것은 더이상 살아서 하나님을 뵐 수 없기 때문이었다. "내가 또 말하기를 내가 다시는 여호와를 뵈옵지 못하리니 산 자의 땅에서 다시는 여호와를 뵈옵지 못하겠고 내가 세상의 거민 중에서 한 사람도 다시는 보지 못하리라 하였도다(사 38:11)." 오늘 우리의 천국관에서 보면 이해가 되지 않는다. 죽으면 당연히 하나님을 뵙는 곳이 천국이라고 믿는 우리에게 그의 말은 이상하다. 구약의 이스라엘 사람들에게 죽음은 곧 하나님과의 단절을 뜻하고, 그곳이 바로 음부이기 때문이다. 그들에게는 오직 현세밖에는 없다. 유대교에는 내세관이 없다. 그래서 유대인들은 아주 현실적이다.

그러던 것이 이스라엘이 바벨론과 페르시아제국의 포로기 역사를 보내면서 내세관의 변화를 겪는다. 죽으면 내세라는 세계가 있고, 거기에는 선악을 가르는 심판이 있으며, 이생의 삶에 대한 인과응보적 대가를 치른다. 여기에 제국의 식민지와 포로라는 역사적 고난을 겪던 이스라엘 사람들에게는 다윗과 같은 구원자가 올 것이라는 묵시 신앙이 일어난다.

민족을 해방할 메시아가 오면 이 땅의 고통과 억압과 슬픔은 사라지고, 하나님의 정의와 사랑이 통치하는 나라가 임할 것이며, 그때에는 악인은 심판을 받고 의인은 위로를 받을 것이라는 소망이 일어난다. 오직 그들이 염원한 하나님의 나라는 이스라엘의 독립이자 해방이요, 자신들을 억압하는 제국의 멸망이자 심판이다.

예수께서 말씀하신 하나님 나라는 이런 역사적 연장선에서 시작되었다. 그러나 당시 이스라엘 사람 대부분이 믿던 민족의 독립을 이룰 다윗 왕조의 회복을 꿈꾸는 '민속적 하나님 나라' 사상과는 전혀 다른 차원의 하나님 나라 사상을 펼쳐 보이셨고, 이를 하나님 나라 운동으로 이끌기 시작하셨다.

살아서 임하는 하나님 나라

누가 뭐래도 예수께서 선포하신 하나님 나라는 '오는 나라'다. "때가 찼고, 하나님의 나라가 가까이 왔으니 회개하고 복음을 믿으라(막 1:15)."라는 말씀은 예수의 공생애 첫 일성이다. 사역 취임 연설의 서두에서 밝힌 선언이다. 네 문장으로 이루어진 이 선언은 하나님 나라의 핵심을 말해준다. "때가 찼다. 하나님의 나라가 가까이 왔다. 회개하라. 복음을 믿으라."

하나님 나라는 오랜 기다림의 끝에 우리에게 이른 하나님의 카이로스, 곧 때이다. 하나님 나라 앞에서 인간은 전적으로 방향을 바꾸어 돌이켜야만 한다. 돌이킨 사람에게 임한 기쁜 소식을 받아들여야 한다.

예수는 우리에게 임한 하나님 나라를 간절히 추구할 것을 촉구하셨다. "너희는 먼저 그의 나라와 의를 구하라(마 6:33)." 인간이 가질 수 있는 모든 가치관의 최종 지점을 하나님의 나라와 정의에 둘 것을 분명히 하셨다. 먹고 입고 마시는 가치보다 앞에 두어야 할 인간 최고의 가치를 하나님 나라에 두라고 하신다. 하나님이 다스리는 삶, 하나님의 정의에 따르는 삶만이 하나님 나라를 사는 삶이다. 그래서 예수는 모든 기도의 첫머리 간구가 "하나님 나라와 뜻이 임하는 것"이 되어야 한다고 하셨다.

　예수와 함께 임한 하나님 나라는 바로 우리에게 다가왔다. 사람들이 천국이 어디 있느냐? "하나님 나라가 어디 있느냐?"고 물을 때, 예수는 여기 있다 저기 있다 하지 말고, 인간 공동체 속에 있다고 말씀하심으로써 영토의 의미가 아니라 통치의 개념임을 분명히 하셨다. 그러니까 하나님이 다스리는 곳이 하나님의 나라다. 하나님의 말씀이 이루어지는 사람에게 천국이 임한다.

　마음이 행복한 그곳이 천국이라고 말하는 것처럼 예수께서도 천국은 "여기 있다 저기 있다"라고 하는 땅의 개념이 아니라 현재 당신이 있는 곳, 당신이 있는 공동체, 당신 내면의 마음에 하나님이 있으면 천국이라고 하신다. 중요한 건 마음이고 공동체이다. 너희 안에 천국이 있다는 의미에는 두 가지가 있다. 불교에서는 마음의 극락, 즉 유심정토(唯心淨土)로만 제한한다. 그러나 복음서를 자세히 보면, 너희 안에 있다고 할 때 "in you"가 아니라 "among you"로 표현한다. 즉 하나님 나라는 공동체 안에 있다는, 이른바 사회적 의미로도 말씀하셨다.

　하나님이 다스리는 현장이 하나님의 나라다. 예수의 이름으로 의술을 펼치는 곳에 하나님의 치유가 임하고, 선생님이 어린아이에게 말씀을 가르치는 곳에 하나님의 자유로운 영이 임하며, 예수의 마음으로 소자에게 냉수 한 그릇 건네는 곳에 하나님 나라의 사랑이 있다.

　하나님의 성령을 힘입어 귀신을 쫓아내는 곳에 하나님 나라의 해방이 임한다(마 12:28). 가난한 사람의 마음속에 하나님 나라의 소망이 살아 숨쉰다(마 5:3). 거듭나면 볼 수 있는 나라가 하나님 나라다(요 3:3). 이 모든 것이 예수의 오심과 함께 우리에게 펼쳐진 하나님 나라의 모습들이다. 이렇게 임한 하나님 나라는 이 세상에 엄청난 충격을 주었으며, 변혁의 에너지가 되었으며, 새로운 시대를 여는 거대한 문이 되었다.

죽어서 가는 하나님 나라

예수께서는 하나님 나라는 임하는 것만 있다고 하지 않으셨다. 죽어서 가는 전통적 개념의 하나님 나라도 만만치 않게 강조하셨다. 예수는 자신의 죽음을 받아들인 후, 자신이 떠나갈 곳이 어떤 곳인지 분명하게 인지한 분이었다. 그곳을 예수는 아버지 집이라 부르셨다(요 14:1-2). 그리고 그곳에는 거할 곳도 많다고 했다. 심지어 제자들을 위해서도 준비해 놓겠다고 약속하신다. 니고데모라는 노학자에게 예수는 물과 성령으로 거듭나지 않으면 하나님의 나라에 들어갈 수 없다 하셨다(요3:5). 심지어 재물이 많아 어찌할 바를 모르며 집착하는 부자는 하나님 나라에 들어가는 것이 거의 불가능하다고까지 격하게 말씀하셨다(마 19장).

예수는 하나님 나라의 모습을 부자와 거지 나사로의 죽음 비유에서 기가 막히게 해설해 주셨다. 이생에서 부잣집 대문 앞에서 하루하루 구걸하며 살던 거지 나사로는 죽어서 아브라함의 품에 안긴다. 그러나 이생에서 나사로와 같은 공간 안에 살았으나 그의 배고픔에 무관심했던 부자는 심판과 고통이 있는 지옥에 떨어진다.

아브라함의 품과 음부 사에에는 큰 구렁텅이가 존재한다. 서로 볼 수는 있으나 만날 수 없는 심연, 서로 목소리는 들리나 대화를 할 수 없는 불통의 공간을 사이에 두고 천국과 지옥은 분리된다. 이생에서는 도저히 알 수 없다가 죽어서야 처절하게 깨닫게 되는 죽음 이후의 세계다. 이생에서 이런 사실을 모를 가족 형제들을 염려하나 아무것도 해 줄 수 없는 절대 무기력의 공간이다. 이생의 모든 삶이 하나님 앞에서 평가받고, 이에 따른 보상과 처벌이 주어지는, 전혀 예상치 못한 세계다. 심지어 예수는 죽어서 가게 될 하나님 나라는 철저한 개인주의적 삶의 세계임을 강조하신다(마 22:30-32). 부활 후 하나님 나라에서는 이 땅에서 맺은 가족 관계가 어떻게 되냐고 묻는 사람들에게 하신 말씀이다. 부활 후 하나님 나라에서는 장가도 없고, 시집도 없고, 오직 하늘의 천사와 같다. 이 땅에서의 모든 인간관계는 그곳에서는 무의미해지며, 오직 남는 건 하나님과 일대일 관계뿐이다.

그곳에는 인간집단이란 없다. 따라서 정치도 없고 권력도 없다. 부러워할 사람도 없고 시기하고 질투할 대상이 없다. 폭력은 무의미하며 사기와 속임수가 설 자리가 없다. 죽어서 가게 될 하나님 나라는 이생에서의 인간관계 메커니즘이 사라진 곳이다. 그렇게 다른 곳이다.

예수는 철저히 죽은 후에 가게 될 하나님 나라에 대한 분명한 그림을 가지고 계신 분이었다. 마치 그곳에서 살다 오신 분처럼 자세하게 묘사하셨다. 그래서 그런지 몰라도 바울을 비롯한 모든 예수의 제자들은 그들의 편지 속에서 죽어서 가게 될 나라에 대한 간절한 소망과 비전이 있었다.

바울은 고린도교회 교인들에게 살짝 밝힌 셋째 하늘 이야기는 우리의 영이 도달할 내세를 분명하게 그리고 있다. 그는 인간의 육체를 집이라 생각하고, 이 집이 무너지는 날 하늘에 있는 영원한 집으로 이동한다고 가르쳤다(고후 5:1-2). 히브리서 저자는 우리 그리스도인은 다들 고향이 있다고 말한다. 그런데 그 고향은 땅에 있지 않고 하늘에 있으며, 우리는 모두 그 고향을 그리워하고 소망하다가 정말 그곳에 다르게 될 것이라고 전한다(히 11:16).

사도 요한은 천국에는 하나님의 집이 있는데 그곳에 사람들이 함께 산다고 묘사한다. 그 집에서 하나님은 이 땅에서 하나님 때문에 고생하고 고통받았던 하나님 사람들의 눈물을 닦아 주신다. 내 백성이라고 하시며 품어주신다. 그리고 그들에게 다시는 사망이나 애통이나 애곡이나 고통은 없을 것이라며 위로하신다.

제자들이 묘사하는 천국의 모습들은 모두 예수에게 배운 것이다. 예수의 죽어서 가는 하나님 나라는 예수 자신은 물론이거니와 모든 제자, 나아가 오늘날 우리에게까지 죽음의 공포를 이기는 엄청난 믿음의 원천이 되고 있다.

비유 속에 드러난 하나님 나라의 속살들

예수는 왜 비유가 아니면 말씀하지 않으셨을까? 예수는 비유를 통해 보이지 않은 하나님 나라를 전하셨는데 마태복음 4장 23절을 보면 천국의 복음을 전했다고 기록한다. "예수께서 온 갈릴리에 두루 다니사 그들의 회당에서 가르치시며 천국 복음을 전파하시며 백성 중의 모든 병과 모든 약한 것을 고치시니." 예수는 보이지 않는 하나님 나라를 가르치셨을 때 은유와 이야기가 담긴 비유를 사용하셨다. 예를 들면, 씨 뿌리는 자에 대한 비유에서 새는 사탄, 가시는 세상의 염려와 유혹과 불안이라는 의미를 두고 해석한 것처럼, 어떤 하늘의 진리를 가르치는 메타포가 있다. 예수는 아주 유능한 스토리 작가와 같았다. 스토리텔링의 방법을 쓰신 것이다.

씨 뿌리는 자의 비유에서 예수는 하나님 나라를 맞이하는 네 가지 성품 혹은 인간을, 곡식과 가라지 비유에서는 선악의 공존과 종말의 비밀을, 겨자씨와 누룩 비유에서 하나님 나라는 보잘것없는 출발이지만 보이지 않는 성장으로 어마어마한 결실을 맺는 원리를, 보화와 진주 비유에서는 절대적 가치의 발견으로 상대적 소유란 얼마나 보잘것없는가를 보여주셨다.

어린아이 비유에서는 겸손하고 낮추고 순결하고 약자를 배려하는 마음이 천국의 마음이며, 포도원 품꾼 비유에서는 누가 뭐래도 하나님 나라는 주인의 주권이 절대적이며 인생들은 언제든 역전될 수 있음을 보여주셨다. 혼인잔치 비유에서 하나님 나라는 초청하는 나라이며 아무나 갈 수 있으나 에티켓을 안 지키면 쫓겨날 수도 있는 곳이다. 청함(calling) 받았다고 해서 택함(selecting) 받는 건 아닌 곳이 하나님 나라다.

열 처녀 비유에서는 하나님 나라의 기다림, 준비 그리고 생각지 않은 종말을 경고한다. 달란트 비유에서 예수는 하나님 나라의 일을 맡은 청지기에게 충성과 성실함과 능력이 얼마나 중요한가 그리고 그것은 어떻게 평가받는가를 이야기한다. 마태복음 13장에 왜 비유로 얘기하느냐는 질문에 무릇 있는 자는 넉넉하게 없는 자는 빼앗기게 자로 나눠진다고 했다. 그것을 듣고 단맛으로 듣는 사람이 있는가 하면, 쓴맛으로 듣는 사람도 있다는 것이다. 비유로 얘기하신 것을 보면, 예수가 비유를 통해 보여주는 천국은 죽어서 가는 모습도 있으나 비유에서 말하는 하나님의 나라는 일종의 가치에 대한 이야기다. 이제 좀 더 몇 가지 비유를 중심으로 한 발 더 들어가 가보자.

❶ 평등과 차별이 공존하는 나라

네 가지 밭의 비유다. 길가 밭, 돌짝 밭, 가시 밭, 좋은 밭이 있듯이, 하나님의 나라는 아마도 4분의 1밖에 받아들이지 않을 것이라는 예수의 경험에서 나온 통계에서도 알 수 있다. 예수께서 수많은 사람에게 말씀을 전하시면서 경험적으로 통계를 내신 것 같다. 조사해 보니 어떤 사람은 그냥 처음부터 거부하는 사람이 있고, 어떤 사람은 좋다고 하다가 집에 가면 잊어버리는 사람이 있고, 어떤 사람은 세상에 쓰러지는 사람이 있고, 어떤 사람은 꿋꿋하게 이겨내어 열매 맺는 사람이 있다.

결국 하나님의 나라는 100명에게 전하면 25명만 듣게 되고 나머지는 넘어지게 되니 하나님의 나라가 모두에게 임한다는 생각은 하지 말라는 거다. 하나님의 나라를 누구에게나 전할 수는 있지만 아무나 깨닫게 되는 것은 아니라는 뜻이다. 모든 곳에 비를 내린다고 해서 모든 식물이 열매를 맺는 건 아니라는 말이다. 하나님 은혜의 빛은 모두에게 공평하게 비치지만, 그 빛을 받아 하나님 나라의 자녀가 되는 것에는 차별이 있다. 하나님 나라는 평등과 차별이 공존하는 나라다. 참 기묘한 이치의 나라다.

❷ 보이지 않지만 자라는 나라

겨자씨와 누룩 비유다. 여기서 예수는 하나님의 나라가 열매 맺는 생명체임을 강조하신다. 생명체는 살아있고 움직이고 변화한다. 무엇보다 하나님의 나라는 성장한다. 가만히 있지를 못하고 죽은 씨처럼 썩어 없어지는 게 아니라 역동적이라 한번 뿌려지면 그 땅이 어디든지 간에 무섭게 성장한다. 문제는 비가시적 성장으로 눈에 보이지 않는다. 그러나 나중에 보면, 엄청난 열매를 맺는 걸 볼 수 있다. 이 겨자씨와 누룩을 통해 하나님의 나라 설명할 때, 한번 임했을 때 보이지 않게 성장하고 열매를 맺고 생각지 않게 사람들을 놀랍게 한다. 그러므로 하나님의 나라는 그 스스로가 역사하는 힘이 있다. 하나님의 나라는 스스로 일하고 스스로 작동한다.

❸ 선과 악을 끝까지 기다려 주는 나라

가라지 비유다. 씨를 뿌렸는데 자라는 중에 이상한 게 있다. 나는 분명 곡식을 심었는데 이상하게 가라지가 같이 자랐다. 어떻게 볼 것인가? 하나님 나라가 이곳에 임했는데 가라지가 있을 때 이 가라지를 어떻게 할 것인가? 하인들은 뽑아내길 바랐지만, 주인은 추수 때까지 놔두라고 명령하며 추수 때에 키를 가지고 골라내버린다고 한다. 하나님의 나라는 세상의 나라와 공존한다. 이것은 교회가 이 땅에 세워졌지만 이 땅에 선과 악이 공존할 수밖에 없음을 인정하라는 것이다.

교회 안에 악인과 사탄이 활동하는 것을 보고 하나님의 자녀들은 제거하려고 하지만, 하나님은 놔두라고 하시고 마지막 종말에 분리할 것이라고 하신다. 그러므로 종말 전까지 공존하며 지내야 한다는 것이다. 그렇기 때문에 품고 살아야 하는 어려움이 있다. 언젠가는 나중에 분리되며 심판도 있으니 악한 세상을 보며 교회가 위로받는 대답이 된다. "내가 나중에 처리할 것이다. 내버려 두라." 내버려 두는 것처럼 무서운 하나님의 심판도 없다고 바울은 로마서에서 증언한다.

❹ 이미 오신 분을 또 기다리는 나라

포도원 비유다. 주인이 어떤 하인들에게 일을 맡기고 떠났다. 가을에 하인들로부터 계산을 하기 위해 사람을 보냈더니 그 사람을 죽이고, 또 보내었더니 또 죽이고 해서 이제는 아들을 보냈더니 상속자라고 해서 죽여버리는 일이 생겼다. 결국 주인이 군대를 풀어 초전박살을 내어 마무리를 했다는 것이다.

왜 예수는 이런 이야기로 천국을 소개했을까? 여기서 이 아들은 예수 자신을 말하는 것이고, 여기서 우리가 알아야 할 것은 천국이 곧 예수라는 사실이다. 천국이 임했다. 가까이 왔다는 것은 예수께서 오셨다는 것이고, 천국은 이미 예수와 함께 임했으나, 앞으로 주님이 재림할 때까지의 중간 시간이 있으며, 우리는 이 시간 동안 기다려야 한다. 하나님의 나라는 이미 왔지만 아직도 기다리는 이중적 의미의 종말론적 나라다.

포도원 비유에서 주인이 보낸 종들은 엘리야, 이사야, 예레미야, 세례요한 등의 온갖 선지자들이며, 세상은 그들을 죽이고 핍박했듯이 아들인 예수도 죽일 것이다. 하나님의 선민이라고 믿는 유대인들이 아들을 통해 열매 맺는 것을 거부하니, 그 복이 이방 사람들에게 갈 것이라고 말씀하셨다. 그 이방인이 우리다.

❺ 가진 재산 다 팔아도 아깝지 않을 나라

진주 보화의 비유다. 천국은 마치 밭에 숨겨둔 보화다. 숨겨둔 진주다. 이 비유는 남의 소작 밭에서 일을 하다가 엄청난 다이아몬드를 발견하고 이를 숨겨 놓았다가 돈을 모아 밭 전체를 산다는 것이다. 보화 하나 때문에 자신의 모든 물질을 쏟아붓는다. 진주도 마찬가지다.

하나님의 나라를 알게 된 사람은 이것 때문에 다른 것을 포기해서라도 그 가치를 산다. 자신의 재산을 다 팔아 이 보물이 있는 땅을 산다. 천국에 미친 사람은 다른 것을 다 팔아버릴 정도로 천국을 선택한다. 하나님 나라를 깊이 경험하는 사람은 하나님 때문에 자신에게 소중했던 모든 것을 상대화시키고 포기할 수 있다. 그만큼 하나님 나라는 절대 가치다.

이 절대 가치 앞에 딱 걸렸던 사람이 있었는데, 바로 부자 청년이다. 그는 예수께 영생을 얻는 법과 하나님의 나라에 들어가는 방법을 물었을 때, 계명은 다 지켰다고 하니, 예수께서 "네가 가진 것을 다 팔고 따라오라"라고 하시자 충격을 받고 돌아가 버렸다. 자신의 물질적 가치를 버릴 만큼 천국의 가치를 깨닫지 못했다.

더구나 그는 예수 안에 있는 하나님 나라를 발견하지 못했다. 천국은 목숨을 버릴 만큼 가치가 있다. 기독교 역사에서는 많은 사람이 진주 같은 하나님 나라를 얻기 위해 실행에 옮긴 사람들이 많았다. 자신의 소유를 내려놓고 예수 그리스도를 따른 사람들이다. 당장 삭개오가 그러했고, 베드로를 비롯한 제자들이 그러했다. 자신의 소유를 내려놓고 하나님 나라를 추구하는 이 신앙은 너무나 강력하다. 이후 성 안토니우스, 성 프란시스코와 같은 부자였던 사람들이 자신의 소유를 모두 팔고 하나님을 따르는 일들은 끝없이 이어져 오고 있다. 오늘날이 아무리 황금만능주의 시대라고 하지만 여전히 자신의 소유를 내려놓고 하나님 나라의 가치를 따르는 기적 같은 전통은 여전히 계속되고 있다.

❻ 하나님과 일대일로 계산하는 나라

포도원 품꾼의 비유다. 하나님 나라의 통치 방법에 대한 예수의 신기한 말씀이다. 인력시장에서 사람들을 고용하는데 9시, 12시, 3시, 5시에 걸쳐 불러서 일을 시키고 일당을 주는데 일한 시간에 따라 주지 않고 똑같이 1데나리온, 오늘날로 치면 15만 원씩 지급한다. 8시간 일한 사람과 1시간 일한 사람의 일당이 똑같다. 불공평한 지급 원칙에 반발한 노동자들은 노조를 만들어 차별과 불공정을 내세우며 주인에게 따진다.

예수는 이때 포도원 주인이 그들에게 던진 말에 주목하신다. 바로 하나님 나라의 지배 방식이 무엇인지 가르쳐주신다. 주인은 자신과 하루에 1데나리온을 주기로 일대일로 계약을 했고, 그 계약대로 행한 것인데 그것을 왜 악하게 보느냐고 되묻는다. 일꾼들이 보는 눈과 주인이 보는 눈이 다르다. 주인은 계약 당사자와의 계약에만 집중했고, 노동자들은 동료 노동자들이 얼마나 일하고 얼마나 받는지에 주목했다. 주인은 8시간을 일했건 2시간을 일했건 1데나리온 주기로 계약했다. 주인에게 노동의 시간은 그리 중요하지 않다. 노동 시간에 따라 임금을 따지는 것은 품꾼들의 시각이다. 품꾼들은 평등을 외치며 시위한다.

그러나 주인에게 중요한 것은 한 사람 한 사람과의 약속이다. 하나님 나라는 하나님과 나의 일대일 관계 속에 있는 나라다. 다른 사람이 하나님과 어떤 관계에서 어떤 축복이나 저주를 받았는지에 신경 쓸 필요가 없는 것이다. 각 사람이 하나님 나라를 집단적으로 볼 것이 아니라, 일대일로 보라는 것이다. 주인만 바라봤으면 시험에 빠질 일이 없다. 다른 사람을 보니 심란한 것이다. 하나님만 바라보고 하나님의 절대평가를 받는 사람은 흔들리지 않는다. 그러나 사람을 보고 사람들의 상대평가에 목매는 사람들은 비교함으로써 하나님을 불공평하신 분으로 보게 된다.

하나님 나라의 가치관을 매우 잘 보여주는 비유다. 근본적으로 그리스도인은 하나님과 일대일의 관계로 사는 존재다. 하나님의 절대평가가 아니라 사람의 상대평가 앞에서 살면 끝없는 불행의 연속이다. 하나님 나라는 나 개인으로부터 출발한다. 하나님과 나와의 개인적 관계가 가장 중요하다. 나에게 가장 중요한 것은 하나님의 절대평가다. 참 의미심장한 비유가 아닐 수 없다.

PART 2

산 위의 예수

기독교 사상의 대헌장, 산상수훈

산상일이칠

　누군가가 나에게 "신앙이 뭐냐?"라고 물으면 나는 "기독교 신앙이란 예수를 믿고 사랑하는 것입니다"라고 말할 것이다. 예수를 믿고 사랑하고 예수와 함께 사는 것이 신앙이다. "그렇다면 신앙생활은 어떻게 하는 거냐?"라고 다시 물으면, "예수를 사랑한다면, 그분을 알아가는 것이다"라고 답할 것이다. 이게 진지한 사람의 대답이다. 사랑한다면 상대방을 알아야 하고, 안다면 믿을 것이고, 믿는다는 것은 모방한다는 것이다. 모방한다는 것은 따라 한다는 뜻이다. 오늘날 우리 기독교 신앙의 폐해 중의 하나가 예수를 머리로는 믿으나 삶으로 따르지는 않는 것이다. 겉모양은 그리스도인인데 속 내용은 무속과 기복으로 가득하다. 예수가 없다.

예수를 나의 주로 받아들이고 영접하여 구원받아 하나님의 자녀가 되는 일은 은혜요 선물이며 기쁜 일이지만, 예수를 사랑하고 알아가고 믿고 따르는 제자의 삶은 결코 쉽지 않다. 하나님의 자녀가 되는 것은 누구에게나 좋은 일이나, 그다음 주님의 제자로 사는 것은 부담스러운 게 사실이다. 그런 면에서 마태복음 5~7장에 나오는 예수의 산상수훈은 예수를 사랑하는 제자에게 주어진 가장 부담스러운 말씀이다. 일생에 한 번쯤은 깊이 고민하고 묵상해 보아야 할 하나님 나라 가치의 세계다.

목회자들에게 가장 전하기 싫은 본문이 산상수훈이다. 하나님의 은혜와 능력과 복과 위로를 전하고 싶지, 십자가의 고난과 인내와 사랑의 윤리를 전하는 것은 부담스럽기 때문이다. 더구나 산상수훈의 말씀은 매우 어렵다. 내용도 어렵거니와 무엇보다도 살아내기가 어렵다. 따라서 예수의 산상수훈을 읽는다는 것은 제자로서의 자기 결단이 없이는 대면할 수 없다. 오히려 갈등과 절망만을 안겨줄 뿐이다. 그럼에도 불구하고 산상수훈은 예수께서 모든 그리스도인에게 주신 하나님 나라의 핵심이며, 유일하고 보편적인 기독교윤리다. 독일의 신학자요 목회자 그리고 히틀러 암살작전에 가담했다가 체포되어 죽음을 맞은 본회퍼는 기독교 제자도의 근원을 산상수훈에서 찾았다. 그는 산상수훈을 읽고 내면이 깨끗해지고 반듯해짐을 경험했고, 무엇보다 힘의 원천을 얻었다고 했다. 다음은 그가 산상수훈을 읽고 남긴 말이다.

> 나는 처음으로 성서에 이르렀다. 이미 나는 여러 번 설교를 했고, 교회에 관해서 많은 것을 보고, 이야기하고 글을 썼지만 아직 그리스

도인이 되지 못했고, 도리어 아주 난폭하고 순종할 줄 모르며 자기 위주로 사는 사람이었다. 그러나 그것이 나를 해방시켰다. 특히 산상수훈. 그 이후로 모든 것이 달라졌다. 그것은 커다란 해방과 같은 것이었다.

산상수훈은 예수께서 3년 동안 가르쳤던 모든 말씀의 요약판이다. 예수의 정신을 알고자 한다면 산상수훈을 꼭 공부해야 한다. 산상수훈은 하나님 나라의 대헌장, 마그나 카르타다. 윤리학자들은 산상수훈을 인간 윤리의 최고봉이라고 평가한다. 문학가들은 최고의 문학적인 담화라고 극찬한다. 톨스토이는 전쟁에서 장교로 복무하다가 이 말씀을 읽고 절대평화주의자가 되었다. 간디는 신앙의 그리스도는 믿지 않았지만, 평생 예수를 자신의 스승으로 모시고 산상수훈을 자기 삶의 원칙으로 삼고 살았다. 독일의 비스마르크는 산상수훈을 자신의 정치철학으로 삼고 나라를 통치해 보고자 노력했다. 심지어 한국에서는 어느 여성 스님이 『산상수훈』이라는 영화를 만들어 러시아 국제영화제에서 화제가 된 적이 있었다. 그만큼 산상수훈은 다른 종교를 믿는 사람들조차도 자신의 삶에서 어떻게 살 것인가를 깊이 고민했던 인류 보편적인 화두이자 탁월한 가르침이다.

산상수훈은 어떤 성인군자에게서도 찾아볼 수 없는 깊이가 있는 말씀이다. 그러나 이 말은 동시에 어렵고 난해하다는 뜻이기도 하다. 어렵다는 것은 따라서 살기 힘들다는 것이고, 난해하다는 것은 해석상 논란의 여지가 많다는 의미다. 그래서 오늘날 기독교인들이 가장 순종하지 않는 말씀이자 은근히 회피하고 싶어 하는 교훈이 산상수훈인 것도 사실이다. 그러나 산상수훈을 대면하지 않고는 기독교적 삶, 기독교적 가치관, 기독교적 신앙을 가진다는 것은 불가능하다. 이제 예수 가르침의 정수인 산상수훈의 세계로 들어가 보자.

예수의 산상수훈과 모세의 시내산 토라

도대체 예수는 산상수훈의 말씀을 왜 하셨는가? 전후 맥락은 이렇다. 예수께서는 공생애 초기에 많은 활동을 하셨다. 갈릴리 전역을 돌아다니시면서 하나님 나라를 전파하셨다. 입으로는 하나님 나라를 선포하셨고, 손과 발로는 병자들을 고쳐주시고 귀신을 내쫓으셨다. 이른바 가르침과 치유의 사역은 예수를 갈릴리와 유대 전역에 걸쳐 유명인으로 부각한 한 원인이 되었다. 갈릴리 주변 지역으로부터 엄청난 사람들이 예수께 몰려들었고, 예수는 하나님 나라를 선포하시면서 병을 고쳐주셨다. 사람들은 하나님의 나라가 병에서 자유함을 얻고 귀신으로부터 해방되는 것이라고 생각했다. 하나님 나라의 현상을 체험하면서 흥분하기 시작했다.

그러던 어느 순간 예수는 이것이 아니다 싶었다. 하나님 나라의 본질은 모른 채 현상에만 매달리는 사람들의 모습 속에서 하나님 나라의 본질이 왜곡된다는 느낌을 받으신 거다. 예수는 급히 제자들을 데리고 가버나움 마을 앞 얕은 야산으로 올라가셨고, 그곳에서 제자들을 앉혀놓고 하나님 나라의 본질적 가치에 대해 설명하셨다. 그것이 산상수훈이다.

마태는 예수의 말씀을 세 장에 걸쳐 마치 2~3시간짜리 연설문처럼 풀어놓는다. 그리고 이 말씀을 들은 군중들의 반응을 소개한다. 만만치 않은 예수의 긴 연설을 듣고 사람들이 굉장히 놀랐다는 것이다.

예수의 몸에서 느껴지는 권위와 열정은 일반 종교 전문가인 바리새인이나 서기관과는 차원이 다르다. 마치 1500년 전 모세가 시내산에서 십계명을 받아서 내려올 때 보았던 광채를 본 것 같다. 마태는 바로 여기서 예수의 산상수훈을 모세의 시내산 십계명 돌판을 들고 내려오는 것 같은 이미지로 그려낸다.

예수의 가르침은 이제 제2의 출애굽 사건이 되었다. 모세가 율법을 열두 지파에게 주었듯이, 예수는 하나님 나라의 말씀을 열두 제자에게 주신다. 모세가 태어났을 때 바로왕이 유아들을 학살했듯이, 예수가 태어났을 때 헤롯 대왕이 예수 또래의 유아들을 학살한다. 모세가 미디안에서 40년을 준비했듯이, 예수도 30년을 나사렛에서 준비한다. 모세가 애굽에서 탈출했듯이, 예수도 애굽에 잠시 피해 있다가 빠져나온다. 모세가 홍해를 건너면서 물에 잠겼듯이, 예수도 요단강에서 세례를 받으며 물에 잠긴다. 모세가 40년을 이스라엘 백성들과 광야에서 시험을 받았듯이, 예수도 40일 동안 유대 광야에서 사탄에게 시험을 받는다. 십계명이 시내산에서 내려왔듯이, 예수의 하나님 나라 말씀도 가버나움 마을의 산에서 내려온다.

마태는 예수의 산상수훈을 기록하면서 마치 시내산에서 모세가 율법을 선포했듯이, 예수도 산에서 말씀을 선포했는데, 문제는 예수의 말씀이 모세의 율법을 부숴버렸다는 것이다. 예수의 산상수훈은 모세의 율법에서 출발했지만, 모세의 율법을 넘어섰고, 모세의 율법보다 더 깊이 들어간다. 모세의 율법이 행위 중심이었다면, 예수의 산상수훈은 내면 중심이었다. 모세의 율법이 결과를 강조했다면, 예수의 말씀은 동기가 중요했다. 모세의 율법은 누구나 계산할 수 있는 것이었다면, 예수의 교훈은 계산할 수 없는 것이었다. 따라서 산상수훈을 들은 이스라엘 백성들의 마음은 기가 막혀 탄식할 수밖에 없었다.

산상수훈을 듣고 사람들은 모세를 떠올렸지만 동시에 엄청난 부담과 절망에 빠진다. 일반적으로 율법의 논리는 "너는 해야 한다. 그러므로 너는 할 수 있다."이다. "You must do, therefore you can do." 신명기에서 모세가 마지막 유언처럼 당부했듯이, 율법은 멀리 하늘에 있거나 바다 너머에 있는 어려운 것이 아니니 두려워하지 말라고 했다. 그러나 산상수훈의 논리는 그 반대다. "너는 해야 한다. 그러나 너는 결코 할 수 없다."이다. "You must do, yet you can not." 모순의 논리이자, 역설의 문법이다. 예수의 신약 산이 모세의 구약 산을 부수는 순간이다. 그러므로 모세오경, 즉 토라가 유대인들이 그토록 존경하고 지키려고 하는 모세가 준 최고의 율법이라면, 산상수훈은 기독교인들이 목숨처럼 사랑하고 따라야 할 예수가 준 최고의 가르침이자 새로운 토라이다.

은혜의 시각에서 보아야 할 말씀

마태복음 5장에서 7장에 있는 산상수훈을 읽어보면, 우리가 지킬 수 있는 내용이 별로 없다. 모세의 율법은 행위로서의 간음, 행위로서의 살인만 하지 않으면 의로운 거다. 그러나 예수는 마음에서의 간음, 마음에서의 살인을 금한다. 원숭이 널뛰듯이 여기저기로 날아다니는 인간의 마음을 정조준하신 것이다. 하루에도 열두 번 미움과 증오의 감정에 휩싸이는 인간들에게 그게 살인이라고 선언하신다. 순간순간 음욕이 머릿속을 맴도는 남자들에게 간음한 자라고 단언하신다.

어느 누구도 지킬 수 없는 말씀의 세계다.

사람들은 말한다. 차라리 모세가 더 낫다고. 계명을 다 지키지는 못해도 하나님이 제시하신 기준이 무엇인지는 알 수 있었고, 그 기준과 우리의 삶에 어떤 괴리가 있는지도 알 수 있는 것이 율법의 세계다. 그리고 지키면 되니까 보람도 있다. 십일조는 드리면 되고, 금식도 하면 되고, 안식일은 지키면 된다. 보람도 있고 성취감도 있고 사람들에게 인정도 받을 수 있다.

그러나 산상수훈은 율법처럼 겉으로 드러나는 기준이 없다. 우리의 모든 것을 요구하신다. 특히 마음의 가장 은밀한 곳까지 파고든다. 그리고 그 마음이 곧 하나님의 것이라고 선포해 버리신다. 이 부담감을 이길 수가 없다. 우리는 거기서 절망감에 빠진다. 내 마음의 깊은 곳까지 다 드러내 보이신다.

산상수훈의 가르침은 우리에게 어떠한 보람도, 성취감도 주지 않는다. 심지어 사람들에게 인정받을 일도 없다. 은밀하게 기도하는데 누가 알아줄까? 오른손이 하는 것을 왼손이 모르게 구제하는데 누가 나를 선하다 인정할까? 내가 신앙생활을 잘하는지 못하는지 아무도 알 수 없다. 아니, 아무도 알 수 없게 하라고 하시니 자기 중심성이 강하고 인정욕구에 목마른 현대를 사는 우리에게 이 말씀은 허탈함만 줄 뿐이다.

그럼 어쩌란 말인가? 예수의 이 말씀을 어떻게 읽어야 한다는 말인가? 산상수훈의 말씀에 접근하는 통로 자체를 바꿔야 한다. 율법으로 접근하면 모두 절망한다. 율법으로서 이 말씀을 이해하고, 천국에 들어가는 조건으로 생각하는 순간 우리 모두는 실족한다. 새로운 통로를 선택해야 한다. 그것이 무엇인가? 은혜라는 통로다. 하나님의 은혜, 하나님의 능력이 아니고서는 안 된다는 인식이다. 복음의 통로다. 산상수훈을 읽을수록 하나님의 성령이 도우심이 요구된다는 것을 뼈저리게 느낀다. 그래서 예수는 이런 말씀을 하셨다. "사람으로는 할 수 없으되, 하나님으로서는 할 수 있느니라(막 10:27)."

결국 산상수훈의 말씀을 살 수 있는 것은 하나님 은혜의 영역이고 성령의 능력이기 때문에 이 말씀을 잘 지켜서 천국에 들어갈 생각일랑 아예 버려야 한다. 이 말씀을 지켜서 하나님의 자녀가 되는 것이 아니다. 오히려 이 말씀은 이미 우리에게 임한 하나님 나라를 사는 사람들, 예수를 영접하고 구원받은 하나님의 자녀들, 하나님의 백성된 사람들에게 주어진 하나님 나라의 삶의 원리다.

양심을 열어야 들리는 말씀

산상수훈이 심오할 수밖에 없는 이유가 또 있다. 산상수훈에서 예수께서 주목한 것은 행위가 아니라 마음이다. 마음에 초점을 두고 마음속으로 파고드신 것이다. 겉으로 드러난 행위를 이야기했다면 우리에게 쉬웠을 것이다. 그러나 마음을 드러내심으로써 모든 문제의 근원이 마음에 있음을 선언하시니 우리는 당혹스러울 수밖에 없다. 왜냐하면 세상에서 제일 무서운 게 마음이기 때문이다. 알다가도 모르는 게 인간의 마음이다.

원숭이가 이 나무 저 나무를 이리저리 날뛰듯이 사람의 마음이란 정함이 없고, 하루에서 수십 번 바뀌는 게 우리 마음의 세계다. 사람의 마음은 어디서 와서 어디로 가는지 도무지 알 수 없는 불가사의한 영역이다. 내 속에 내가 너무도 많은 곳이 마음의 세계다. 순간적으로 그 토록 거룩한 마음을 품고 있다가도 순식간에 악마의 생각에 사로잡힌다. 그렇게 추악하고 더러웠던 마음이 어느새 순수하고 선한 마음으로 뒤바뀌는 나 자신을 누가 이해할 수 있을까? 선한 행동 이면에 숨어 있는 야수 같은 마음을 다스리지 않고 어떻게 하나님 나라의 삶을 온전히 살 수 있겠는가? 예수는 바로 인간 내면의 본질을 간파하신 것이다.

사람들은 살인 사건이 나면 살인한 결과 자체만을 문제 삼는다. 그러나 예수는 미워하는 마음이 드는 순간 살인의 시작이라고 말씀하신다. 사람들은 간음한 사실 자체만을 놓고 비난하지만, 예수는 길거리를 지나가면서 잠시 잠깐이라도 여자를 보고 불충한 생각을 한 것만으로도 이미 그 여자를 간음했다고 선언하신다. 짧은 순간의 분노, 짧은 순간의 욕설, 짧은 순간의 음욕이 곧 살인이요, 간음이요, 죄악으로 보신 것이다.

인간에게는 세 가지 마음의 영역이 있다. 사심, 공심, 양심이다. 사심(私心)이란 이기심이요 '에고(ego)'라고도 한다. 자기 자신만을 위한 마음이다. 여기에는 욕망이 주인이다. 자기의 욕망을 채우는 일 외에는 아무것도 관심이 없다. 공심(公心)이란 사람들과의 관계에서 남의 눈치를 보는 마음이다. 최소한의 윤리적 마음이다. 이타심이라고도 한다. 상식과 도덕이 이곳의 주인이다. 양심(良心)이란 하나님이 거하시는 자리다. 영어 conscience는 '함께, 더불어'를 뜻하는 con과 앎, 지식을 뜻하는 science가 합쳐서 '모두가 아는 지식, 함께 앎'을 의미한다. 즉 내가 알고, 네가 알고, 하나님이 아는 것이 양심이다. 양심이란 성령이 거하는 자리이고 하나님과 사람들에게 아무런 거리낌이 없는 마음이다.

이곳의 주인은 정직이다.

　산상수훈의 말씀을 받을 수 있는 마음은 양심밖에 없다. '사심'으로 산상수훈을 읽으면 곧바로 찢어버릴 것이고, '공심'으로 산상수훈을 보면 윤리적인 말씀만 오려서 벽에 붙여 놓을 것이다. 산상수훈이 우리의 가슴을 울리는 말씀이 되려면, '양심'을 열어야 가능하다. 그래서 산상수훈을 공부할 때 가장 중요한 것은 마음이다. 어떤 마음의 밭을 준비하느냐가 관건이다. 은혜의 말씀이 되느냐, 율법이 되느냐, 아니면 휴지 조각이 되느냐는 산상수훈을 받는 마음에 달렸다. 양심을 열어야 산상수훈은 은혜와 진리로 우리에게 다가온다.

THEME 1
팔복: 새로운 복의 패러다임

산상수훈

1. 예수께서 무리를 보시고 산에 올라가 앉으시니 제자들이 나아온지라 2. 입을 열어 가르쳐 이르시되 3. 심령이 가난한 자는 복이 있나니 천국이 그들의 것임이요 4. 애통하는 자는 복이 있나니 그들이 위로를 받을 것임이요 5. 온유한 자는 복이 있나니 그들이 땅을 기업으로 받을 것임이요 6. 의에 주리고 목마른 자는 복이 있나니 그들이 배부를 것임이요 7. 긍휼히 여기는 자는 복이 있나니 그들이 긍휼히 여김을 받을 것임이요 8. 마음이 청결한 자는 복이 있나니 그들이 하나님을 볼 것임이요 9. 화평하게 하는 자는 복이 있나니 그들이 하나님의 아들이라 일컬음을 받을 것임이요 10. 의를 위하여 박해를 받은 자는 복이 있나니 천국이 그들의 것임이라 11. 나로 말미암아 너희를 욕하고 박해하고 거짓으로 너희를 거슬러 모든 악한 말을 할 때에는 너희에게 복이

있나니 12. 기뻐하고 즐거워하라 하늘에서 너희의 상이 큼이라 너희 전에 있던 선지자들도 이같이 박해하였느니라. (마태복음 5장)

성경의 많은 책을 보면 거의 다 복의 선언으로 시작한다. 아브라함을 처음 부르실 때 하나님은 그에게 떠날 것을 명령하시면서 네 가지의 복을 선포하셨다. 자손의 복, 땅의 복, 명예의 복, 인간관계 형통의 복을 주시면서 아브라함 자신이 곧 복의 근원이 될 것이라고 말씀하셨다. 여호수아가 모세를 이어 이스라엘 민족의 우두머리가 되어 가나안 정복이라는 엄청난 부담을 안게 되었을 때, 하나님은 그에게 땅의 복과 인간관계의 복을 먼저 주셨다. 구약성경에서 가장 아름다운 시와 기도를 모아놓은 시편을 시작하는 1편이 복의 선언문이다.

하나님은 인간에게 어떤 일을 맡기실 때는 항상 복을 주시고 시작하신다. 사람은 일을 시키고 월급과 보너스를 주지만, 하나님은 월급과 보너스를 먼저 듬뿍 주시고 일을 시키시는 분이다. 산상수훈의 시작도 마찬가지다. 어렵고 부담스러운 하나님 나라의 원리를 말씀하시기 전에 복을 먼저 선포하신다. 그것도 행복할 것을 말씀하신다. 특별히 인간의 깊은 내면의 마음을 파고들어서 고정 관념과 편견을 뒤집은 첫 번째 말씀이 바로 팔복 선언이다. 이 말씀은 지금까지 구약성경에서 습관적으로 이야기하던 이스라엘 사람들의 복의 관념 자체를 완전히 파괴시켜 버리신다. 새로운 차원으로 복의 세계를 연다.

그럼 복이란 대체 무엇인가? 특히 성경은 복을 어떻게 이해하고 있을까? 인간이 세상을 살아가기 위해서는 두 가지 힘이 필요하다. 하나는 자력이라고 하고 또 하는 타력이다. 자력이라고 하는 것은 자기 스스로 하는 것을 말한다. 체력, 지력, 학력, 매력, 재력 등 자기가 힘을 가지고 할 수 있는 것들이다. 사람들은 이 힘을 얻기 위해서 많은 시간을 투자하며 돈을 들이기도 한다. 그런데 살다 보면 자력으로 안 되는 것이 있다. 이럴 때는 누군가의 도움이 필요하다. 이것을 타력이라고 한다. 타력은 누군가의 도움에서 오는 힘이다. 누군가의 후원, 지지, 응원 등이다. 어렸을 때는 우리는 부모님의 전적인 타력에 힘입어 산다. 자라면서 선생님, 선후배, 친구 등 수많은 타자의 도움을 받는다.

성경은 근본적으로 이 타력의 존재를 우리에게 깨닫게 해 주는 책이다. 이 절대적 타력의 근원이신 하나님을 말하고 있다. 그 하나님의 대표적인 타력의 사건이 창조다. 또한 예수 그리스도의 구원이다. 성경은 자기의 노력에 의한 구원이 아니라 온전히 예수 그리스도 십자가의 은혜 타력만으로 구원받을 수 있다고 말씀하고 있다. 인간은 스스로 구원할 수 없으며, 세상을 창조할 수 없다.

성경은 여기에 또 하나의 중요한 하나님의 타력에 대해 말씀하고 있다. 그것은 바로 복이다. 창세기부터 요한계시록까지 성경 전체에 걸쳐 복에 대해 말씀하고 있다. 하나님께서는 당신이 창조하신 인간을 위해 복을 주시는 분이다. 히브리어로 '무릎을 꿇다'라는 뜻의 '바라크'라 하고, 헬라어로는 '좋은 말을 하다'는 뜻의 '율로기아'라 한다. 두 단어를 묶어서 풀어보면, 내가 다른 누군가를 위해서 무릎을 꿇고 하나님께 기도하는 것을 '축복'이라고 한다. 사람이 하나님 앞에 무릎을 꿇고 하나님께 좋을 말을 하는 것을 '송축' 또는 '찬양'이라고 한다. 반면에 하나님께서 우리를 향하여 좋은 말을 하시는 것을 '강복'이라고 한다. 그래서 민수기를 보면 내 이름으로 사람을 축복하라고 하신다.

사람은 다른 사람을 위해서 축복할 수 있다.

복 개념의 변천사

구약성경을 자세히 보면 복에 대해 생각하는 관점이 많은 변화를 겪는다. **창세기**는 원초적인 복을 말씀하고 있다. 원초적인 복이란 생육하고 번성하며 땅에 충만하게 사는 것이다. 그래서 창세기의 복은 한 마디로 '활력' 혹은 '생명력'이다. 동시에 창세기는 인간에게 복의 근원이 될 것을 말한다. 너로 인하여 모든 사람이 복을 받는다. 우리로 하여금 복의 통로로 삼는다는 말씀이다. 우리로 하여금 다른 사람이 복을 받기 때문에 우리가 바로 복의 근원이다.

아브라함에게 말했던 하나님의 복은 4복이다. 땅의 복, 자식의 복, 명예의 복, 인복. 이 네 가지 복을 아브라함에게 말씀하셨다. 우리 민족에게는 오복이라는 것이 있다. 수(壽), 부(富), 강녕(康寧), 유호덕(攸好德), 고종명(考終命)이다. 오래 살고, 돈이 많고, 마음이 편하고 육신이 건강하고, 남에게 덕을 베풀고, 잘 죽는 것이다. 우리나라의 오복이나 창세기에서 선언하는 원초적인 복은 내용상 같다. 돈이 있어야 하고, 사람 관계가 좋아야 하고, 자식들 많아야 하고, 지위를 얻어야 하고, 일이 잘 풀려야 하는 것이다. 그래서 만사형통이 최고의 복이다.

그로부터 500년 후, **출애굽 시대**로 가면 복의 개념이 약간 달라진다. 신명기에 그 말씀이 기록되어 있다. 복의 내용은 창세기와 유사한데 다른 점은 복에 조건을 달았다는 것이다. 하나님이 주신 명령과 규례를 잘 따르라. 하나님 보시기에 의롭고 선한 일들을 행하라. 이때부터 이스라엘 민족은 하나님의 복을 받는 길은 율법을 잘 지키고 하나님의 말씀에 순종하는 일이라고 믿고 그렇게 살려고 노력했다. 이른바 순종하면 복이요, 불순종하면 저주라는 신명기 신앙관이 지배하게 된다.

또다시 500년의 세월이 흘러 **솔로몬 시대**에 이른다. 시편을 비롯한 잠언과 전도서와 욥기라는 지혜서들이 등장하는 시대다. 하나님께만 잘 순종하면 자녀, 건강, 장수, 재물, 명예의 복을 누릴 것이라고 생각하고 열심히 하나님을 따랐는데, 아닌 것 같다는 생각이 든다. 신명기에서 말하는 복에 대해 회의가 든다. 세상 현실을 보니 하나님을 따르지 않고 악하게 살아도 창세기가 약속한 복들을 훨씬 더 많이 누리는 것을 보게 된다. 어쩌면 세상에서 잘 되고 재물이 많은 것이 꼭 복이라고 할 수는 없을 것 같다는 자각을 하기 시작한다.

지혜서는 이를 가장 잘 보여주는 책들이다. 전도서를 보면, 산 자보다 죽은 자가 복되고, 이들보다 차라리 태어나지 않는 자가 더 복이 있다는 극단적인 말까지 한다. 욥은 노골적으로 고백하기를, 복을 바랐는데 화가 왔고, 빛을 기대했는데 흑암이 임했다고 말한다. 잠언에 나오는 현자 아굴의 기도를 보아도 그렇다. 가난하게도 마시고 부하게도 마시기를 기도한다. 부한 것이 복인데 그런 것을 바라지 않는다. 왜냐하면 배불러서 하나님을 모른다 할까 두렵다는 것이다. 물질의 복이 하나님을 섬기는 일에 방해가 된다면 그것은 복이 아니라고 깨닫기 시작한 것이다. 지혜서의 대표라 할 시편은 아예 1편부터 복 있는 사람은 하나님을 즐거워하는 것이라고 정의해 버린다. 물질이나 건강이나 명예와 관계가 없다. 하나님을 가까이하는 것이 복이라는 믿음이 자리를 잡는다.

한번 생각해 보자. 이 세상의 모든 사람 중에 창세기에서 말하는 원초적인 복을 다 가지고 있는 사람이 있을까? 건강하고, 마음 편하고, 오래 살고, 돈 많고, 잘 죽을 수 있을까? 자식들 많이 낳고, 땅과 돈이 많고, 명예와 권세를 누리고, 모든 인간관계가 좋아서 모든 일이 자연스럽게 잘 풀리는 사람이 얼마나 될까? 시냇가에 심은 나무처럼 사시사철 모든 일에 형통한 사람이 얼마나 있을까?

이것을 예수도 생각해 보신 것 같다. 이런 식의 복은 첫째 눈에 보인다. 겉으로 누구나 알 수 있는 것들이다. 둘째, 사람마다 편차가 너무 심하다. 돈이 많은 사람이 있는가 하면 가난한 사람이 있게 마련이고, 건강한 사람이 있는가 하면 질병에 허덕이는 사람이 있는 게 사실이다. 셋째, 한 사람에게 이런 복들이 동시에 주어진 경우는 거의 없다.

예를 들어, 일복은 많은데 건강의 복은 없거나, 인복은 좋은데 물질의 복이 없거나, 자식복은 많은데 일복이 없을 수 있다. 이 세상에서 인간이 추구하는 세속의 복은 상대적이고 계산 가능한 차원이다. 상대적이라 함은 비교된다는 뜻이고, 비교된다는 것은 곧 열등감에 빠진다는 의미다. 물질의 복이 많은 사람 앞에서 돈 없는 사람은 열등감에 빠지고, 건강한 사람들 앞에서 아픈 사람들은 화가 나고, 자식들 잘된 집 사람들을 보면 부러우면서도 시기심이 일어난다.

여기서 나온 단어가 '박복'이다. 나는 복이 지지리도 없다. 나는 이러저러한 복이 없다며 계산하면서 탄식한다. 자신이 누리고 있는 축복보다 없는 복에 주목한다. 그래서 아무도 행복한 사람이 없다. 감사와 기쁨을 찾아볼 수 없다. 결과적으로 사람의 맥을 빠지게 하는 게 구약의 복이고 세상이 말하는 복의 개념이다. 예수는 바로 이 점을 뒤집으셨다. 이른바 팔복의 선언이다.

진짜 복은 마음의 행복

예수께서 이제 새롭게 선포한 복의 말씀은 행복론이다. 마카리오스다. "행복하여라. 행복한 자들아." 행복은 감정이고 마음이다. 예수께서는 겉으로 드러난 현상이 아니라 인간 내면의 마음에 초점을 두신다. 마음이 행복하면 돈복 없어도 상관없다. 마음이 평안하면 세상 명예 없어도 괜찮다. 마음이 즐거우면 비록 건강하지 못해도 살아갈 만하다. 중요한 건 마음이지 겉으로 드러난 행위나 소유 여부가 아니다.

"마음이 가난한 자들이여 행복할지어다", "애통하고 슬픈 자들이여 당신들이 행복하도다", "겸손하고 온유한 마음을 가진 자들이여, 비록 사람들에게 매일 피해만 받고, 너무 착해서 사람들에게 속임을 당하는 사람들이여, 그래도 당신이 행복한 사람이다", "하나님의 의에 주려서 목말라서, 불의한 것을 보면 의분이 일어나서 참을 수 없는 감정을 가진 너희여, 행복할지어다", "긍휼과 자비가 많아서 사람들이 아픈 것을 보면 참지 못해서 달려가서 감싸 안아주는 당신 같은 사람들이야말로 정말 행복하다", "다투는 것을 보면 그곳에서 화평을 만들고, 세상의 분쟁 속에 뛰어 들어가 평화를 일구며, 정의를 위해서라면 박해와 오해를 기꺼이 받아내는 사람들, 당신들이야말로 행복하다".

어느 것 하나 마음을 다루지 않은 것이 없다. 이것은 겉으로 보이지 않는다. 다른 사람들이 계산할 수 없다. 무엇보다 사람마다 편차가 보이지 않는다. 중요한 것은 마음먹기 나름이다. 내 마음이 행복하면 만사가 행복하다. 예수는 그 마음이 바로 천국의 마음, 천국의 감정이라고 하신다. 여덟 가지 천국의 마음가짐을 말씀하신 것이다. 가난한 마음, 애통한 마음, 온유한 마음, 정의에 목마른 마음, 긍휼의 마음, 깨끗하고 단순한 마음, 평화의 마음, 정의를 위해 박해받을 각오가 있는 마음이다. 이 아름다운 마음은 천국을 소망하는 자들의 마음이요, 천국을 사는 자들의 감정이다.

말이 팔복이지, 여덟 가지 행복의 감정들이다. 여기에는 구약이나 세속의 복 개념이 들어올 자리가 없다. 외적인 열매나 보상을 바랄 수가 없다. 가난한 마음에 주어지는 것은 천국이다. 애통하는 마음의 보상은 위로일 뿐이다. 정의에 목마른 마음에는 만족감밖에 없다. 평화를 만들어 내는 마음에 주어지는 보상이란 하나님의 아들이라는 영적 호칭뿐이다. 이 세상에서 주어지는 보상이란 아무것도 없다. 겨우 하나를 꼽으라면 온유한 마음에 따라오는 열매가 땅을 기업으로 받는 것인데, 그 땅이 과연 우리가 좋아하는 부동산인지는 생각해 볼 일이다. 어느 것 하나 이 땅에서 계산될 수 있는 것이 없다.

결국 여덟 가지 행복의 감정에 다다를 수 있는 열매의 끝은 하나님이다. 이런 마음을 가지고 살아가는 사람들이 추구할 수밖에 없는 보상은 천국이고 하나님뿐이다. 천국을 자기 집으로 갖고 사는 것, 하나님의 위로를 받는 것, 하나님의 땅을 차지하는 것, 하나님의 아들이 되는 것, 하나님을 보는 것, 하나님의 불쌍히 여김을 받는 것이다. 이것이 팔복의 보상이고, 열매다.

예수가 선포하신 팔복은 누구나 가질 수 있다. 다른 사람과 비교할 필요도 없다. 열등감에 빠질 이유가 전혀 없다. 하나님을 사랑하는 모든 사람은 누구나 가질 수 있는 행복의 감정이다. 어떤 이들은 참 막연하다고도 말할 수 있다. 그러나 예수를 사랑하는 사람은 이렇게 말할 것이다.

> 이것이 복이라면 나도 가질 수 있겠다. 돈이 없어도, 일이 없어도 상관없다. 내가 건강하지 못하고 아파도 복이 있다 말할 수 있겠다. 나는 행복하다. 가난해서 하나님을 찾았고, 너무나 슬퍼서 하나님을 찾았고, 내가 온유한 마음으로 하나님의 뜻에 순종했고, 내 마음이 단순하고 한결같아서 하나님만 바라봤고, 내 마음이 세상에 없는 정의에 목이 말라서 하나님의 심판을 바라봤는데, 그래서 참 힘들었는데…. 그런데 그게 행복이었구나, 그게 복이었구나.

예수께서 산 위에서 가장 먼저 펼쳐 보이신 팔복의 선언은 마음의 복이다. 복은 마음에 달린 것이고, 그 마음은 하늘을 향해 있다. 그리고 하늘을 향해 기뻐하라고 예수는 촉구하신다. 돈 없다고 슬퍼하지 말고, 아프다고 실망하지 말고, 일 없다고 비참해 하지 말고 가슴을 활짝 펴고 하늘을 향해 크게 기뻐하라는 것이다. 하늘의 상이 내려온다. 하늘의 보상이 너를 기다린다. 하늘의 열매로 갚아주리라. 이것이 진정한 복이고 행복이라는 것이다.

THEME 2
소금과 빛: 그리스도인의 정체성

산상수훈

> 13. 너희는 세상의 소금이니 소금이 만일 그 맛을 잃으면 무엇으로 짜게 하리요 후에는 아무 쓸 데 없어 다만 밖에 버려져 사람에게 밟힐 뿐이니라 14. 너희는 세상의 빛이라 산 위에 있는 동네가 숨겨지지 못할 것이요 15. 사람이 등불을 켜서 말 아래에 두지 아니하고 등경 위에 두나니 이러므로 집 안 모든 사람에게 비치느니라 16. 이같이 너희 빛이 사람 앞에 비치게 하여 그들로 너희 착한 행실을 보고 하늘에 계신 너희 아버지께 영광을 돌리게 하라 (마태복음 5장)

행위가 아니라 존재다

산상수훈의 말씀은 기본적으로 명령 형태로 되어있다. 그런데 그 명령이라는 것이 두 가지로 되어 있는데, 하나는 '행위 명령'이고, 다른 하나는 '존재 명령'이다. 대부분이 행위 명령인데, 주로 '무엇을 하라', '무엇을 하지 마라'다. 그런데 존재 명령은 아주 드물게 딱 두 번 나온다. 바로 팔복과 소금과 빛에 대한 말씀이다. "마음이 가난한 자는 복이 있다"라는 말은 가난하라는 말이 아니라, 가난함이라는 존재 자체를 행복하다고 한 것이다. 또 한 가지는 "너희는 세상의 소금이요 빛이다"라는 말 또한 존재 자체에 대한 단호한 선언이다. 그렇게 있어야 한다는 존재 명령이다. 좀 더 구체적으로 말하면 존재의 선언이라 할 수 있다.

존재 명령은 행위 명령보다 근본적이고 선재적이다. 예수께서는 기가 막히게도 산상수훈을 펼쳐 가실 때, 대부분 너희는 무엇을 해야 하고, 어떤 행위를 해야 할 것을 말씀하시지만, 그 이전에 더 중요한 것이 있다는 것이다. 바로 너희가 누구냐는 것이다. 무엇보다 중요한 것은 너희가 누군지를 알아야 하고, 어떤 존재인지 깨달아야 한다는 것이다. "여기 내 앞에 있는 너희들, 이 한심한 무리, 못난 제자들, 아무 보잘것없는 하찮은 인간들, 아무것도 아닌 인간들"에게 하신 말씀이 바로 너희는 세상의 소금이요 세상의 빛이라는 자기 정체성이다.

오해하지 말아야 할 것은 "너희는 세상의 소금이 돼라"고 명령하신 것이 결코 아니다. 단도직입적으로 "너희는 세상의 소금이다"라고 선포하셨다. 소금이 되라고 했다면, 그것은 행위다. 그러니까 원래 나는 소금이 아닌데 소금이 되려고 굉장히 애쓴다는 뜻이다. 그게 아니다. 그냥 너희가 원하든 원하지 않든 너희는 소금이다. 그러니까 우리 그리스도인들은 원하지 않더라도 존재 자체가 이미 빛이요 소금이다. 즉 너희는 '무엇을 해서' 소금과 빛이 된 것이 아니라, '하나님의 은혜' 안에서 이미 소금과 빛이라는 것이다. 부정할 수 없다.

존재가 힘이자 영향력이다

예수는 소금과 빛이 존재만으로도 영향력이 있음을 말씀하신다. 마치 우리는 사회적으로 영향력을 끼치는 것은 어떤 행위에서 나오는 줄 안다. 어떤 일을 했기 때문에 영향력을 끼친다고 생각한다. 그러나 예수는 그렇게 말씀하지 않고, 존재 자체가 영향력이라는 것이다. 놀라운 말씀이다. 우리는 어떤 행위가 사람을 변화시킨다고 생각하지만, 예수께서는 존재 자체가 중요하다고 보신 것이다.

소금이라고 하는 존재가 사회를 변화시키고, 빛이라고 하는 존재가 영향력을 끼친다. 우리가 세상을 바꾸는 것은 무엇을 해서가 아니라 어떤 존재로 있느냐의 문제다. 그러므로 소금이 되어서, 빛이 되어서 세상을 밝히라는 것이 아니라, 소금이 자신을 소금으로 알고 소금으로 그냥 사는 것, 내가 빛인데, 그냥 빛인가 보다 하고 그냥 빛으로 살면 되는 것, 그것이 영향력이다. 다소 말장난 같지만, 도대체 예수는 왜 우리를 소금이라고 말씀하셨을까? 소금이라고 하면 흔히 이렇게 생각한다. "아, 소금이라… 과학적으로 소금은 음식을 짜게 하고 부패를 방지하지. 바닷물에 소금 성분이 3퍼센트만 있어도 짜지… 소금이 없으면 사람은 탈수가 나서 죽게 되지…" 소금에 대한 일반적인 상식이다. 그러나 예수의 머릿속에는 그런 생각이 전혀 없으셨다.

예수께서 말씀하실 때 염두에 두신 소금은 하나님께 바쳐진 제물에 뿌려진 소금이다. 우리 식탁에 올라오는 음식에 넣는 소금이 아니라, 하나님의 제단에 바쳐진 희생제물 위에 뿌리는 소금이다. 레위기를 보면, 모세는 양을 잡아서 하나님께 드릴 때 항상 소금을 칠 것을 명령한다. 제물이 썩는 것을 막고 변하지 않게 하는 소금이다. 에스겔의 예언서를 보면, 아기가 태어나면 배꼽 줄을 자르고 물로 씻어주고 소금을 뿌리고 보자기로 싸라고 하는데, 여기서 소금을 뿌린다는 것은 아이를 깨끗하고 정결하게 하는 재료다.

민수기에 보면, 하나님께 드리고 남은 제사의 성물들을 제사장들이 먹을 때, 여기에 소금이 들어가 있다. 바로 희생제물 속에 들어있는 소금을 두고 하나님께서는 "나의 변하지 않는 소금언약"이라 선포하셨다. 따라서 예수께서 말씀하신 소금이란 영원히 변하지 않는 하나님의 언약을 뜻한다. 그래서 이스라엘 사람들은 '소금언약'이라는 말을 잘 쓴다. 변함이 없으신 하나님께서 영원히 우리와 함께하신다는 의미다.

예수는 한발 더 나아가 이 소금을 예수 자신과 동일화하신다. 요한복음에서 예수는 자신을 하늘에서 내려온 생명의 떡이라 말씀하셨다. 이 떡은 성소의 진설병 떡을 떠올리게 하고, 그 떡 안에는 소금이 들어 있다. 소금이 들어있는 떡을 우리에게 먹으라고 하신 것이다. 이 말은 예수는 곧 소금이라는 뜻이다. 그리고 내가 소금인 것처럼 너희도 소금이라고 확장하신다.

소금이신 예수가 우리 안에 들어오시면, 부패하는 것을 막는다. 우리를 정결하게 해 준다. 변하지 않게 한다. 그리고 영원히 함께하신다.

심지어 맛까지 낸다. 이것이 영향력이다. 빛 또한 마찬가지다. 예수 자신이 먼저 세상의 빛이라고 선언하셨다. 내가 빛이기 때문에, 너희도 빛이다. 예수가 빛이기 때문에 그의 제자인 우리는 굳이 노력하지 않아도 빛이다. 이미 빛이다.

세상 속에 던져진 까다롭고 빛나는 존재

여기서 재미있는 사실은 이 빛과 소금이 있는 공간에 대한 예수의 언급이다. 바로 '세상'이다. 세상의 빛이요, 세상의 소금이다. 세상이라는 것이 참 기묘한 존재다. 세상이란 가만히 놔두고 시간이 흐르면 자연적으로 썩게 되어있고, 어두워지는 속성을 갖고 있다. 기독교의 역사관을 보아도 그렇다. 항상 역사는 타락을 향해 나아간다. 하나님이 창조하신 에덴동산도 타락했고, 노아의 홍수로 다시 깨끗하게 씻어도 또 타락하는 것이 인간의 역사다.

물리학자들은 이것을 엔트로피 법칙으로 설명한다. 모든 질서는 시간이 흐르면서 무질서를 향해 나아가게 되어 있다. 청소를 해 놓으면 며칠만 지나면 먼지가 쌓이고 물건이 흐트러진다. 썩은 정치를 개혁해서 새롭게 해도 30년쯤 지나면 다시 부패한다. 세상이란 항상 밝음에서 시작하여 어둠으로 나아가고, 깨끗하게 시작하여 더러움으로 향한다. 예수께서는 그걸 아셨다.

소금과 빛은 세상에 있어야 한다. 세상에서 무엇을 하는 것이 중요한 것이 아니라 그냥 세상에 놓여 있으면 된다. 행위가 아니라 존재이며, 무엇을 하느냐가 아니라 어디에 있느냐의 문제다. 소금이 소금통에 있으면 안 되고 소금통 밖으로 나와야 하고, 빛은 등경 밑에 숨겨두면 안 되고 등경 위로 나와야 한다. 소금통 밖이 세상이고, 등경 위가 세상이다.

이스라엘에는 두 개의 바다가 있다. 바다 같지도 않은 바다지만, 그래도 바다라 부른다. 하나는 갈릴리 바다고, 또 다른 하나는 사해다. 갈릴리 바다는 건강한 바다다. 시리아 쪽에서 들어와 요단강으로 흘러 사해로 물을 보내기 때문이다. 소통하는 바다요, 흘러가는 바다며, 넘겨주는 바다다. 반면에 사해는 받기만 하는 바다요, 베풀 줄 모르는 바다며, 소통이 막힌 바다다. 그래서 죽은 바다라 한다. 다른 말로 소금을 모아놓기만 하는 소금통 바다다.

흥미로운 것은 사해 옆에 사해공동체라는 것이 있었다. 이른바 쿰란공동체라고 하는 에세네파 주거지다. 에세네파는 사두개파나 바리새파와 달리 자기들이 빛의 아들들이라고 하면서 그곳에서 은둔 생활을 하며 메시아를 기다렸다. 그런데 놀라운 것은 에세네파는 세상에 아무런 영향을 주지 못했다. 왜냐하면 세상에 들어가지 않고, 자기들만의 공동체에 갇혀서 나올 생각을 하지 않았기 때문이다. 소금과 빛에 대한 예수의 말씀은 소금은 소금통 속에 박혀 있지 말고, 빛은 등경 밑에 숨어 있지 말고 나오라는 것이다. 나와서 세상 속에 비비고 앉아 있으라는 것이다. 그냥 은밀하게 존재하는 것만으로도 세상을 바꾼다.

소금과 빛은 어떻게 세상을 바꾸는가? 너희가 소금이라고 하는 말은, 너희는 세상에서 매우 까다로운 존재라는 것이다. 그리스도인들은 세상과 안 맞는다. 일터에서 누가 험담이나 음담패설을 할 때, 남들은 모두 동조하고 웃을 때 동조하지 않고 웃지 못한다. 사회가 부정과 불의로 가득할 때, 살짝 돌아서 버린다. 직장 분위기가 싸늘해지는 것, 사람들이 우리를 부담스러워하는 것, 그래서 때로는 불화가 일어나기도 하는 것, 이것이 소금이다. 모두가 "예" 할 때, 뜬금없지만 "아니요" 하는 그리스도인, 그 사람이 소금이다.

소금은 세상에서 볼 때, 부정적 존재이자 고독한 존재다. 드러나지도 않는 존재요, 부담스러운 존재며, 쓰라리고 찌르는 존재다. 까다로운 존재이자 거리끼는 존재다. 산상수훈이 어려운 이유다. 웬만하면 사람들과 잘 어울리고 조화롭게 사는 것이 좋겠지만, 예수께서는 그렇게 이야기하지 않았다. 세상을 향해서 좀 까다로워라. 세상이 그렇게 돌아갈 때 아니라고 말을 하고 돌아설 수 있어야 한다고 말이다.

빛은 어떤가? 빛의 말씀은 매우 적극적인 이야기다. 소금이 숨겨진 존재라면, 빛은 공개적 존재다. 빛은 숨기려야 숨길 수 없고, 가려본들 가려지지 않는다. 그리스도인이란 세상에서 숨겨질 수 없고, 그 자체가 드러난 존재다. 많은 그리스도인은 자녀를 위해 기도할 때, 세상의 빛 같은 존재가 되어 명예를 떨치고 유명해져서 영향력 있는 인물이 되기를 바란다. 하나는 알고 하나는 모르는 기도다.

빛이란 유명세를 타는 것이기도 하지만, 동시에 세상에 노출되는 운명이다. 위험한 대상이 될 수 있다. 빛이란 이른바 총 맞을 수 있는 자리다. 빛은 어두운 세상을 환하게 밝히고, 세상을 새롭게 하는 영향력이지만, 자기가 너무 노출되어 엄청난 공격을 받거나 주목의 대상이 될 수 있다. 공개적으로 숨길 수가 없는 존재가 빛이다.

너희는 세상의 소금과 빛이라는 말씀을 피상적으로 들어서는 안 되는 이유가 여기에 있다. 우리는 이미 세상에서 까다롭고 부담스러운 존재가 되었다는 것, 세상에 노출되어 숨을 수 없어 언제든 공격의 대상이 되고 있다는 것을 안다면, 이 말씀이 왜 그렇게 무거운지 깨닫게 될 것이다.

소금과 빛의 마지막 운명

소금과 빛의 존재로 산다는 것은 15절, 16절에 나오는 '착한 행실'이라는 말씀 속에서 그 마지막 운명이 결정된다. 착한 행실은 '칼로스'라는 그리스어다. 이 단어는 예수께서 "나는 착한 목자라", "나는 선한 목자라"고 할 때 쓰였다. 따라서 착한 행실이란 단순히 친절하고 배려하고 사람들에게 상냥하다는 뜻이 아니다. 오히려 착한 행실이란 "나는 양을 위해서 죽는다"라는 의미다. 다시 말해서 '선하다'라는 말은 '죽는다' 라는 뜻이다.

예수께서 말씀하시는 착한 행실이란 죽음을 각오하고 순종하고 자기를 비우고 십자가를 지는 것까지 생각하는 행위다. 소금이란 녹아 없어져 사라지는 것이니 죽는 것이다. 빛이란 세상에 노출되었으니 언제라도 공격을 받고 사라질 수 있으니 또한 죽는 것이다.

소금과 빛은 언제든 죽을 수 있는 존재다. 그 죽음의 결과를 예수는 16절에서 언급하셨는데, 여기서 우리는 또다시 낙담한다. 죽음을 각오한 착한 행실의 결과가 사람들로부터의 칭찬이나 인정이나 영광이 아니다. 그 칭찬과 인정과 영광이 나에게 돌아오지 않고, 하나님 아버지께 향하게 될 것이라는 말씀이다.

많은 그리스도인이 산상수훈을 힘들어하는 이유가 여기에 있다. 착한 행실의 결과, 칭찬과 인정과 영광은 하늘의 아버지께로 돌아가고, 우리에게는 비난과 욕설과 저주가 돌아온다. 소금이 세상에서 무슨 영광을 얻을 것이며, 빛이 세상에서 무슨 찬양을 받겠는가? 소금은 세상이 까다롭고 부담스럽다고 밀어버릴 뿐이다. 빛은 어둠 속에서 죄를 지어야 하는 세상이 볼 때 거추장스럽고 번거롭다며 꺼버릴 뿐이다.

　소금과 빛의 영향력이란 결국 사람들로부터의 비난과 공격이다. 빛으로 살면서 세상이 바른길을 가게 하고, 소금의 짠 노릇을 해서 사회가 썩는 것을 막아주지만, 우리에게 돌아오는 것은 죽음이다. 그러므로 소금과 빛의 삶이 단순히 밥 잘 사주고, 예의 바르게 행동하고, 친절을 베풀고, 먼저 배려하는 정도의 가벼운 행실을 말하는 것이 아니다. 만일 그 정도라면 우리에게는 칭찬과 인정이 돌아와야 한다. 박수를 받아야 하고 환영을 받아야 한다.

　예수의 이 말씀은 결국 소금과 빛인 너희가 목숨을 걸고 착한 행실을 통해 세상의 부패를 막고 어둠을 걷어내지만, 그 일로 사람들에게 모욕을 당하고 저주를 당할 수도 있으나, 이것이 하늘에 계신 하나님 아버지께 영광이 된다면 괜찮지 않겠느냐는 것이다.

　너는 죽고 하나님을 살게 할 수 있겠느냐? 너는 모욕을 당하고 하나님은 영광을 받을 수 있겠느냐? 착한 행실로 인한 영광과 칭찬을 세상으로부터 받지 말고, 하늘로부터 받을 마음은 없느냐? 마음이 가난한 자, 정의를 위하여 박해받는 자의 보상이 천국인 것처럼, 너희의 착한 행실의 열매가 천국이면 어떻겠느냐? 세상에서는 인정받지 못해도 하늘에서 인정해 주면 안 되겠느냐? 우리를 심히 당혹스럽게 하는 말씀이다. 이기적인 욕심이나 상식적인 생각으로는 받을 수 없고, 오직 양심을 열어야 받을 수 있는 매우 비장한 말씀이 바로 소금과 빛의 가르침이다.

THEME 3
율법 수호자 예수

산상수훈

> 17. 내가 율법이나 선지자를 폐하러 온 줄로 생각하지 말라 폐하러 온 것이 아니요 완전하게 하려 함이라 18. 진실로 너희에게 이르노니 천지가 없어지기 전에는 율법의 일점 일획도 결코 없어지지 아니하고 다 이루리라 19. 그러므로 누구든지 이 계명 중의 지극히 작은 것 하나라도 버리고 또 그같이 사람을 가르치는 자는 천국에서 지극히 작다 일컬음을 받을 것이요 누구든지 이를 행하며 가르치는 자는 천국에서 크다 일컬음을 받으리라 20. 내가 너희에게 이르노니 너희 의가 서기관과 바리새인보다 더 낫지 못하면 결코 천국에 들어가지 못하리라 (마태복음 5장)

내가 율법을 부수러 왔다고?

기독교 신앙이란 관계다. 하나님과의 관계요 또 사람과의 관계다. 그래서 십계명 중 1~4계명이 하나님과의 관계를 말했고, 5~10계명이 사람과의 관계를 이야기한다. 십계명이 신앙생활의 요약판이라고 한다면, 그것은 하나님과의 관계와 사람과의 관계로 정리된다. 마찬가지로 산상수훈은 팔복과 소금과 빛의 말씀을 빼고 나면, 사실 5장은 사람과의 관계에 관한 말씀이다. 그리고 6장은 하나님과의 관계를 가르쳐주고 있고, 7장은 그 둘 모두를 종합하면서 결론을 맺는다. 이게 산상수훈의 기본 구조다.

마태복음 5장 17절부터 시작되는 인간관계에 대한 말씀을 펼쳐 내시면서 예수는 당시 바리새인과 같은 종교지도급 인사들로부터 많은 오해를 받으셨다. 모세의 율법을 다 깨뜨리는 사람처럼 보였다. 안식일에 8킬로미터 이상 걸어서도 안 되고, 물건을 들어서도 안 되며, 노동을 해서는 더욱 안 된다. 그러나 예수는 안식일에 밀밭에 가서서 이삭을 주워 드시거나, 또 사람들의 병을 고쳐주시면서 적극적인 행보를 보이셨다. 안식일 규범을 깨뜨리는 것으로 보였다. 절대로 상종해서는 안 되는 이방인을 만나셨다. 죄인으로 여겨지는 창녀나 세리들과 밥을 함께 드셨다. 또 금식을 일주일에 두 번은 해야 하는데 금식은커녕 포도주를 즐겨 드셨다. 심지어 제자들과 함께 식사를 하실 때 손을 씻지 않고 드셨다. 정결례를 어겼다. 사람들은 "저 양반, 율법을 깨뜨리러 온 사람이 틀림없다"라고 생각하게 했다.

이 본문은 산상수훈에서 예수께서 율법에 대한 자신의 생각을 분명하게 밝히는 장면이다. 바로 5장 17절부터 20절까지의 말씀이 믿음으로 구원을 얻는다고 하는 바울 사도의 가르침 그리고 그것을 이어받아서 "오직 믿음으로 의롭게 된다"라고 외쳤던 루터와 칼빈과 웨슬리 같은 개신교 종교개혁자들의 가르침을 무색하게 하는 말씀이다. 율법은 필요 없고 오직 믿기만 하면 된다는 절대적 신앙주의를 뒤집는 선언으로 들린다.

"내가 율법이나 선지자를 폐하러 온 줄로 생각하지 말라. 나는 완전하게 하려고 왔다."라고 일갈하신다. 그리고 "천지는 없어질지언정 율법은 없어지지 않을 것이다." 다시 말해서 천지가 없어질 때까지 율법은 절대로 없어지지 않을 것임을 분명히 하신다. 만일 교회에서나 회당에서나 어디에서든지 율법의 작은 계명, 일점일획, 즉 히브리어에서 점을 뜻하는 '요드' 하나도 무시하지 마라. 생기다 만 것 같이 생긴 점 하나도 버려서는 안 된다.

이렇게 작은 점 하나도 절대로 없어지지 않을 뿐 아니라, 지키지 않거나 행하지 않거나 또 그렇게 가르치는 사람은 천국에서 소인이란 소리를 듣게 될 것이다. 하나님 나라에 들어갈 수 있을지는 몰라도 거기서 작은 자가 될 것이고, 이 작은 계명조차도 잘 가르치고 행하는 사람은, 천국에서 큰 사람이 될 것이라고 분명히 말씀하신다.

바리새인보다 더 낫지 않으면

마태복음 5장 20절 "내가 너희에게 이르노니 너희 의가 서기관과 바리새인보다 더 낫지 못하면 결코 천국에 들어가지 못하리라"라는 말씀은 우리의 가슴을 턱 막히게 한다. 너희의 의가, 즉 그리스도인의 의가 서기관과 바리새인보다 더 낫지 못하면 결단코 천국에 못 들어간다. 사실 우리는 예수의 이 말씀을 사도 바울과 종교개혁자들이 외쳤던 믿음으로 구원받는다는 말씀 때문에 은근히 눌러왔던 게 사실이다. "바리새인보다 우리의 의가 더 낫지 못하면 결단코 천국에 들어갈 수 없다." 이것은 정확하게 행위를 가리킨다. 율법을 잘 지키라는 말이다. 쉽게 말해 율법을 지키지 않으면 지옥에 떨어진다는 말로 들린다.

기독교 역사에서 교회는 이 말씀을 완화하거나 다른 말씀과 섞거나, 또는 애써 무시하면서 왔으나, 분명한 것은 이게 예수의 말씀이라는 사실이다. "내가 안식일에 병도 고치고, 죄인들을 만나고, 금식은 하지 않고 포도주를 퍼마시는 것 같이 보여서 율법을 깨는 사람처럼 생각하는 모양인데, 나는 율법을 절대로 무시하지 않는다. 오히려 율법의 정신 속으로 더 철저히 들어가려 한다." 사실 예수는 모세오경을 절대로 부정하는 분이 아니셨다. 율법의 파괴가 아니라, 율법의 의미를 더 깊이 있게 드러내려고 하셨다. 칼빈은 말했다. "예수는 새롭게 무슨 율법을 만드신 분이 아니라, 그것을 잘 해설해 주신 분이다."

산상수훈을 잘 보면, 예수께서 모세의 율법이 가르치고 있는 말씀을 얼마나 잘 해설하고 계시는지 볼 수가 있다. 유대인의 전승은 세상 모든 사람이 율법의 일점일획이라도 없애려고 다 모여들어서 그것을 고치려고 하지만 그럴 수가 없을 것이고, 만일 세계 모든 사람이 율법을 없애는 순간, 그날이 종말이라고 가르친다. 그만큼 유대인에게 율법은 결코 없어지지 않을 하나님의 말씀이다.

예수께서도 모세의 율법을 무시하지 않으셨다. 그래서 부자 청년이나 율법사가 "어떻게 구원을 받습니까? 영생을 얻습니까?"라고 물었을 때, 예수는 "나를 믿으라" 하지 않으시고, 계명을 잘 지키라고 하셨다. 계명을 지키고 율법을 따르라고 하셨다. 상대방이 지켰다고 하면, 그러면 됐다고까지 하셨다. 작은 계명에도 소홀히 할 수 없다는 것이 율법에 대한 예수의 기본 입장이었다.

재미있는 사실은 가장 훌륭한 바리새인도 모세율법의 요약판인 613가지 계명 중에 230개 정도밖에 지키지 못했다고 한다. 세상에서 율법을 다 지켜서 천국 간 사람은 없다는 뜻이다. 철저한 바리새인조차도 230개밖에 못 지켰는데 어떻게 모든 율법을 지켜서 의롭게 될 수 있을까? 당시 유대인 중에는 큰 율법을 지키기 위해서 작은 것을 무시하는 파가 있었고, 반대로 작은 것까지 지키다 큰 것을 버리는 파가 있었다. 앞의 파를 대표하는 사람이 세례요한이고 에세네파다. 성전 예배도 안 드리고, 절기 같은 것도 지키지 않았다. 반대로 작은 것을 지키기 위해서 큰 것을 버린 사람들이 있었다. 바리새인들이다. 즉 세세한 것 다 지키려다가 큰 정신을 잃어버렸다. 정의, 인애, 사랑과 같은 큰 내용은 버리고 사소한 행위, 절차, 형식에 집착했다.

예수의 입장은 무엇일까? 예수는 큰 것 못지않게 작은 것도 다 지켜야 한다고 선언하신다. 20절에서 "너희의 의, 즉 제자의 의는 서기관과 바리새인보다 더 낫지 못하면 안 된다." 여기서 "더 낫지 못하면"이라는 말을 가지고 많은 사람이 오해한다. '더 낫다, better than', 그러니까 바리새인들이 230개를 지켰으면, 너희는 231개라도 지켜야 한다는 양적 개념으로 생각한다. 그게 아니다. 숫자상으로 많은 양의 계명을 지키라는 것이 아니다. 여기서 '더 낫다'라는 헬라어 '페리쉬오'는 '전혀 다른 차원'이라는 뜻이다. 예수는 바리새인들과는 전혀 다른 차원으로 율법을 보라고 촉구하신다. 그들에게 중요한 것은 겉으로 드러나는 행위와 결과였다. 예수는 그들이 간과했던 차원이 바로 '마음'이었다는 것을 간과하셨다. 계명 속에 있는 내용의 깊은 심층적인 면을 못 보고 있다는 것이다.

이른바 토라, 즉 율법을 심층적 내면의 눈으로 볼 것을 말씀하시면서 이제부터 여섯 가지 주제를 놓고 논쟁의 장으로 끌고 가신다. 이른바 '안티테제', 즉 반명제선언이라고도 불리는 말씀이다. "너희는 이렇게 들었지만, 나는 이렇게 말한다." "너희는 몇백 년 동안 너희 서기관과 바리새인들로부터 이렇게 저렇게 들어서 배웠지만 나는 이렇게 가르친다." 대표적으로 여섯 가지 사례를 들어 보이신다. '살인', '간음', '이혼', '맹세', '폭력' 그리고 '원수와 이웃'이 그것이다.

THEME 4
분노와 살인

산상수훈

21. 옛 사람에게 말한 바 살인하지 말라 누구든지 살인하면 심판을 받게 되리라 하였다는 것을 너희가 들었으나 22. 나는 너희에게 이르노니 형제에게 노하는 자마다 심판을 받게 되고 형제를 대하여 라가라 하는 자는 공회에 잡혀가게 되고 미련한 놈이라 하는 자는 지옥 불에 들어가게 되리라 23. 그러므로 예물을 제단에 드리려다가 거기서 네 형제에게 원망들을 만한 일이 있는 것이 생각나거든 24. 예물을 제단 앞에 두고 먼저 가서 형제와 화목하고 그 후에 와서 예물을 드리라 25. 너를 고발하는 자와 함께 길에 있을 때에 급히 사화하라 그 고발하는 자가 너를 재판관에게 내어 주고 재판관이 옥리에게 내어 주어 옥에 가둘까 염려하라 26. 진실로 네게 이르노니 네가 한 푼이라도 남김이 없이 다 갚기 전에는 결코 거기서 나오지 못하리라. (마태복음 5장)

예수의 이 말씀을 풀어보면 이렇다. "십계명에서 너희는 살인하지 말라고 배웠다. 그렇지만 나는 너희에게 분명히 말하지만 '분노'도 살인이다. '욕설'도 살인이다. 사람에게 모욕을 주는 것도 살인이다. 왜냐하면 살인이란 분노의 감정이 갈 데까지 간 게 살인이기 때문이다. 분노와 모욕은 사실 나에게 방해가 되는 그 존재를 제거하는 욕구가 그 안에 들어있다. 욕을 할 때, 그 욕하는 감정 속에는 '저 인간 없어졌으면 좋겠다'라는 욕망이 들어있다."

예수께서는 예를 드셨다. '라가'라고 욕하는 사람은 지옥에 간다. '라가'가 무슨 뜻인가? 머리가 빈 놈, 시쳇말로 '돌대가리'란 말이다. 내가 고등학교 때 수학 선생님으로부터 많이 들었던 말이다. 아주 지겹게 들었다. 머리에 도대체 든 게 없다는 거다. 멍청이, 얼간이, 이런 뜻이다. 아마 좀 성격이 있는 부모들이 자식한테나 하거나 친구들끼리 이런 정도의 욕을 많이들 했을 것이다. 또 그런 말을 듣기도 했을 것이다. '라가'는 '미련한 놈'이라는 뜻이고, '모론'은 바보라는 의미다. 예수는 이런 욕을 친구에게나 사람들에게 하지 말라는 것이다. 지옥에 떨어질 정도로 심각한 말이라는 것이다. 왜 예수는 흔히 할 수 있는 단순한 말 한마디를 가지고 지옥과 연결하실까? 결코 단순하지 않다는 것이다. 적어도 그 속에 악의적 의도가 있다면 욕설 속에 담긴 메시지는 '저 인간이 없어졌으면 좋겠다'라는 실제 살인의 동기가 있다는 것이다. 욕이라는 언어 속에 살인자의 욕구가 담겨 있음을 본 것이다.

예수는 공생애 동안 욕 한마디 하지 않으셨을까? 결코 그렇지 않다. 사실 예수도 알고 보면 만만치 않은 욕쟁이셨다고 할 수 있다. 마태복음 23장에서 바리새인들을 두고 집중적으로 욕하시는 장면이 있다.

이 장을 바리새인 저주의 장이라고 하는데, 기가 막힌다. "화 있을진 저"라고 입을 여시면서 엄청난 저주를 쏟아 내신다. 산상수훈에서 미련한 놈이라고 말하지 말라고 해 놓으시고는 정작 예수도 바리새인들을 향해 미련한 놈이라고 욕을 하셨다. 우맹, 이게 어리석은 소경이란 뜻인데, 미련한 놈, 바보와 다를 게 없는 말이다. 심지어, "뱀들아, 독사의 새끼들아" 하고 욕을 하셨다. 이스라엘에서 가장 심한 욕 중의 하나가 독사 새끼다.

왜 예수는 산상수훈에서는 욕하지 말라고 해 놓으시고는, 정작 자신은 욕을 하셨을까? 인격장애가 있으신 건 아닐까? 이중인격의 소유자이신가? 그런데 자세히 보면 예수께서 바리새인들을 욕할 때, 맨 마지막에 보면, "예루살렘아, 예루살렘아, 선지자들을 죽이고 네게 파송된 자들을 돌로 치는 자여, 암탉이 그 새끼를 날개 아래에 모음과 같이 내가 네 자녀를 모으려 한 일이 몇 번이더냐 그러나 너희가 원하지 아니하였도다(마 23:37)"라며 눈물을 흘리신다. 중요한 것은 욕설로 대변되는 이 말 자체가 어떤 동기에서 나왔느냐는 것이다. 살해의 동기인가, 아니면 사랑의 동기인가. 예수는 거기에 주목하셨다. 예수가 바리새인들을 향한 욕은 살해의 동기가 아니다. 너무나 안타깝고 답답함의 동기다.

산상수훈에서 예수가 하지 말라는 욕은 악의적 동기, 제거의 동기, 살해의 동기가 담긴 분노가 문제라고 보신 것이다. 이런 마음으로 사람들을 욕할 때에는 그 마음속에 사람들을 죽이고 싶은 마음이 있다. 그것은 곧 살인과 다를 바 없다. 나는 고등학교 시절 수학 선생님으로부터 돌대가리라는 소리를 많이 들었다. 나뿐만 아니다. 문제를 못 푸는 모든 학생은 돌대가리가 되었다. 그러나 그것은 살해의 동기가 아니라 사랑까지는 아니더라도 잘하라는 의미의 탄식이었다. 그것을 듣고 학생들은 자존심에 상처는 약간 받겠지만 절망하거나 죽으려고 하지는 않는다. 돌대가리를 돌대가리라고 자각시켜 주시는데 어쩌겠는가? 머리에 든 게 없는 건 사실이고, 그래서 문제를 풀 수 없는 것인데 어쩌겠는가? 선생님이 우리에게 하신 욕과 지금 악의적으로 분노하는 것하고는 전혀 다른 차원이다.

예수의 말씀은 그걸 분리해서 인식하셨다. 만에 하나라도 우리가 어떤 사람이 없어지고 사라지길 원하는 마음으로 악의적으로 분노하는 것은 매우 위험하다. 그것이야말로 살인이다. 물리적 살인이 끔찍한 일이듯, 악의적인 분노나, 악의적인 모욕, 악의적인 욕설과 같은 정신적 살인, 언어적 살인은 매우 끔찍한 일이며, 사람을 죽이는 엄청난 살해 행위다.

THEME 5
소유적 시선과 간음

산상의 신앙

> 27. 또 간음하지 말라 하였다는 것을 너희가 들었으나 28. 나는 너희에게 이르노니 음욕을 품고 여자를 보는 자마다 마음에 이미 간음하였느니라 29. 만일 네 오른 눈이 너로 실족하게 하거든 빼어 내버리라 네 백체 중 하나가 없어지고 온 몸이 지옥에 던져지지 않는 것이 유익하며 30. 또한 만일 네 오른손이 너로 실족하게 하거든 찍어 내버리라 네 백체 중 하나가 없어지고 온 몸이 지옥에 던져지지 않는 것이 유익하니라. (마태복음 5장)

살인과 더불어 간음의 문제도 마찬가지다. 음욕을 품고 여자를 보는 것 자체가 예수는 간음이라고 하셨다. 예수의 이 말씀은 욥기에서 나온 것이다. 욥이 이런 말을 했다. "내가 내 눈과 약속하였나니 어찌 처녀에게 주목하랴. 그리하면 위에 계신 하나님께서 내리시는 분깃이 무엇이겠으며 높은 곳의 전능자께서 주시는 기업이 무엇이겠느냐. 불의한 자에게는 환난이 아니겠느냐 행악자에게는 불행이 아니겠느냐(욥기 31:1-3)."

만일 내 눈이 처녀를 주목하여 마음에 범죄하였다면 하나님께 무슨 상급이 있겠느냐는 것인데, 예수는 지금 욥과 똑같은 말씀을 하시는 것이다. 마음을 통제할 수 없게 한 것은 눈이다. 눈이 마음을 통제하기 때문에 마음이 눈을 따라간다는 것이다. 그래서 복음서 다른 곳에 보면, 예수는 그 눈을 뽑으라고까지 하신다. 그다음에 손이 따라가는 것을 통제 못 해서 마음이 손을 따르면, 그때에는 손을 자르라고 말씀하셨다. 그러면 아마도 우리는 눈을 뽑아도 몇 번을 뽑았고, 손을 잘라도 몇 번을 잘랐을 것이다.

아름다운 장미꽃을 보면 우리의 이성과 감정은 아름답다고 감탄하며 한참을 들여다본다. 그러면 된다. 그런데 그 순간 우리의 마음 깊은 곳에서는 소유욕이라는 욕망이 일어난다. 꽃을 가지고 싶다. 꺾고 싶다. 그때 이성은 욕망을 말리며 책망한다. 얼른 그 자리를 떠나야 하는데 욕망은 발길을 멈추고 계속 보길 원한다. 눈이 욕망을 계속 자극하고, 결국 이성은 욕망에 밀려 꽃을 꺾고야 만다. 음욕이란 그런 식이다.

예수는 수치스러운 행동이 일어나기 전에는 항상 수치스러운 상상이 있었다고 보셨다. 그 상상은 마음에 있는 것이고, 그 마음은 어디에서 오는가 하면 눈에서 오는 것이니, 눈을 자제하지 못해서 그런 것이기에 눈을 뽑으라고까지 과격하게 말씀하신다. 눈이 통제가 안 되면 아예 보지 말고, 손이 통제가 안 되니까 손을 자르라고 하신다. 그래서 오리겐 같은 고대의 교부 신학자는 아예 거세를 해버렸다. 예수의 말씀을 문자 그대로 해석하여 정말 잘라버렸다. 평생을 그렇게 살았다.

오늘날 이슬람 문화권에서 여성들이 머리에 쓰는 히잡과 온몸과 얼굴을 검은 천으로 두르는 차도르나 부르카는 어디서 온 것일까? 왜 여성들에게 얼굴을 가리라고 했을까? 남성들의 음욕을 막기 위한 것인데, 극단적인 남성 중심의 폭력적 문화다. 아주 못되고 유치한 이슬람 남성들이 만든 전통이다. 음욕이 일어나지 않도록 남성 자신이 절제하고 조절해야지 여성이 무슨 죄인가? 극단적이기는 오리겐도 마찬가지지만, 그래도 그는 양심적이다. 음욕의 책임을 자신에게 돌리기 때문이다.

눈을 뽑고 손을 자르라는 예수의 말씀은 문자적으로 그렇게 하라는 것이 아니라, 불구자가 되어서 할 수 없게 된 것처럼 행동하라는 것이다. 특별히 간음에 대한 말씀은 사실 오늘날 우리에게 볼 게 너무 많기 때문에 어떤 신학자는 "문화적 불구자"가 되라고 말한다. 이것저것 많이 보아야 세상 사람들과 이야기할 수 있는 오늘의 문화에서 세상의 모든 것에 촉각을 세우지 말고 아예 문화적으로 장애인이 될 필요가 있다는 것이다. 누구라도 계속 보는 이상 마음이 움직이지 않을 수 없고, 마음은 결국 몸을 추동하여 넘지 말아야 할 선을 넘게 만든다. 눈으로 보는 이상 이성은 욕망을 결코 이겨낼 수 없기 때문이다.

THEME 6
이혼과 양성평등

산상수훈

> 31. 또 일렀으되 누구든지 아내를 버리려거든 이혼 증서를 줄 것이라 하였으나 32. 나는 너희에게 이르노니 누구든지 음행한 이유 없이 아내를 버리면 이는 그로 간음하게 함이요 또 누구든지 버림받은 여자에게 장가드는 자도 간음함이니라 (마태복음 5장)

예수께서는 이런 문제에 부딪힌 것 같다. "누구든지 아내를 버리려거든 이혼 증서를 주라." 이게 당시 이혼의 합법적인 절차인 듯 보인다. 이혼을 두고 바리새파 안에서도 힐렐파와 샴마이파로 나누어 싸웠다. 샴마이는 율법의 세세한 것까지 따지고 엄격하기로 유명한 보수파다. 음행한 것 아니면 무조건 이혼하지 말라고 가르쳤다. 그러나 힐렐파는 율법의 정신을 강조하면서 세세한 것에 대해 비교적 관대한 파다. 한쪽에서 부적절한 일을 했으면 그냥 이혼하라고 권하는 입장이다. 여자가 요리를 못하거나, 외모가 마음에 들지 않거나, 심지어 다른 여자가 생겼어도 이혼할 수 있다고 가르친다. 예수의 가르침은 대체로 힐렐파에 가까운 분인데, 이혼의 문제에 있어서만큼은 샴마이 쪽에 손을 들어주시는 것 같다.

흥미로운 사실은 바리새인들이 모두 남자라는 것이다. 그러다 보니 비록 샴마이파라 할지라도 이혼에 있어서만큼은 힐렐파의 주장을 따르는 경우가 많았다. 이혼하는 것을 맘대로 그냥 놔두는 추세였다. 남성 중심의 가부장적 문화가 판치는 세태를 반영하여 사람들이 예수께 물어보았던 것이다. 어떤 이유로 이혼해야 하는가? 이혼할 때 어떤 이유를 대야 하는가? 이때 예수의 말씀은 당시 분위기에서는 매우 의외였다. 절대로 이혼하지 말라는 것이다. 비록 마태는 그나마 음행한 이유 하나 정도를 예외로 두면서 다소간의 유연성을 보여주긴 했으나, 근본적으로 예수는 이혼에 대해서 매우 엄격한 금지선언을 하셨다.

왜 그러셨을까? 지금 예수께서 말씀하시는 이혼 금지선언은 다른 게 아니다. 한 마디로 여자는 소유물이 아니라는 것이다. 예수의 말씀은 왜 남자들은 여자를 소유물로 인식하느냐는 것이다. "여자를 버리려거든"이라는 말 자체를 문제 삼으신다. 왜 여자가 버려지는 존재인가? 지금 예수는 이혼이라는 것이 오늘날처럼 상호동의를 통해 헤어지는 지극히 합리적인 행위가 아님을 알고 계셨다.

당시 가부장적 사회에서 공유하고 있는 이혼의 전제 자체가 불공정하고 일방적이다. 남성 중심의 억압적 관계 속에서 이혼을 말하는 것을 보시고, 그 판 자체를 문제 삼으신 것이다. 사실 윤리적인 관점에서 볼 때, 오늘날 이혼이란 지극히 윤리적인 행위다. 왜냐하면 원인이야 어찌 되었든 부부 상호 간의 동의와 합의에 의한 것이기 때문이다. 윤리적이라는 말은 상호성이 기본이기 때문이다.

문제는 간통이다. 이것이야말로 비윤리적 행위다. 어느 한쪽의 동의를 얻지 않았고 배제한 채 이루어졌기 때문이다. 비윤리란 일방성이다. 엄밀히 말하면 폭력이다. 그런데 우리 사회는 간통보다 이혼에 주홍글씨를 새기려는 경향이 있다. 그런 면에서 예수는 최초의 양성평등주의자. 예수는 여자도 사람이요, 인격체요, 남자와 동일한 존재임을 말씀하고 싶으신 것이다. 왜 너희 남자들 맘대로 여자를 버리냐는 것이다. 지금 여기서 예수는 살인이나 간음이나 이혼이나 모두 다 가해자들에게 하시는 말씀이다. 폭력을 행사하는 주체들을 향한 말씀이다. 특히 성인 남자들에게 주시는 말씀이다.

여자를 소유물처럼 대하는 그 남자들에게 함부로 하지 말 것을 촉구하시는 것이다. 여자를 소유물처럼 보니까 간음하는 것이고, 소유물처럼 생각하니까 버리는 것인데, 하나님께서는 창세기에서 사람을 만들 때 남자와 여자를 똑같이 만들었고 한 몸이라고 하셨음을 기억하라고 하신다. 예수의 초점은 일방적으로 버리고 버려지는 것으로서의 이혼이라면 절대로 해서는 안 된다는 것이다. 그것은 폭력이며, 또 다른 살인이요, 또 다른 간음이다.

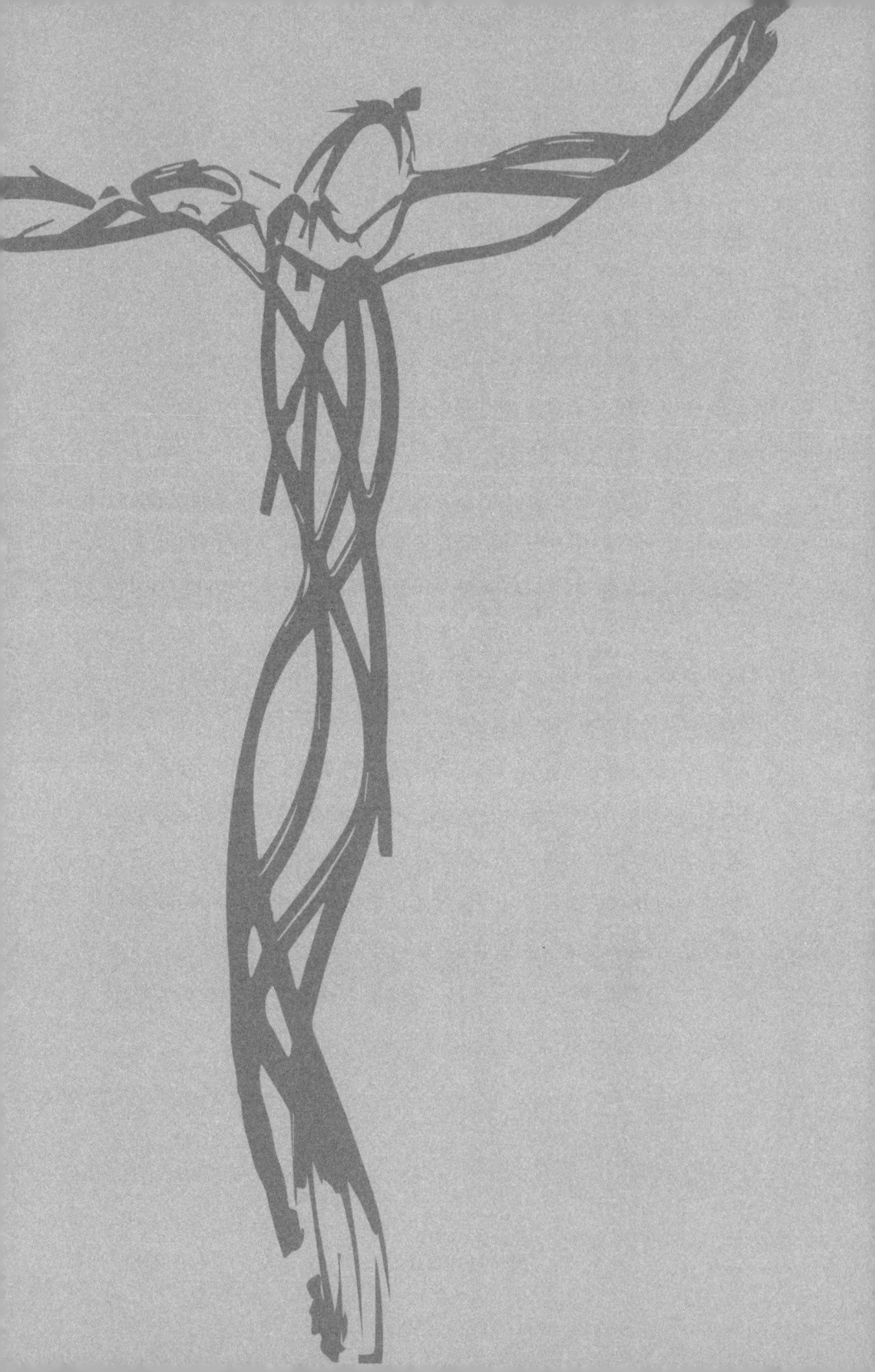

THEME 7
맹세와 거짓말

산상수훈

> 33. 또 옛 사람에게 말한 바 헛 맹세를 하지 말고 네 맹세한 것을 주께 지키라 하였다는 것을 너희가 들었으나 34. 나는 너희에게 이르노니 도무지 맹세하지 말지니 하늘로도 하지 말라 이는 하나님의 보좌임이요 35. 땅으로도 하지 말라 이는 하나님의 발등상임이요 예루살렘으로도 하지 말라 이는 큰 임금의 성임이요 36. 네 머리로도 하지 말라 이는 네가 한 터럭도 희고 검게 할 수 없음이라 37. 오직 너희 말은 옳다 옳다, 아니라 아니라 하라 이에서 지나는 것은 악으로부터 나느니라 (마태복음 5장)

궁색함에서 나온 거짓말

맹세는 언어의 문제다. 예수께서 하신 말씀을 풀면 이렇다. "너희가 회당에서 배울 때 서기관들에게 뭘 배웠느냐 하면 헛맹세를 하지 말고, 만일 맹세를 하게 되면 지켜라. 그렇게 배웠는데 나는 분명히 말하지만 절대로 맹세하지 마라." 예수에게 있어 맹세는 곧 거짓말의 다름 아니다. 일반적으로 유대인들은 하나님의 이름을 걸고 맹세했고, 또 그렇게 했으면 꼭 지켜야 한다고 생각을 했다. 그러나 예수는 맹세를 아예 하지 말 것을 단언적으로 말씀하신다. 십계명에 보면, 하나님의 이름을 함부로 부르지 말라 그리고 하나님의 이름을 망령되이 부르지 말 것을 명령하고 있다. 가장 높고 권위 있는 하나님의 이름을 절대로 부르거나 사용하지 말라는 것이다.

예수께서 주변 사람들을 보니까 아주 이상하게 맹세하는 걸 보셨다. "하늘의 이름을 대고 하늘을 걸고 맹세를 해", "내가 땅을 걸고 맹세해", "내가 성전의 이름으로 맹세해", "내가 제단의 이름으로 맹세해." 하나님의 이름으로는 맹세하지 않지만, 거룩하고 굉장해 보이는 자연이나 사물을 놓고 하는 맹세들이 판을 치고 있다. 이에 대해 예수는 이렇게 논박하신다. "하늘이 무엇이냐? 하나님의 보좌다. 땅이 무엇이냐? 그건 하나님의 발등이다. 그리고 예루살렘으로 맹세해? 예루살렘은 하나님의 성이다. 하나님과 관계되지 않은 세상의 모든 만물은 없다. 그러니까 너희가 뭘 걸고 얘기를 해도 그건 다 하나님의 것이다. 그것 또한 하나님의 이름을 망령되이 일컫는 것이고, 하나님 앞에서 내뱉는 망령스런 입방아가 될 뿐이다."

그랬더니 이제는 사람들이 "내 머리를 걸고 맹세해"라고까지 한다. 이에 예수는 다시 반박하신다. "너의 머리? 네가 너의 머리로 머리털 하나라도 희게 할 수 있어?" 물론 요즘에는 염색 능력이 좋아서 희게 할 수 있지만, 분명한 것은 "어떻게 너희가 머리털의 색깔 하나도 바꾸지 못하면서 함부로 머리를 걸고 맹세를 하느냐?"는 것이다.

인간은 맹세할 수 없는 존재

예수가 이렇게까지 강하게 말씀하시는 진짜 의도는 모든 맹세행위는 거짓말의 반복이며, 정말로 정직하고 진실한 사람은 결코 맹세하지 않는다는 것이다. 맹세라고 하는 것은 사람들한테 공개적으로 공언하고 약속하는 것인데, 여기에는 상당한 과장법이 들어가게 마련이다. 그래서 항상 맹세를 들어보면 최상급을 쓰고 극단적인 표현을 쓴다. 목소리도 높고 굵어진다. 맹세할 때 차분하게 하는 사람 없다. "내가 죽어도 맹세해".

공자는 이런 말을 했다. "새는 궁하면 아무거나 쪼아 먹고, 짐승은 궁하면 사람을 해치고, 사람은 궁하면 거짓말을 한다." 다시 말해서 맹세란 궁할 때 하는 거짓말이다. 말과 행동이 따로 놀기 때문에 말에 행동을 맞추려고 발버둥 치는 것이 맹세요, 평소에 혀를 함부로 놀리는 행위가 맹세다. 그만큼 맹세란 지킬 자신이 없다는 반증이다. 오늘날 심리학에 따르면, 거짓말을 하는 이유는 나의 현실과 소망하는 이상 사이에 존재하는 괴리를 메우려는 언어행위라고 본다. 그러므로 맹세의 심리 속에는 거짓을 포장하려는 인간의 과도한 욕망이 숨어 있음을 예수는 꿰뚫어 보신 것이다. 그런 면에서 예수는 탁월한 심리학자요 독심가다.

맹세와 관련하여 예수께서 추천하시는 가장 진정성 있고 정직한 단어는 오직 두 단어다. '예' 아니면 '아니오'. 오직 두 단어만 쓰고, 이 외에는 모두 악에서 비롯된 것이라고 말씀하신다. 꾸밈이나 첨가가 없고 단순한 언어이자 자명한 단어를 쓸 것을 권하신다. 자명하게 사고하고 분명하게 표현하라. 이것이면 이것이라 말하고, 저것이면 저것이라 말하라. 예수를 믿으면 믿는다고 말하고, 믿지 않으면 믿지 않는다고 말하라.

사실 말이란 아주 가볍고 사사로운 것 같지만, 기독교 신앙에서는 말이란 것은 영원 속에 남는다는 사상이 있다. 우리가 하나님 앞에서 내뱉는 모든 말들은 영원한 우주 속에 떠돈다는 생각을 갖고 있다. 민수기에서 하나님은 "내 귀에 들린 대로 너희에게 응답할 것이라"라고 말씀한다(민 14:28). 하나님 앞에서 발화되는 우리의 모든 말은 하나님의 귀에 저장된다는 의미다. 그러므로 예수는 말이란 내뱉으면 그만이고 지나가면 그뿐이라고 여기는 것은 매우 무책임하고 악한 것임을 일깨우신다.

THEME 8
강자의 폭력과 약자의 보복

산상의 교훈

> 38. 또 눈은 눈으로, 이는 이로 갚으라 하였다는 것을 너희가 들었으나 39. 나는 너희에게 이르노니 악한 자를 대적하지 말라 누구든지 네 오른편 뺨을 치거든 왼편도 돌려 대며 40. 또 너를 고발하여 속옷을 가지고자 하는 자에게 겉옷까지도 가지게 하며 41. 또 누구든지 너로 억지로 오 리를 가게 하거든 그 사람과 십 리를 동행하고 42. 네게 구하는 자에게 주며 네게 꾸고자 하는 자에게 거절하지 말라. (마태복음 5장)

약자는 희생하라는 말씀인가

이 주제는 산상수훈에서 가장 논란도 많지만, 동시에 가장 영향력 있는 가르침으로 알려진 말씀이다. 어쩌면 예수께서 자신의 본색을 드러내신 가르침일 수도 있는데, 바로 "악한 자를 어떻게 할 것인가? 강한 자가 너를 괴롭힐 때 너는 어떻게 대응해야 하는가?" 악하고 강한 자를 대하는 선하고 약한 자의 대응의 윤리이자 보복의 도덕이다. 예수의 말씀 중에 가장 파격적이고 감당하기 어려운 말씀이 바로 이 명제다.

지금까지 유대인들이 배웠던 모세의 보복법은 단연 동태복수법이다. "눈에는 눈으로, 이에는 이로 갚으라." 얼핏 보면, 매우 잔인해 보인다고 말할 것이다. 그러나 이것처럼 지극히 합리적인 보복법도 없다. "네가 눈이 뽑혔으면 너도 상대방의 눈만 뽑아야 한다"라는 명령이다. 다시 말해서 피해를 당한 만큼만 배상받아야지 그 이상의 폭력으로 갚거나 배상받아서는 안 된다. 왜냐하면 인간의 복수란 피해당한 것보다 더 커지면 커졌지 결코 작아지지 않는 것이 현실이기 때문이다. 한 대 맞으면 두 대 때리지, 결코 한 대만으로 끝나지 않는 것이 인간 보복의 특성이다. 폭력의 확대 재생산의 메커니즘이 작동하는 것이다.

결국 보복의 악순환이 일어나고, 그 범위와 강도는 넓어지고 강해지면서 돌이킬 수 없는 상태로 가는 것이 보복의 본질이다. 그래서 모세는 제발 한 대 맞으면 한 대만 때리라고 가르쳤던 것이다. 그것이 모세가 살던 고대시대에 가장 합리적이고 이성적인 보복법이었다.

그러나 예수께서는 이것조차 문제를 삼으셨다. "아예 악한 자를 대적하지 말라", "아예 저항하지도 말라"고 말이다. 그러면서 네 가지 예를 드신다. 오른편 뺨을 맞으면 왼뺨을 돌려대고, 속옷을 달라고 하면 겉옷까지 주고, 5리를 가자고 하면 그냥 10리까지 가주라. 그리고 돈을 꿔달라고 하면 아예 줘 버리라. 이렇게 하시니까 인과보응, 상호 존중, 심지어 "오는 말이 고와야 가는 말이 곱다"고 생각하며 사는 현대인에게 이 말씀은 너무나 당황스럽다.

결국 산상수훈의 말씀은 미국의 윤리학자 라인홀드 니버가 말한 '불가능한 가능성(impossible possibility)'이자, 많은 윤리학자가 평가했듯이 '이상주의적 가르침'이다. 그럼에도 불구하고 이 말씀은 너무나 큰 영향력과 감동을 주어 톨스토이 같은 사람은 절대평화주의자가 되었고, 인도의 간디는 평생 비폭력저항주의의 원칙으로 삼기까지 했다. 교회 내에서도 메노나이트 종파나 여호와의 증인에서는 이 말씀을 자기들 신앙의 대원칙으로 삼고 전쟁반대, 폭력반대, 절대평화주의를 외친다. 이들은 이 말씀을 이상주의적으로 받아들였다. 절대적 희생의 숭고함으로 본 것이다. 과연 그럴까? 이 말씀이 약자의 거룩한 희생 윤리일까?

약자가 강자에게 제대로 보복하는 법

사실 예수가 이 말씀에서 주목하신 것은 원수 갚은 일의 주체가 누구냐는 것이다. 원수 갚은 일은 하나님께 있다는 말씀이다. 우리가 악을 나에게 행하는 사람에게 내가 똑같이 악을 행해서 똑같이 악한 자가 되는 것은 아주 위험하다는 것이다. 중요한 것은 어떻게 해서든지 선으로 그것을 갚아낼 수 있겠느냐? 항상 너 안에 계신 하나님의 선을 지켜낼 수 있겠느냐? 이것에 대한 도전이다. 한 대 맞았을 때

나도 한 대 때려서 같이 악해지겠느냐? 아니면 그냥 한 대 맞아주고 나의 선을 지키겠느냐? 그리고 상대방이 받을 악에 대해서는 하나님이 갚으시도록 보복의 주체를 하나님께 넘길 수 있겠느냐?

어차피 이론적으로 동태복수법을 지킨다 하더라도 피해자인 너 또한 악한 자가 될 것이고, 실제로 피해를 당한 만큼 돌려받을 가능성은 현실적으로 불가능하므로, 예수는 너 안에 있는 하나님의 선을 지키기 위해서라도 보복은 하늘에 맡기고 너는 가해자를 향해 보복행위를 멈추라는 말씀이다. 우리로서는 매우 감당하기 어려운 말씀이다. 윤리적으로 가장 논란이 많은 이유다. 악한 자의 폭력에 대항하여 폭력으로 대응하는 것은 어렵지 않다. 예수가 이를 하나님께 맡기라고 하신 것은 우리까지 악한 자의 반열에 들어갈 수 있기 때문이다.

그럼 어쩌자는 것인가? 예수는 우리에게 그저 맞고만 있으라고 하신 말씀인가? 그렇지 않다. 이 구절은 내가 악한 자가 되지 않으면서도 악한 자를 당혹하게 할 방법을 말씀하신 것이다. 악한 자의 폭력에 속절없이 당하라고 하는 말씀이 결코 아니다. 기가 막힌 방법으로 악한 자를 정신적으로 제압하라는 지극히 지혜로운 말씀이다. 다시 말해 약자가 강자의 폭력에 대응하는 전략적인 방법을 말씀하신 것이기도 하다.

유대 사회에서 왼손은 부정하다. 그래서 사용하지 않는다. 상대의 오른쪽 뺨을 치려면 오른손등으로 쳐야 한다. 그런데 손등으로 친다는 것은 상대방을 노예로 낮추어 본다는 뜻이다. 강자가 오른손등으로 약자의 오른뺨을 때렸을 때, 약자가 왼뺨을 들이대면서 더 때리라고 하면 강자는 손등이 아니라 손바닥으로 때려야 한다. 그 순간 둘은 대등한 관계가 되어버린다. 강자는 당혹스러울 수밖에 없다.

　이스라엘에서는 전통적으로 가난한 자의 겉옷은 밤이 지나기 전에 돌려주어야 한다. 그에게 겉옷은 그의 생명이기 때문이다. 그러나 탐욕스런 부자들은 이런 전통을 무시하고 겉옷을 빼앗으려 한다. 그때 너는 속옷까지 벗어주고 발가벗고 사람들 앞에 나서라는 것이다. 아버지의 발가벗은 몸을 보고 험담한 노아의 아들 함이 저주를 받은 사실을 이스라엘 사람들은 모두 알고 있다. 속옷까지 내어주는 순간 탐욕스러운 부자의 민낯이 만천하에 드러난다. 최소한의 체면이라고 있는 부자라면 도망칠 것이다.

　당시 로마 군법 중에는 식민지 백성을 차출하여 5리(2km)까지 짐을 옮기게 할 수 있는 법이 있었다. 이 말은 뒤집어 생각하면 5리 이상은 불법이라는 뜻이다. 군인들이 사람들을 5리까지는 법의 테두리 안에서 억지로 끌고 갈 수는 있다. 그러나 그 이상은 법 테두리 밖이다. 억지로 5리를 끌려가느니 일부러 10리(4km)를 가주라는 것이다. 그 순간 군인은 군법에 의해 처벌을 받는다. 식민지 사람들에게 괜한 갑질을 했다가 감옥 가게 생겼다.

　예수가 제시하신 약자의 기가 막힌 대응법은 약자가 강자가 되지 않고도 강자를 이기는 전략이요, 선한 자가 악한 자가 되지 않고도 자신의 선을 지키는 전술이다. 예수의 말씀을 상상해 보면, 그야말로 코믹스럽기 짝이 없다. 약자가 왼뺨도 때려달라고 얼굴을 내미는 것이나, 겉옷을 빼앗기자, 사람들 앞에서 속옷까지 훌렁 벗어버리는 일이나, 5리를 가자는데 10리까지 굳이 가주는 모습은 이 세상 모든 약자의 저항이자 보복법이다.

마태복음 10장에서 예수께서 제자들에게 전도 실습을 내보내시며 하신 말씀이 이와 같다. 제자들이 세상에서 산다는 것은 이리떼 속에 양으로 사는 것이다. 양이 여기서 살아낼 방법은 오직 뱀의 지혜와 비둘기의 순결밖에 없다. 지혜는 나를 '약'하지 않게 해 주는 힘이다. 순결은 나를 '악'하지 않게 해 주는 힘이다. 예수는 약자가 강자로부터 폭력을 당할 때, 선한 자가 악한 자의 악행을 대할 때, 뱀 같은 지혜와 비둘기 같은 순결이라는 두 가지 원칙을 제시하셨다. 따라서 이 구절은 약자는 희생하라는 이상주의 말씀이 아니다. 오히려 약자가 강자를 이기는 지극히 현실적이고 전략적인 말씀이다.

THEME 9

원수와 이웃

산상수훈

> 43. 또 네 이웃을 사랑하고 네 원수를 미워하라 하였다는 것을 너희가 들었으나 44. 나는 너희에게 이르노니 너희 원수를 사랑하며 너희를 박해하는 자를 위하여 기도하라 45. 이같이 한즉 하늘에 계신 너희 아버지의 아들이 되리니 이는 하나님이 그 해를 악인과 선인에게 비추시며 비를 의로운 자와 불의한 자에게 내려주심이라 46. 너희가 너희를 사랑하는 자를 사랑하면 무슨 상이 있으리요 세리도 이같이 아니하느냐 47. 또 너희가 너희 형제에게만 문안하면 남보다 더하는 것이 무엇이냐 이방인들도 이같이 아니하느냐 48. 그러므로 하늘에 계신 너희 아버지의 온전하심과 같이 너희도 온전하라. (마태복음 5장)

이웃은 사랑하고 원수는 미워하라고?

폭력을 당할 때 보복의 주체를 하나님께 맡길 것을 촉구하시면서 예수는 다음 주제로 넘어가시는데, 자신의 본색을 드러내신다. 43절은 여섯 개의 반대명제(안티테제)에서 마지막이자 최종 결론이다. 예수는 "너희가 옛날에, 회당에서 배울 때 서기관들이 이렇게 가르쳤지. '네 이웃은 사랑하고 네 원수는 미워하라.'"

사실 이런 말씀은 모세의 율법에도 없는 말씀이다. 지금 예수는 모세율법을 놓고 반박한 것도 있지만, 대부분은 모세율법 자체를 건드린 게 아니다. 오히려 회당에서 서기관들이나 바리새인들이 잘못 가르쳐서 왜곡시킨 것들을 지금 바꿔주시는 것이다. 그중에 대표적인 것이 바로 이것이다. "이웃은 사랑하고 원수는 미워하라." 모세율법 어디에도 "원수를 미워하라"라는 말은 없다. 이것은 이스라엘 사람들이 후에 만든 말이다. 바리새인들이 아주 뻔뻔스럽게 왜곡을 했다. '원수'라는 말을 첨가해서 집어넣고 나서 다음에 '미워하라'라는 말을 넣었다. 그리고 모세오경 레위기에 나오는 "네 이웃 사랑하기를 너 자신과 같이 사랑하라(레 19:18)"는 말씀에서 "너 자신과 같이 사랑하라"는 말씀은 빼고 그냥 "이웃을 사랑하라"는 말만 남겨놓았다.

이스라엘 사람들에게 이웃은 오직 유대인이다. 여기에다 우리의 이웃이 아닌 사람은 누구인가? 그들은 이방인이요, 이방인은 원수이며, 원수는 미워해야 한다는 것으로 확장한다. 왜냐하면 모세율법의 최종목적이 거룩인데, 거룩이란 구별이자 분리이며, 나쁘게 말하면 차별이다. 자신들의 순수성을 지키기 위해서는 어쩔 수 없이 이방인과 구별했어야 한다. 그런데 그것이 지나쳐 지금 바리새인들은 이방 문화와 섞이지 않기 위해 그들을 의도적으로 거리를 두는 것을 넘어 아예 미워하고 혐오하여 원수로 여기게 된 것이다.

실제로 모세율법을 자세히 보면, 이방인들한테 잘해 주라고 가르친다. 나그네들을 함부로 대하지 말라고 한다. 너희 공동체 안에 들어 있는 거류민들, 이방 사람들, 고아와 과부에게 똑같이 잘해 주라고 모세율법은 강조한다. 왜냐하면 너희도 애굽에서 그런 처지에서 살아보았기 때문이다. 역지사지(易地思之)하라는 것이다. 입장 바꿔 생각해 보면 그들을 미워할 수 없다. 한 번도 모세오경은 이방인들을 미워하라고 가르친 적이 없다.

그런데 시간이 흐르면서 이스라엘 사람들이 이 말을 바꿔버린 것이다. 심지어 원수가 배고프면 먹을 것을 주라고 했지, 원수를 그냥 굶기라고 한 적이 없다. 그리고 원수가 만일 소를 잃거나 길을 잃거나 하면 찾아주라고 한다. 모세율법의 기본 정신이 그렇다. 그런데 이 바리새인들이 "원수를 미워하라"라는 말을 집어넣은 것이다.

지금 예수께서는 모세율법의 정신을 뛰어넘어 "원수를 적극적으로 사랑하고 너희를 박해하는 사람들을 위해서 적극적으로 기도하라"고까지 촉구하신다. 그 이유를 45절에서 밝히신다. 매우 파격적인 말씀을 하신다. "우리는 왜 원수를 미워할 수 없는가?", "왜 너희에게 박해하는 사람, 악한 사람들을 미워할 수가 없는가?" 하나님은 해인데, 그 해에서 나오는 빛은 의인뿐만 아니라 악인에게도 똑같이 비추고, 하나님은 하늘의 구름이신데, 거기서 내리는 비는 악인과 의인에게 똑같이 내리기 때문이다.

선한 사람 따로 없고 악한 사람 따로 없다

우리는 예수의 이 말씀에서 인간에 대한 예수의 위대한 안목의 지평을 보게 된다. "사람은 다 똑같다. 사람을 선악 구조로 판단하지 말라." 이게 새로운 말씀이다. 원래 선한 사람 따로 있고, 원래 악한 사람 따로 있는 게 아니다. 선한 사람이 곧 악한 사람일 수 있고, 악한 사람이 곧 선한 사람일 수 있다. 인간 안에는 선함과 악함이 같이 산다. 그러므로 인간은 누구도 영원히 선하지도, 악하지도 못하다. 그러나 이스라엘 종교 지도자들은 사람을 선악 구조로 생각해서 유대인들은 하나님이 택한 선민이며 백성이자, 의인이며, 이방인들은 원래 버려진 존재이며 악하며 죄인이라고 판단한다. 예수는 바로 이런 판단 자체를 깨어 버리고 계신다. 세상에 선한 사람 따로 없고, 악한 사람 따로 없다.

하나님은 선한 사람과 악한 사람에게 똑같이 해를 비추고 비를 내리신다는 사상이다. 만인평등주의다. 그렇기 때문에 인간을 선과 악으로 나눌 생각을 하지 말라. 이분법으로 나누기 때문에 항상 우리에게는 미워하고 제거해야 할 원수가 생긴다. 결국 예수는 이러한 이분법적 선악 구조를 깨면서 모세오경의 핵심 가치까지 뒤집어 버리는 지점까지 끌고 가신다.

48절에 나오는 예수의 결론이다. "하늘에 계신 아버지의 온전하심과 같이 너희도 온전하라." 구약의 모세오경에서 가장 강조하는 핵심적인 신앙과 윤리는 단 하나, '거룩'이다. "너희는 거룩하라 이는 나 여호와 너희 하나님이 거룩함이니라 (레 19:2)." 애굽의 노예로 살다가 광야로 뛰쳐나온 200만 명의 이스라엘 백성들에게 필요한 것은 분리였고, 구별이었으며, 깨끗함이었다. 아무것도 모르는 노예 같은 이스라엘에게 이방 문화와 접촉하고 이방인과 결혼하면 하나님의 백성이라는 정체성이 순식간에 무너질 수 있기에 광야 생활 40년 동안 모세가 강조하고 또 강조한 것이 거룩, 곧 분리요 구별이요 정결이었다.

레위기에서 모세가 그토록 강조한 거룩의 실천윤리는 네 가지였다. "먹지 마", "만지지 마", "만나지 마", "하지 마"다. 오징어나 돼지고기 같은 거 먹지 마. 죽은 사람이나 짐승이나 전염병 환자 만지지 마. 이방인이나 무당이나 우상숭배자들을 만나지 마. 살인이나 동성애나 도둑질 같은 거 하지 마. 이것이 거룩이다. 분리하지 않으면 그들은 자신들을 도저히 지킬 수 없는 미성숙한 백성이었기 때문이다.

오늘 예수는 새로운 차원의 말씀을 선언하신다. "먹어 봐." 오징어도 먹어 보고 돼지고기도 먹어봐. 그리고 율법에 금한 것도 먹어 봐. "만져 봐." 시체도 만져 보고 그의 영혼을 위해 기도해 봐. "만나 봐." 이방인도 만나보고 죄인들도 만나서 밥도 먹어 봐. "해 봐." 이방인도 사랑하고 세리도 사랑해 봐. 예수는 여기서 '사랑'이라는 단어를 꺼내 드시면서 당시로서는 도저히 이해할 수 없는 차원의 영성을 말씀하신다.

이태리 최고의 지성 조반니 파피니는 자신이 쓴 책 『예수의 이야기』에서 이런 의미 있는 말을 했다.

> 부처는 고통을 이겨내기 위해서 무(無)를 이야기했는데, 이 말은 불교의 사랑이란 이기적 사랑이다. 고통에서 벗어나기 위해서 모든 고통의 해탈을 얘기했는데 굉장히 이기적인 사랑이다. 플라톤도 기껏 한 말이 자신이 받은 불공정함 때문에 불공정하게 사람을 대하지 말고, 악한 일을 당했다고 해서 악하게 대해서는 안 된다 정도만 이야

기했다. 아리스토텔레스는 오히려 모욕을 당하고 분개하지 않는 것은 비겁하고 노예 같은 인간이라고 얘기했으니, 지극히 정의만을 이야기한 것이다. 세네카는 현자란 복수하지 않고 모욕을 잊는 사람이다. 그러니까 복수하지 말고 그냥 잊으면 된다고 가르쳤다. 그래서 고대사회에서는 사랑이라는 단어를 몰랐다. 적어도 산상수훈이 있기 전까지는 사랑에 대해서 그 누구도 알지 못했다. 사랑에 대해서 도전을 하신 분은 오직 예수밖에 없다. 예수의 위대함과 새로움은 바로 그 사랑에 있다. 그 사랑은 지금 우리에게도 마찬가지로 새롭게 다가올 것이다. 그 사랑은 절대로 쉽게 이해되지 않는다. 그 사랑은 쉽게 흉내 낼 수도 없고 온전히 따라 하기도 벅차다. 그래서 그 사랑은 영원한 진리일 것이다.

48절의 말씀 "하늘에 계신 너희 아버지의 온전하심"이란 바로 사랑이며, 그 사랑은 더이상 구별하지 않고 분리하지 않으며 차별하지 않는 마음이자 행위다. 나누지 않고 모든 것을 같이 하나로 본다는 뜻이다. 사람을 선과 악으로 나누지 않고, 세상을 더러운 것과 깨끗한 것으로 나누지 않고, 모든 것을 다 끌어안을 수 있는 마음, 그것이 아버지의 온전함이며, 그 속에서 나오는 것이 사랑이다.

또다시 산상수훈은 우리를 부담스럽게 한다. 왜냐하면 우리는 근본적으로 선과 악을 나누기를 좋아하고, 싫은 사람을 분리하는 것이 편하며, 못난 사람을 차별해야 내가 위안을 얻기 때문이다. 모세의 거룩함의 영성을 넘어 예수의 온전함의 영성으로 넘어가는 길목에서 우리는 또다시 불가능한 가능성 앞에 서게 된다.

THEME 10
구제와 정의

산상수훈

> 1. 사람에게 보이려고 그들 앞에서 너희 의를 행하지 않도록 주의하라 그리하지 아니하면 하늘에 계신 너희 아버지께 상을 받지 못하느니라 2. 그러므로 구제할 때에 외식하는 자가 사람에게서 영광을 받으려고 회당과 거리에서 하는 것 같이 너희 앞에 나팔을 불지 말라 진실로 너희에게 이르노니 그들은 자기 상을 이미 받았느니라 3. 너는 구제할 때에 오른손이 하는 것을 왼손이 모르게 하여 4. 네 구제함을 은밀하게 하라 은밀한 중에 보시는 너의 아버지께서 갚으시리라. (마태복음 6장)

은밀한 구제는 모세보다 위대하다

마태복음 6장은 하나님과의 관계에 관한 말씀이다. 예수께서 내놓으신 세 가지 주제가 바로 구제와 기도와 금식이다. 구제나 기도나 금식을 할 때 핵심은 사람에게 보이려고 하지 말고, 자신의 의를 드러내지 않도록 하는 것이다. 무엇보다도 누구에게 상을 받을 것인가가 중요하다. "하늘의 상을 받을 것이냐, 사람이 주는 상을 받을 것이냐?"

먼저 구제 이야기를 하시는데, 외식하는 자처럼 사람에게 영광을 받으려고 회당과 거리에서 나팔을 불지 말라 하신다. 그들은 자기로부터 상을 이미 받았다. 나팔을 불었으니까. 분명히 말하지만 오른손이 하는 것을 왼손이 모르게 하라. 은밀하게 구제하라. 은밀하게 보시는 아버지께서 갚으실 것이다.

랍비 엘리에젤은 일찍이 "은밀하게 구제하는 자, 모세보다 크도다."라고 말한 적이 있다. 사실 이스라엘 사람들은 구제라는 히브리 말이 없었다. 남을 돕는 걸 뭐라고 표현해야 할까? 적당한 말을 못 만들었다. 그러다 만든 단어가 '정의'다. 남을 도와주는 것이야말로 하나님의 공의, 하나님의 정의라는 것이다. 그래서 '정의'라는 말을 '구제'에다가 갖다 붙여버렸다.

정의라는 말의 히브리어가 '쩨데카'다. 곧 정의가 구제요, 구제가 정의다. 사람을 돕는 것이 정의라고 했을 때 구제의 의미는 우리가 생각하는 것과는 차원이 완전히 달라진다. 타인을 돕는 동기가 불쌍해서가 아니다. 마땅해서다. 가난하고 어려운 사람은 마땅히 받을 권리가 있고, 넉넉한 사람은 마땅히 줘야 할 의무가 있다. 그게 체데카가 뜻하는 정의이자 구제의 의미다. 자선이 아니다. 자랑할 것도 없고 비굴할 것도 없다.

셰익스피어의 작품에 보면, 유대인들을 돈에 대하여 집착하는 구두쇠로 묘사되지만, 사실 세계에서 가장 많은 구제를 하는 사람들이 유대인이다. 유대인처럼 구제를 많이 하는 나라가 없다. 유대인은 항상 자기 소득의 십분의 일은 남을 위해 쓰도록 아예 종교적 계율로 정해져 있다. 심지어 구제를 받는 사람도 구제를 해야 한다고 가르친다. 왜냐하면 사람들은 다 하나님의 형상을 타고 태어났는데, 타인을 돕는 행위는 곧 하나님을 섬기는 행위라고 생각하기 때문이다. 이스라엘 사람들은 구제를 할 때 결코 우쭐하지 않는다. 구제받는 사람을 불쌍하다고 여기지도 않는다. 당연히 받을 사람이 받은 것일 뿐이다. 구제받는 사람도 부끄러워하지 않는다.

왜 히브리어 구제와 정의는 같은 말일까?

이스라엘 사람들은 구제라는 말인 체데카를 구약의 정의에서 따왔다고 했다. 남을 돕는 것이 곧 하나님의 정의라는 의미다. 사람이라면 마땅히 해야 할 의무가 구제라는 뜻이다. 불쌍하다는 마음이 들고 연민이 들고 동정심이 드는 것은 구제가 아니다. 그것은 '르하임'이라고 해서 긍휼이라고 한다. 자선이라고도 한다. 그런데 이스라엘 사람이 말하는 구제는 자선이 아니다. 지나가는 사람이 비참해서 돈을 주는 것이 아니다. 하나도 불쌍하지 않다. 도와주지만 자랑하거나 티를 내지 않는다. 그래서 교만해지지도 않는다. 남을 돕다가 자신이 교만해지고 상대적 우월감을 갖게 된다면 그것은 하나님의 정의가 아니기 때문이다.

중요한 것은 받은 사람들에게 상처를 주지 않기 위해서 유대인들은 8가지 구제의 기술을 개발하기까지 했다. 생활의 성서라고 할 수 있는 탈무드를 보면, 구제의 여덟 가지 단계가 나온다. 가장 낮은 1단계는 무뚝뚝하게 돈을 주는 것이다. 무심하게 억지로 던져주는 것이다. 2단계는 기쁜 마음으로 직접 주는 것이다. 3단계는 상대방으로부터 요청을 받았을 때 직접 주는 것이다. 4단계는 상대방이 아쉬운 소리 하기 전에 눈치껏 미리 주는 것이다. 5단계는 도움을 받는 자는 누가 주는지 알지만, 도움을 주는 자는 누가 받는지 모른다. 6단계는 도움을 주는 자는 누구에게 주는지 알아도, 도움을 받는 사람은 누가 주었는지 모른다. 7단계는 주는 사람도 모르고 받는 사람도 모른다.

마지막 최고 수준의 8단계 구제는 빌려주는 것이다. 빌려줘서 사업을 하게 하거나 동업을 하거나 직업을 구해서 스스로 독립할 수 있도록 하는 것이다. 여덟 가지 구제의 기술에서 가장 중요한 것은 받는 사람의 자존심을 상하지 않게 하는 것, 수치심을 느끼지 않게 돕는 것이다. 서로가 당당하고 즐겁게 주고받을 수 있게 하는 것이 구제요 정의다.

예수는 바로 구제의 본질을 꿰뚫어 보셨기에 은밀하게 해야 한다고 강변하신다. 은밀하게 해야 상대방을 존중할 수 있고, 자랑하여 교만하지 않을 수 있고, 사람에게 상을 받기보다 하늘의 상을 받을 수 있다. 따라서 구제는 윤리이기도 하지만 전적으로 신앙적 행위다. 하나님을 향한 봉헌이요 하늘의 창고에 보물을 쌓는 영적 행위다.

사실 오늘날 한국교회를 보면 기독교처럼 남을 그렇게 많이 도와주는 종교가 없다. 얼핏 보기에 사람들은 기독교가 세상 사람들로부터 비난을 많이 받는 걸 보면 무척 인색해서 그런지 아는데, 통계를 보면 개신교의 구제율이 다른 종교에 비해 월등히 높다. 사회복지기관 숫자만 해도 개신교가 전체에서 54퍼센트나 차지한다. 수재의연금을 내도 개신교가 압도적으로 많다. 대한민국에서 개신교는 돈 내고 욕먹는 종교가 되었다. 남을 도와주는 것은 타 종교에 비해 기가 막히게 잘한다. 교회처럼 나서서 잘하는 데가 없다. 그런데 왜 욕을 먹는가 하면 구제를 하지 않아서가 아니다. 사회적으로 소통을 하지 못하고 비상식적인 행동들이 알려지면서 신뢰도가 떨어져서 그런 것이다.

구제에 관하여 나는 한 가지 토를 달고 싶은 것이 있다. 그것은 구제를 바리새인 정도라도 했으면 좋겠다는 생각이다. 예수는 바리새인들의 지나친 구제행위에 따른 교만과 외식을 비판하신 것이지 구제 자체를 비판하신 것은 아니었다. 오늘날 우리에게 예수가 오신다면 이렇게 말씀하시지 않으실까? "나팔을 불어도 좋으니까 바리새인 정도라도 구제를 하라. 오른손이 하는 것을 왼손이 알아도 좋으니까 구제 좀 해라. 불쌍한 생각이 들어서 하든 마땅한 생각이 들어서 하든, 일단 어려운 사람을 도와주라!" 소자에게 물 한 모금 주는 것, 대접할 수 없는 이에게 대접하는 것, 이게 구제의 본질이다.

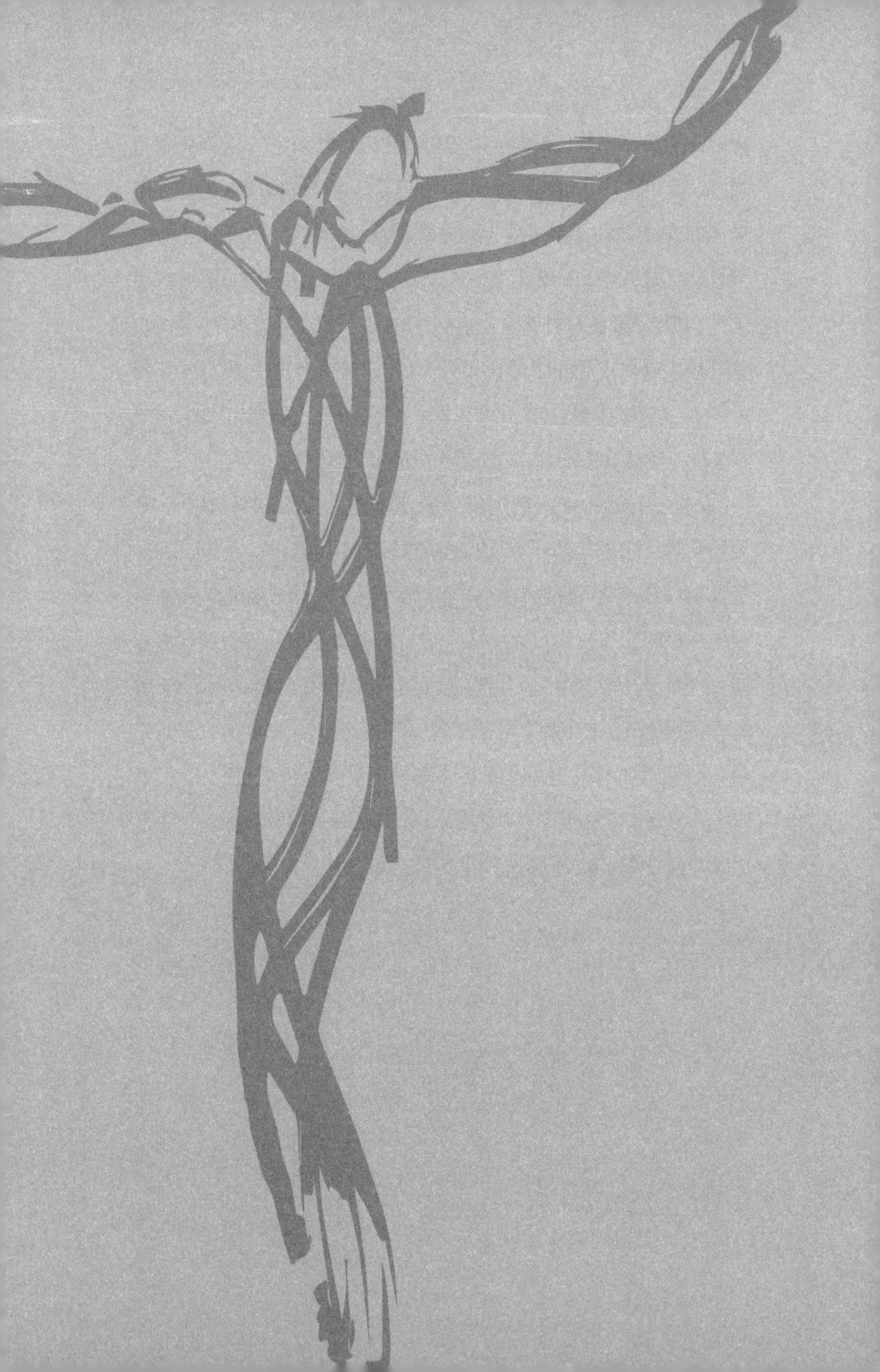

THEME 11
영혼의 골방기도

산상수훈

> 5. 또 너희는 기도할 때에 외식하는 자와 같이 하지 말라 그들은 사람에게 보이려고 회당과 큰 거리 어귀에 서서 기도하기를 좋아하느니라 내가 진실로 너희에게 이르노니 그들은 자기 상을 이미 받았느니라 6. 너는 기도할 때에 네 골방에 들어가 문을 닫고 은밀한 중에 계신 네 아버지께 기도하라 은밀한 중에 보시는 네 아버지께서 갚으시리라 7. 또 기도할 때에 이방인과 같이 중언부언하지 말라 그들은 말을 많이 하여야 들으실 줄 생각하느니라 8. 그러므로 그들을 본받지 말라 구하기 전에 너희에게 있어야 할 것을 하나님 너희 아버지께서 아시느니라. (마태복음 6장)

기도도 구제와 마찬가지다. 워낙 바리새인들이 회당에 나가서 소리 내서 기도하고, 거리에서 기도하고 사람들한테 티를 내는 게 예수는 너무 보기 싫었던 것 같다. '저 인간이 기도할 때, 마음은 딴 데 있으면서 기도한다고 저러는구나.' 예수는 기도에 대해서 두 가지 명령을 하셨다. 회당에 가서, 교회에 가서 사람들 앞에서 티 내지 말고, 골방에 들어가서 기도하라고 하신다. 골방기도를 제시하신다. 그다음 두 번째 제시하신 것은 중언부언하지 마라. 회당에서 기도는 하는데 뭘 기도하는지 내용도 없이 그냥 계속 중얼거린다는 거다. 중언부언한다는 것이 그리스어로 '바타리조'라고 하는데, 말을 더듬는다는 뜻이다. 어디서 왔냐면 '바바바바' 한다는 거다. 똑같은 말을 "바바바바" 한다고 해서 '바타리조'라고 한다. 여기서 나온 말이 '바바리안', 즉 야만인이다. 야만인이란 아무 생각도 없이 뜻도 없이 그냥 "바바바바" 한다는 거다. 너희가 기도할 때도 보면, "바바바바" 하는데 아무 뜻도, 아무 의미도 없이 한다. 그저 계속 횡설수설하며 시간만 보내는 기도다.

예수께서 말씀하시는 것은 문을 닫고 핸드폰을 끄고 골방에 들어가서, 굳이 기도실을 만들라는 뜻은 아니다. 항상 어디에 있든지, 무엇을 하든지 하나님을 생각하며 집중하는 기도를 말씀하시는 것이다. 기도라고 하는 것은 무슨 골방을 만들거나 시간을 정해서 규칙적으로 하는 것도 중요하지만, 더 중요한 것은 일상생활에서 항상 하나님을 생각하는 것이다. 항상 하나님을 생각할 수 있느냐? 그게 중요한 거다. 골방이라고 하는 것은 기도 습관이다. 항상 하나님께 집중해서, 하나님을 생각할 수 있느냐? 집중해서 하나님과 의논하고, 집중해서 하나님을 생각하고, 집중해서 물어보고, 전심으로 물어보고 이걸 이야기하시는 것이다. 언제 우리가 직장 생활을 하면서 언제 따로 기도실을 만들고 따로 기도할 수 있겠는가? 내 마음의 골방, 내 영혼의 골방에서 하나님 그분을 찾는 것, 그것이 골방기도의 의미다.

예수의 말씀은 우리를 가슴 아프게 한다. 우리는 기도할 때 너무나 많은 생각에 사로잡혀 중언부언하다 일어난다. 기도할 때 생각이 너무 많다. 기도할 때 생각이 너무 복잡하다. 내가 기도를 했는지, 아니면 뭘 하고 갔는지, 기도회는 참석을 했는데 뭘 하다가 갔는지를 알 수가 없다. 마음도 편치가 않다. 중요한 것은 기도의 깊이다. 바리새인들 보고 예수께서 매우 기분이 나빴던 것은 기도의 양이 굉장히 많고, 길이도 긴데 내용이 없다는 것이다. 양은 풍부한데 질이 빈곤하다. 예수께서 중언부언하지 말라는 말씀은 제발 기도할 때 목적과 기대와 소망을 가지고 하라는 것이다.

중언부언은 기도의 반복을 말하는 게 아니다. 반복기도는 아주 좋은 것이다. 집중해서 계속 반복하는 것처럼 좋은 게 없다. 기도를 똑같이 생각하면서 계속 기도하는 것, 이것이 중요한 것이다. 그러므로 전심으로 집중을 해서 반복하는 것이 가장 좋다. 기도에 목적을 가지고 전심으로 집중할 수 있는 최고의 기도가 바로 골방기도다. 오직 하나님만이 들으시고 응답하실 수 있는 기도, 오직 나와 하나님만의 내밀한 사귐이 가능한 기도, 남들은 알 수 없는 하나님만이 주시는 기쁨을 누릴 수 있는 기도, 그것이 바로 영혼의 골방, 마음의 골방, 일상의 골방에서 드리는 기도다.

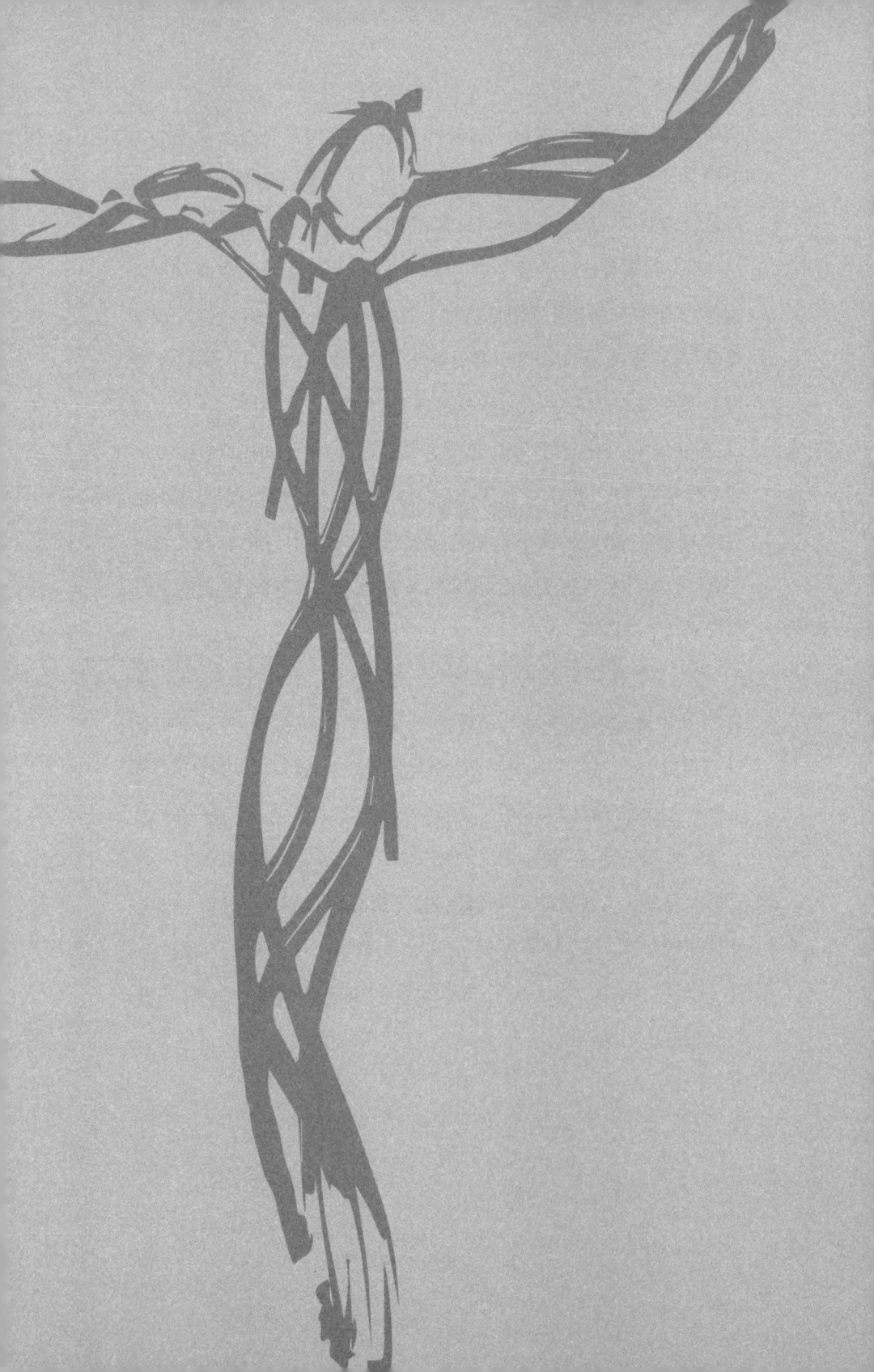

THEME 12
금식과 자랑

신앙의 품삯

> 16. 금식할 때에 너희는 외식하는 자들과 같이 슬픈 기색을 보이지 말라 그들은 금식하는 것을 사람에게 보이려고 얼굴을 흉하게 하느니라 내가 진실로 너희에게 이르노니 그들은 자기 상을 이미 받았느니라 17. 너는 금식할 때에 머리에 기름을 바르고 얼굴을 씻으라 18. 이는 금식하는 자로 사람에게 보이지 않고 오직 은밀한 중에 계신 네 아버지께 보이게 하려 함이라 은밀한 중에 보시는 네 아버지께서 갚으시리라. (마태복음 6장)

예수께서 바리새인들의 모습 중에 아주 보기 민망했던 세 번째 신앙 행위가 금식이다. 금식이란 나의 고통과 애절함을 하나님께 전달

하는 가장 강력한 기도법이다. 이것을 바리새인들은 일주일에 월요일과 목요일에 걸쳐 두 번이나 한다. 금식을 통해서 내 내면의 고통을 하나님하고만 교통하는 것이다. 곡기를 끊으면서까지 하나님께 나아가는 최고의 정성이다. 아무나 하지 못한다. 그리고 누구도 그 고통을 알지 못한다. 바리새인들은 어떻게 해서든지 이 고통을 사람들에게 보여주고자 했다. 굳이 티를 내서라도 사람들이 자신의 고통스런 정성을 보여주어야 했다. 그러기 위해서 그들이 보인 행동은 얼굴에 인상을 쓰는 것이었다. 월요일만 되면 인상을 쓰고 목요일만 되면 얼굴을 찌푸린다. 내가 금식하고 있음을 보여주기 위해 세수도 하지 않고 옷도 제대로 입지 않고 기도한다.

그런 모습이 예수께는 아주 역겨우셨던 것 같다. 예수의 말씀은 한마디로 화장하고 세수하고 옷 제대로 입고 얼굴 찌푸리지 말라는 것이다. 금식한다고 티를 내지 말라. 그게 다 나팔이다. 금식기도에서 오직 중요한 것은 하나님께 보이는 것이다. 오직 일대일의 인격적인 관계만이 드러나야 하는데, 나팔을 불어 수많은 사람에게 자신의 모습을 보이는 것은 금식기도의 본질이 아니다. 누구에게 인정을 받고자 하는가? 하나님 한 분인가, 수많은 사람인가? 바리새인들의 금식 행위 속에 하나님은 자리할 곳이 없다. 오직 사람들의 칭찬과 인정과 박수만이 존재한다. 금식도 구제와 기도와 마찬가지다. 한 분에게만 인정받는 것, 한 분에게만 집중하는 것, 한 분 하고만 교통하는 것, 그것은 은밀한 상황에서만 가능하다.

금식에 대해서는 예수보다 800년 전에 선지자 이사야가 기막힌 말을 한 적 있다. 그때도 마찬가지였다. 금식하는데 스스로를 괴롭게 하고 자신들을 알아주지 않는다고 하나님을 원망한다. 심지어 금식하면서 서로 싸우고 논쟁한다. 이사야는 하나님이 정말 기뻐하시는 금식은 "흉악의 결박을 풀어주며 멍에의 줄을 끌러 주며 주린 자에게 양식을 나누어 주며 헐벗은 자를 보면 입히는 것"이라 했다. 금식하면서 인상 쓰지 말고 평상시의 삶을 살며, 나아가 이웃의 아픔에 공감하고 그들의 고통에 참여하라는 것이다. 하나님께 진정으로 기도한다는 것은 이웃을 사랑하는 것으로 나타나게 되어있다. 수직적 영성은 수평적 영성과 함께 간다.

금식기도는 하나님께 대한 깊은 집중이자 동시에 사람에 대한 깊은 사랑과 존중이다. 머리에 기름을 바르고 얼굴을 씻으라는 말씀이 무엇이겠는가? 사람들에게 티를 내지 말라는 말씀이 무엇인가? 나의 금식 행위를 보여줌으로써 남들에게 부담을 주지 말라는 것이다. 이것은 남을 존중하는 태도다. 하나님께만 부담을 드려야지 왜 사람들에게 부담과 역겨움을 주느냐는 것이다. 금식은 하나님께만 인정받는 행위여야지, 사람들에게 인정받는 수단이 되어서는 안 된다. 나의 신앙은 사람들에게 자랑할 거리가 전혀 아니다.

THEME 13

보물과 마음

산상수훈

> 19. 너희를 위하여 보물을 땅에 쌓아 두지 말라 거기는 좀과 동록이 해하며 도둑이 구멍을 뚫고 도둑질하느니라 20. 오직 너희를 위하여 보물을 하늘에 쌓아 두라 거기는 좀이나 동록이 해하지 못하며 도둑이 구멍을 뚫지도 못하고 도둑질도 못하느니라 21. 네 보물 있는 그 곳에는 네 마음도 있느니라 22. 눈은 몸의 등불이니 그러므로 네 눈이 성하면 온 몸이 밝을 것이요 23. 눈이 나쁘면 온 몸이 어두울 것이니 그러므로 네게 있는 빛이 어두우면 그 어둠이 얼마나 더하겠느냐 24. 한 사람이 두 주인을 섬기지 못할 것이니 혹 이를 미워하고 저를 사랑하거나 혹 이를 중히 여기고 저를 경히 여김이라 너희가 하나님과 재물을 겸하여 섬기지 못하느니라. (마태복음 6장)

여기서 예수께서 말씀하시고자 하시는 것은 가치관의 문제다. 신앙생활이란 하나님을 믿는 행위이자, 하나님이 요구하는 가치를 추구하는 것이다. 그렇게 술을 좋아하고 그렇게 세상을 좋아하고 돈 벌기를 좋아하던 사람이 갑자기 돌아서서 하나님이라는 분을 믿고 하나님이 원하는 생활을 하게 되었다는 것은 가치관이 바뀌었다는 뜻이다. 물질적인 가치관을 가졌던 사람이 이제는 하나님에 대한 어떤 가치를 알고 돌아섰다는 것이다.

가치관이라고 하는 것은 두 가지 종류가 있다. 보이는 가치관과 보이지 않는 가치관인데, 한 사람이 동시에 상반된 두 가지의 가치관을 가지고 살 수는 없다. 그리고 가치관을 갖는다는 것은 거기에 자신의 목숨을 건다는 뜻이다. 민족주의 가치관을 가진 사람은 민족을 위해 목숨을 걸고, 자유주의 가치관을 가진 사람은 자유에 목숨을 바친다. 따라서 가치관은 나를 이끄는 원동력이고 동기이며 명분이자 목적이다.

이 본문에서 예수는 보물 이야기를 하신다. 보물이란 물질 중에 가장 귀한 것이다. 보물이란 가치다. 이 보물을 어디에 쌓아 둘까? 땅에 쌓아 둘까? 하늘에 쌓아 둘까? 가장 귀한 것, 그러므로 목숨처럼 여기는 것을 어디에 둘 것인가? 왜냐하면 보물이 있는 곳에 마음이 있기 때문이다. 산상수훈의 말씀이 향하는 곳이 마음인데, 본문에서 예수는 마음의 세계를 제대로 짚어 주신다.

먼저 예수는 '눈'에 대하여 말씀하신다. 눈을 어디에 둘까, 어디를 바라볼까, 무엇을 바라볼까? 이것도 가치관의 문제다. 눈은 곧 마음이다. 그래서 마음이 가는 곳에 눈이 가고, 눈이 가는 곳에 마음이 간다. 예수께서 간음 이야기를 하실 때 눈을 빼라고 하신 이유가 눈이 가는 곳에 마음이 가기 때문이다. 마음이 가면 몸이 가는 것은 시간문제다. 그래서 무엇을 보는가가 중요하다. 눈은 몸의 등불이고 눈이 깨끗하면 마음도 깨끗하고, 마음이 깨끗하면 몸이 깨끗하다고 말씀하신다. 눈이 나쁘면 온몸이 나빠진다.

예수는 이어서 또 다른 가치관의 모습을 보여주신다. 누구를 섬겨야 할까? 이것이야말로 가치관의 핵심을 찌르는 물음이다. 누구에게 무릎을 꿇을 것인가? 무릎 꿇고 그에게 모든 것을 바치고 섬기고 사랑할까? 무릎을 꿇는다는 것은 목숨을 바친다는 것이다. 가치의 문제다. 그러면서 예수는 구약의 역사를 염두에 두셨다. 예수는 이스라엘 역사를 기록한 구약성서 자체가 하나님과 우상 사이의 전쟁이라고 전제하고, 이를 새로운 용어로 제시하셨다. "너희는 하나님과 바알, 하나님과 아세라와 싸웠다. 내가 새 시대에 새로운 개념으로 다시 정리해 주마. 바알과 아세라와 그누스와 밀곰이란 한 마디로 '돈'이다. 돈의 신, 물질의 신, 권력의 신, 풍요의 신이다. 다른 말로 맘모니즘이라고 하자." 예수는 그 시대에 최고의 우상으로 떠오른 것이 돈임을 간파하셨다. 돈이 바알이고, 돈이 아세라다. 돈이 신이고, 돈이 우상이다. 예수는 단호하게 선포하신다. "하나님과 재물을 겸하여 섬기지 못하느니라(마 6:24)." 둘 중에 무엇을 섬길 것이냐? 가치관의 문제다.

예수는 돈의 문제, 재물의 문제, 물질의 가치에 사람들이 빠져있다는 것을 아셨다. 단순히 무슨 신을 섬긴다, 조상을 섬긴다, 제사에 절을 한다는 행위 자체가 문제가 아니다. 바알을 섬기는 것도 돈을 위함이요, 아세라를 찬양하는 것도 돈을 위함이다. 예수는 아예 문제의 실체를 노골적으로 드러내신다. 로마 제국의 황제에게 무릎을 꿇지 않으려는 종교적 행위보다 더 심각한 문제는 돈에 대한 집착이라고 보셨다. 너의 우상은 바알이나 황제가 아니라 돈이라고 직설적으로 말씀하신다. 우리의 모든 눈과 마음이 돈에 가 있다. 보물을 하늘에 둘까, 땅에 둘까? 그리고 눈을 하늘에 둘까, 땅에 둘까? 이 말씀을 하신 것은 우리의 마음을 돈에 둘까, 하나님께 둘까? 이걸로 요약하신 것이다.

THEME 14
염려와 하나님 나라

산상수훈

> 25. 그러므로 내가 너희에게 이르노니 목숨을 위하여 무엇을 먹을까 무엇을 마실까 몸을 위하여 무엇을 입을까 염려하지 말라 목숨이 음식보다 중하지 아니하며 몸이 의복보다 중하지 아니하냐 26. 공중의 새를 보라 심지도 않고 거두지도 않고 창고에 모아들이지도 아니하되 너희 하늘 아버지께서 기르시나니 너희는 이것들보다 귀하지 아니하냐 27. 너희 중에 누가 염려함으로 그 키를 한 자라도 더할 수 있겠느냐 28. 또 너희가 어찌 의복을 위하여 염려하느냐 들의 백합화가 어떻게 자라는가 생각하여 보라 수고도 아니하고 길쌈도 아니하느니라 29. 그러나 내가 너희에게 말하노니 솔로몬의 모든 영광으로도 입은 것이 이 꽃 하나만 같지 못하였느니라 30. 오늘 있다가 내일 아궁이에 던져지는 들풀도 하나님이 이렇게 입히시거든 하물며 너희일까보냐 믿음이

> 작은 자들아 31. 그러므로 염려하여 이르기를 무엇을 먹을까 무엇을 마실까 무엇을 입을까 하지 말라 32. 이는 다 이방인들이 구하는 것이라 너희 하늘 아버지께서 이 모든 것이 너희에게 있어야 할 줄을 아시느니라 33. 그런즉 너희는 먼저 그의 나라와 그의 의를 구하라 그리하면 이 모든 것을 너희에게 더하시리라 34. 그러므로 내일 일을 위하여 염려하지 말라 내일 일은 내일이 염려할 것이요 한 날의 괴로움은 그 날로 족하니라. (마태복음 6장)

순리를 따르지 않아서 오는 병

어느 날 교인 한 분이 목사를 찾아와 하소연한다. "목사님, 저는 아이들, 남편, 직장, 세상만사를 놓고 아침부터 밤늦게까지 염려합니다. 정말이지 걱정 없는 세상에서 살고 싶어요. 그런 세상 어디 없나요?" 목사가 바로 대답한다. "아, 예. 있지요. 공동묘지가 바로 그곳입니다." 어이없는 대화 같지만 여기에 중요한 진실이 있다. 우리가 이 땅을 사는 동안 염려와 걱정은 불가피한 현실이다. 어느 시인이 쓴 「염려」라는 시 중에 나오는 몇 구절을 소개한다.

> 세상에 존재하는 동물 중에 위장에 구멍이 나도록 염려하는 동물은 사람밖에 없다. 인간은 배우지도, 노력하지 않아도 날마다 염려하는 일에 익숙해 있다. 그러다 문득 염려 없는 날이 오면 염려하지 않는 자신을 바라보며 또 염려한다. 실제로 염려거리가 있어서 염려이고, 염려거리가 없으면 없어서 또 걱정이다. 이른 아침에 눈을 뜨면 제일 먼저 떠오르는 일이 염려이다. 그리고 하루를 접기 전까지 가장 많이 하는 일이 염려이다. 세상에 염려함으로 우리가 얻을 수 있는 것은 오직 한 가지다. 두통이다. 두통 외에 별로 얻을 것이 없음을 잘

> 알면서도 우리는 학습된 염려로 아침을 연다. 그리고 지독한 염려로 하루를 닫는다.

『모르고 사는 즐거움』의 저자 어니 J. 젤린스키는 우리가 실제로 염려하는 것의 40퍼센트는 절대로 현실에 일어나지 않으며, 30퍼센트는 이미 과거에 일어난 일이며, 4퍼센트는 불가항력적인 일이며, 내가 바꿀 수 있는 일은 4퍼센트라고 밝힌 적이 있다. 우리가 정말 키를 한 자라도 늘일 수 있는 현실 가능한 염려는 4퍼센트라는 것이다.

이 본문은 예수께서 당시 다양한 염려증에 걸려있는 사람들에게 하신 말씀이다. 먼저 분명히 해두어야 할 것은 미래를 준비하는 것과 막연하게 미래에 대해 염려하는 것은 다르다. 예수께서 말씀하시는 것은 막연한 염려다. 사실 염려는 우리의 삶의 일부다. 별것 아니다. 그럼에도 불구하고 염려는 우리를 죽음으로 몰아넣을 수 있다. 서양 속담에 "고양이도 근심하면 죽는다"라는 말이 있듯이, 염려는 강박을 낳고, 강박은 불안을 낳고, 불안은 절망을 낳으며, 절망은 결국 죽음에 이르게 한다.

사람은 근본적으로 하나님과 재물 두 가지를 모두 섬기고 싶어 한다. 그리고 섬길 수 있다고 생각한다. 그러나 실상은 그렇지 못하다. 어느 한쪽을 섬기는 순간 다른 쪽은 버려지게 되어 있다. 불가능한 가능성이다. 그럼에도 불구하고 우리들은 둘 다 섬기고 싶고, 어느 쪽 하나도 버리고 싶은 마음이 없다. 그래서 생기는 정신적 증세가 25절부터 예수가 지적하시는 '염려'라는 병이다. 하나님과 재물을 동시에 섬기고 싶어 하는 인간들에게 생기는 심리 현상이 바로 '염려증'이다. 세상에 존재하는 동물 중에 위장에 구멍이 날 정도로 염려하는 동물은 사람밖에 없다.

본문에서 예수는 염려하는 인간에 대해서 이야기하신다. 그리고 염려에서 벗어나는 인간을 동시에 제시하신다. 무엇보다 먼저 자연을 생각하라. 자연을 생각하면 염려라는 것이 덧없음을 깨닫는다. 왜 염려하는가? 순리대로 살지 않기 때문이다. 자연이란 순리의 상징이다. 예수는 두 가지 예를 드신다. 공중의 새를 보라. 공중의 새가 하는 일이 무엇인가? 아무것도 하지 않으며 그냥 자기 마음 가는 대로 산다. 하늘 아버지께서 기르신다. 하나님은 자연을 움직이시는 근원자. 예수는 여기에다 가치를 묻는다. 공중의 새가 귀하냐, 너희가 귀하냐? 너희가 귀하지 않느냐? 사람이 귀하지 않느냐?

두 번째, 들의 백합화를 보라. 수고를 하느냐? 길쌈을 하느냐? 스스로 무엇을 하려고 노력하지 않아도 자연의 섭리 속에서 알아서 잘 자란다. 여기에 또 가치를 묻는다. 솔로몬이 7년 동안 엄청난 레바논 백향목을 들여서 지은 성전이 더 아름다우냐, 들의 백합화가 더 아름다우냐? 잠실에 있는 어마어마한 120층의 롯데 타워가 아름다운가, 저기 북악산 자락에 핀 꽃이 아름다운가.

하나님의 순리를 따르는 것처럼 아름다운 것은 없다. 아름다움은 자연스러움에서 온다. 세상에 가장 고귀한 가치는 순리에 따르는 가치다. 순리대로 사는 것이 가장 아름다운 고귀한 가치라는 거다. 아무리 인공적으로 엄청난 돈과 권력으로 세상에 아름다운 빌딩을 짓는다 한들, 그것은 지나가 사라질 들꽃만도 못한 것이거늘, 어찌하여 사람들은 그런 인공적이고 인위적인 것에 몰두하고 집중하고 염려하고 걱정하는가.

자연의 순리를 통한 하나님의 섭리를 생각해 보면, 염려라고 하는 것이 덧없음을 알게 될 것이다. 어차피 염려한다고 되는 것도 아니고, 또 염려해서 내가 무엇을 끌어내리고 끌어올린다고 해서 되는 것이 아니다. 어차피 그것은 자연의 흐름대로 흘러갈 것인데 굳이 내가 무엇인가 바꿔보려 하다가 역류에 휩쓸릴 것 아니겠는가. 물과 같이 살아라. 막히면 돌아가고, 떨어지면 떨어지고, 올라가면 올라가라. 그것이 순리다. 순리에는 염려가 설 자리가 없다. 기가 막힌 말씀이다.

하나님 나라를 먼저 염려하라

자연을 바라보는 것은 염려를 떨치는 소극적 방법이다. 예수는 33절에서 정말 하고 싶은 말씀을 하신다. 산상수훈의 핵심은 하나님 나라다. 하나님 나라의 가치를 이야기하고 싶으셨던 것이다. "그런즉 너희는 먼저 그의 나라와 그의 의를 구하라 그리하면 이 모든 것을 너희에게 더하시리라(마 6:33)." 염려하는 인간에게 자연을 생각하며 염려하지 말라고 권하는 것은 결코 좋은 권면이 못 된다. "염려하지 말라"는 말을 들을 때 우리는 '말라'는 들리지 않고 '염려'만 들린다. 이것을 미국 버클리대학교의 언어학자 조지 레이코프는 '프레임(frame)'이라 했다. 코끼리를 생각하지 말라고 하면 사람들은 오히려 코끼리를 생각한다는 것이다. 언어의 틀에 갇혀서 사고하기 때문이다. 마찬가지다. 걱정하지 말라고 하면 더 걱정하는 것이 인간이다.

예수께서 두 번째로 내놓으신 대안은 염려를 하라는 것이다. 다만 그 대상을 바꾸라는 것이다. 무엇을 먹을까, 무엇을 입을까를 염려하지 말고, 하나님 나라를 염려하라는 것이다. 하나님 나라를 염려하다 보면 세상 염려는 사라진다. 좀 더 근사하게 표현하여, 예수는 하나님 나라와 의를 구하라. 추구(seek)하라고 하신다. 추구란 집중하여 지속적으로 바라보는 것이다. 하나님의 나라를 추구하면, 세상 모든 염려는 하지 않게 된다. 왜냐하면 한쪽만 바라보기 때문에 다른 쪽이 보이지 않게 되고, 하나님과 내가 서로 염려해 주기 때문이다. 나는 하나님을 염려하고 하나님은 나를 염려하신다. 문제는 우선순위다. 하나님 나라에 둘 것인가 세상 나라에 둘 것인가. 나는 하나님 나라와 의를 구하고, 하나님은 나의 먹을 것과 입을 것과 살 것을 염려하고 공급해 주신다. 우선순위를 어디에 둘 것인가? 하나님 나라에 둘 것인가, 내가 먹고 자고 쓰는 것에 둘 것인가? 예수의 말씀은 우선순위를 하나님께 두면 네가 먹고사는 것은 하나님이 채워주시지 않겠느냐는 것이다. 예수는 심리학의 천재다.

우리는 흔히 이렇게 생각할 때가 많다. "내가 주일을 지킨다." "내가 예배를 지킨다." 천만의 말씀이고 틀린 말이다. "주일이 우리를 지켜준다." "예배가 나를 지켜준다." 우리가 예배를 드림으로써 예배가 우리를 지켜주고, 보호한다. "내가 헌금을 드린다?" 그렇지 않다. 그 예물이 우리를 지켜준다. "내가 봉사하고 섬긴다?" 아니다. 봉사함으로써 그 봉사 자체가 우리를 지켜준다. "내가 하나님을 섬긴다?" 그렇지 않다. 하나님이 우리를 섬기신다. 우리가 하나님을 염려하고, 우리가 하나님을 추구하면, 하나님이 우리를 염려해서 우리를 지켜주신다.

얼마나 좋은 말씀인가. 그래서 하나님의 나라를 구하라. 그리고 마지막 더 설명을 하신 것이 34절의 말씀이다. 34절에 "그러므로 내일 일을 위하여 염려하지 말라 내일 일은 내일이 염려할 것이요 한 날의 괴로움은 그날로 족하니라(마 6:34)." 제발 내일 일을 위하여 염려하지 말아라. 내일 일은 내일이 염려할 것이다. 여기서 오해하지 말아야 할 것이 있다. 이 말은 "내일 일은 내일 가서 염려해라"가 결코 아니다. 염려를 내일로 미루라는 것도 아니다. 염려의 주체가 '내'가 아니라 '내일'이라는 것이다. 내일이 염려한다는 뜻이다. 내일이 주어다. 내일이라고 하는 시간이 염려한다.

시간이란 누구의 것인가? 하나님의 것이다. 모세오경에서 이자를 받지 말 것을 명령하는 이유가 무엇인가? 이자란 시간에 돈의 가치를 매기는 행위다. 마치 시간이 인간의 것인 것처럼 착각해서 만든 게 이자놀음이다. 그러나 성경은 시간이란 철저히 하나님의 것이기 때문에 시간에 돈을 매겨서 이자를 받는 것은 하나님의 것을 도둑질하는 행위라고 보았다. 따라서 내일은 내일이 염려한다는 것은 시간의 주인이신 하나님이 친히 염려하시니까 너는 걱정하지 말라는 것이다.

염려와 관련하여 한 가지 깨닫는 것이 있다. 우리가 할 수 있는 가장 좋은 말은 무엇일까? 딱 두 마디이다. 하나님께 할 수 있는 한마디와 나 자신에게 할 수 있는 한마디가 있다. 하나님께 할 수 있는 유일한 말은 "몰라요"다. "하나님 나는 몰라요. 나는 아무것도 모릅니다. 한 치 앞도 못 보는데 어떻게 내일 일을 볼까요. 내 마음이 어디로 흐르는지 나도 모릅니다." 모른다는 말이야말로 하나님만을 신뢰한다는 뜻이고 지극히 겸손한 표현이다. "아무것도 할 수 없습니다. 모릅니다." 아마도 하나님께 대한 전적 의지를 표현한 말 중에 가장 좋은 말이다.

나를 향하여 꼭 해야 할 말은 "괜찮아"다. 세상의 모든 사람이 나를 욕하고 비난하고 모함해도 나는 나를 욕하면 안 된다. 나를 비난하면 안 된다. 나는 나를 위로하고 용납할 수 있어야 한다. 세상에 나 외에 나를 이해할 존재가 또 있을까? 내가 왜 이런 지경에 있는지 누가 가장 잘 이해해 줄까? 나밖에 없다. "괜찮아." 염려하는 인간이 꼭 해야만 하는 것이 자기 용납이다. 자신을 용납하는 자만이 세상을 용납할 수 있다.

THEME 15
비판과 분별

산상수훈

> 1. 비판을 받지 아니하려거든 비판하지 말라 2. 너희가 비판하는 그 비판으로 너희가 비판을 받을 것이요 너희가 헤아리는 그 헤아림으로 너희가 헤아림을 받을 것이니라 3. 어찌하여 형제의 눈 속에 있는 티는 보고 네 눈 속에 있는 들보는 깨닫지 못하느냐 4. 보라 네 눈 속에 들보가 있는데 어찌하여 형제에게 말하기를 나로 네 눈 속에 있는 티를 빼게 하라 하겠느냐 5. 외식하는 자여 먼저 네 눈 속에서 들보를 빼어라 그 후에야 밝히 보고 형제의 눈 속에서 티를 빼리라 6. 거룩한 것을 개에게 주지 말며 너희 진주를 돼지 앞에 던지지 말라 그들이 그것을 발로 밟고 돌이켜 너희를 찢어 상하게 할까 염려하라. (마태복음 7장)

비판과 심판의 차이

이 본문은 목회자들이 조심스러워하는 말씀이다. 이 구절을 가지고 설교를 할 때는 교인들에게 목회자 비판하지 말라는 무언의 압박 메시지로 보이기 때문이다. 이 말씀은 예수께서 제자들에게 하시는 말씀인데, 러시아의 대문호 톨스토이가 큰 은혜를 받았다. 그는 이 말씀을 받들어 이 세상에서 비판이라고 하는 것은 아예 없어져야 한다고 생각했다. 나아가 법정폐지론까지 주장했다. 이 세상에 모든 법정이라는 제도 자체를 없애야 한다고 외쳤다. 어떠한 이유에서건 사람들을 비판하고 판단하는 것은 하지 말아야 한다고 극단적으로 말했다.

과연 비판하지 말라는 주님의 말씀이 아무에게나 잘못한 것에 눈을 감아주라는 의미일까? 사람이 살다 보면 진리와 오류가 분명히 있고, 선과 악은 분명히 있게 마련인데, 그런 것들을 다 가리지 말라는 뜻일까? 단지 이 말씀이 "너의 일이나 신경 쓰세요" 혹은 "너나 잘하세요"라는 것일까? 나아가 한때 어느 종교에서 유행시켰듯이, 모든 문제를 "내 탓이오"로 돌리라는 것일까? 분명한 것은 결코 그런 뜻이 아니다.

여기서 말하는 비판은 보통 학자들이 하는 학문적 비판 혹은 진짜와 가짜, 진실과 거짓, 진리와 오류를 분별하는 냉정하고 합리적인 '비평(critic)'으로서의 비판이 아니다. 오히려 예수께서 언급하신 비판의 의미는 '심판(judgement)'에 가깝다. 사람이 사람 위에 군림하여 하나님 자리에 앉아 사람을 심판하지 말라는 것이다. 심판은 하나님에게 속한 언어다. 사람이 사람을 심판하는 것은 어불성설이다.

영국의 복음주의 신학자 존 스토트 목사는 여기서 말하는 비판은

'검열관으로서의 비판'을 뜻한다고 해석했다. 검열관이 누구인가? 의도적으로 사람의 약점을 찾아내는 전문가다. 공항을 통과할 때 그 사람에게 혹시 마약이 있을 것이라고 염두에 두고 판단하는 사람들이다. 다른 사람의 실수를 적극적으로 찾아내어서 흠을 잡는 사람들이다. 그들처럼 그런 마음을 가지고 남을 비판하지 말라는 것이다. 그들은 가능한 한 최악의 분석을 하고, 그 사람의 계획에 찬물을 끼얹고, 그 사람이 한 실수에 대해서 아주 인색해 하는 것, 그런 비판을 하지 말라는 것이다.

타인 위에 군림해서 심판자의 권위로 하는 비판은 아주 위험한 것이다. 사람이 하나님 자리에 앉게 되는 것이고 하나님 놀이를 하겠다는 것이다. 하나님 놀이를 하겠다고 하는 차원에서 다른 사람들을 판단하고 비판하고 심판하는 것은 절대 안 된다는 것이다. 왜냐하면 남을 심판한다는 것은 아무리 좋은 의도에서 한다고 하더라도 자기가 하나님 자리에 앉지 않을 수 없기 때문이다. 그것은 곧 교만을 부르고, 교만은 하나님께서 제일 싫어하는 인간의 죄성이다. 교만이 들어오면 끝이다. 하나님을 믿는 신앙생활에서 교만이 들어오는 순간 다 끝난다고 보아야 한다. 누구든지 그렇다.

그런 자리에 앉아서 심판하지 말라는 뜻이지, 옳고 그름을 분별하는 차원에서 비판을 금하는 건 아니라는 말씀이다. 오히려 심판하지 말라고 용어를 바꿔 써야 한다. 그렇다면 인간은 왜 심판할 수 없는 존재인가? 그리고 왜 우리는 심판해서는 안 되는가? 예수의 대답은 간단하다. 심판한 그대로 너도 심판당하기 때문이다. 너희가 남에게 심판을 받고 싶지 않으면, 심판하지 말라. 그 심판 때문에 너도 심판을 받는다.

사람은 다 똑같다는 뜻이다. 우리는 심판할 때 그 심리 속에 나는 너와 다르다는 차별 심리가 들어있다. 저 사람이 죄를 지을 때, 나는 그와 다르고, 저 사람이 실수를 할 때 나는 다른 위치에 있다고 생각하기 때문에 비판하고 심판하고 판단하는 것이다. 오직 다르다는 의식이 타인을 심판할 용기와 명분을 준다. 그러나 예수의 말씀은 너나 그나 도토리 키재기며, 오십보백보이며, 그 나물에 그 밥이다. 잘못하면 인과응보에 걸려 그 심판이 너에게 돌아올 수 있음을 분명히 하신다.

하나님의 관점에서 인간은 모두가 본질상 똑같기 때문에 남에 대한 모든 심판은 언젠가 종말론적으로 필히 나에게 돌아온다. 어떤 부부가 있었다. 남편이 해외에서 물건을 잃어버렸다고 아내에게 이야기했는데 아내가 비웃으며 놀렸단다. 칠칠맞지 못하여 물건 하나 관리하지 못해 그걸 잃어버릴 수 있냐고 했단다. 그런데 기막힌 것은 최근 아내가 이태리로 해외 여행을 갔는데, 남이 소매치기를 당하는 것을 보면서 걱정해 주는 사이에 자신도 소매치기를 당했다는 것이다. 남의 티끌을 보는 눈은 밝아도 자신의 들보를 보지는 못한 것이다. 그 누구도 남의 어떠한 잘못에 대해서 완벽하게 자신 있게 평가할 수 있는 입장은 하나도 없다. 사람은 다 똑같다. 내가 남을 심판하는 동안 나도 똑같이 심판을 당하고 있다.

누구에게나 하나씩 들어있는 들보

우리가 남을 심판할 수 없는 두 번째 이유는 3절과 4절이다. "어찌하여 형제의 눈 속에 있는 티는 보고 네 눈 속에 있는 들보는 깨닫지 못하느냐. 보라 네 눈 속에 들보가 있는데 어찌하여 형제에게 말하기를 나로 네 눈 속에 있는 티를 빼게 하라 하겠느냐." 무슨 의미인가? 너의 눈 속에 들보가 있기 때문에 안 된다는 것이다. 흥미로운 사실은 내 눈에 들보가 있는데도 남의 티는 보인다는 것이다. 문제는 제대로 보지 못한다는 사실이다. 왜곡의 가능성이다. 모든 인간은 타인을 판단하거나 심판할 때 항상 오류의 가능성이 존재한다. 그걸 인정해야 한다.

들보란 고약스런 편견이자 낡은 고정관념이며, 자기주관적 세계관이자 자신만의 아집 덩어리다. 나름대로 살아오면서 자기가 쌓아온 자기만의 경험과 시각과 관점으로 타인을 보려 하기 때문에 객관적으로 본다는 것 자체가 불가능하다. 오늘날 객관성과 합리성을 최상의 가치로 여기는 과학조차도 객관적 진리가 가능하다는 생각을 포기한 지 오래되었다. 인간이 보는 모든 시각에는 들보가 하나씩 들어 있기 때문이다.

20세기 현대철학 가운데 현상학이라는 학문이 있다. 독일의 후설이라는 철학자가 만든 사상체계다. 나는 대학원 시절 세상이 돌아가는 이치를 알아야겠다 싶어 철학과에 가서 현상학이라는 수업을 듣게 되었다. 사회에서 일어나는 다양한 현상을 있는 그대로 볼 수 있는 학문이라고 생각해서였다. 그러나 막상 수업을 들어보니 그런 철학이 아니었다. 무엇보다 너무 어려웠다. 교수의 설명도 어렵고 책의 내용도 이해할 수 없었다. 특히 개념 하나하나를 이해하는 데 긴 시간이 걸렸다. 어떻게 흘렀는지 한 학기가 지나고 나서 뭘 공부했나 생각해 보니 딱 두 단어만 생각이 났다. 하나가 '지향성'이라는 단어이고, 다른 하나는 '판단중지'라는 개념이었다.

후설의 주장은 대략 이러했다. 어떠한 현상 자체를 판단할 때 사람들에게는 누구나 지향성, 영어로 'intention'이라는 것이 있다. 지향성이라고 하니 더 어려운 것 같은데, 쉽게 말하면 '의도'이다. 사람은 누구나 어떤 사물이나 사람을 볼 때 의도를 가지고 보기 때문에 객관적으로 볼 수 없다는 것이다. 일종의 선입견 혹은 편향성이다. 그래서 후설이 이어서 강조한 것이 '에포케' 즉 판단중지라는 개념이다. 사람의 눈이란 어차피 의도와 왜곡의 들보가 있기 때문에 어떤 일을 판단할 때 일단 괄호치기, 즉 판단을 중지하거나 보류하라는 것이다. 우리가 "이것은 그것입니다"라고 판단하는 순간 그것이 아닐 가능성이 항상 존재한다. 후설이라는 이 철학자는 굉장히 엄밀한 사람이다. 철학을 하기 전에 먼저 수학을 전공한 사람이다. 진리를 찾기 위해 판단하고 또 판단해 봐도 인간에게는 항상 편향성이 있기 때문에 왜곡될 수 있으니 판단을 중지해야 한다고 강력하게 주장한 것이다.

우리는 타인의 잘못을 항상 과장할 가능성이 있다. 항상 확대할 수 있다. 항상 왜곡시킬 수 있는 가능성이 너무나 많다. 이것이 바로 들보다. 이 들보가 우리 속에 있기 때문에 항상 자기중심적으로 판단할 수밖에 없다. 그래서 우리가 "이 사람은 어떻다"라고 판단하는 순간, 그것은 틀렸다고 보아야 한다. 거의 틀릴 가능성이 높기 때문에 성경은 심지어 "증인이 아니면 말하지 말라"고 말한다. 목격자가 아니면 말할 수 없다. 내가 직접 보고, 직접 눈앞에서 본 것이 아니면, 그것 외에는 "(괄호치기)"를 하라는 것이다.

언젠가는 그 괄호를 풀어서 판단을 해야 할 때가 온다. 남의 눈 속에 있는 티를 빼 주어야 한다. "먼저 네 눈 속에서 들보를 빼어라. 그 후에야 밝히 보고 형제의 눈 속에서 티를 빼리라(마 7:5)." 타인의 눈의 티를 빼는 것도 매우 중요한 일이다. 내 눈 속의 들보 때문에 이 말씀을

"너나 잘해"라는 뜻으로 받아들이면 곤란하다. 타인이 잘못한 것이 있다면, 또 타인에게 실수가 있고, 죄악이 있으면 그것을 바로 잡아주는 것이 사실 오랜 교회의 전통이다. 교회 안에서는 잘못한 형제와 자매가 있으면 세 번 권면하라는 예수의 말씀이 복음서에 있다. 여기서 나온 게 사법부의 삼심제다.

타인의 티를 빼줘야 하는 일이 대두한다. 타인을 바로잡아 줘야 한다. 그러기 위해서는 첫째, 내 속에 있는 들보를 먼저 뺀다. 그리고 나서 남의 티를 뽑을 때는 검열관처럼 하지 말라. 악의적으로 타인의 실수를 원수 갚는 마음으로 하지 말고, 마치 의술을 베푸는 의사의 마음으로 하라. 의사가 칼을 들고 환자에게 칼을 대는 마음으로 하라. 그 모습 자체는 비판하는 모습이다. 심판하는 모습이고, 죽이는 모습 같다. 그러나 그 의사의 마음은 이 사람을 고쳐주고 싶은 거다. 그리고 이 사람을 사랑한다.

어거스틴을 회개시켰던 교부 크리소스톰은 "사랑의 동기가 아니면 칼을 대지 말라"고 권했다. 사랑의 동기가 아니면 그 사람에게 비판의 메스를 대지 마라. 그래서 항상 타인의 티를 빼려 할 때는 나의 들보를 뺄 때의 아픔으로 그 사람의 티를 빼라. 그래서 다른 사람이 실수할 때는 항상 저 실수가 나의 실수일 수도 있다는 것을 인정해야 한다. 다른 사람의 잘못들을 보면 다 남의 일 같지 않다고 생각해야 한다.

심판하지 말고 분별하라

심판하지 말라는 말씀에 이어 6절은 앞의 구절들과 맥락이 같은 듯하면서도 다른 듯하고, 다른 듯하지만 사실은 같다. "거룩한 것을 개에게 주지 말며 너희 진주를 돼지 앞에 던지지 말라 그들이 그것을 발로 밟고 돌이켜 너희를 찢어 상하게 할까 염려하라." 무슨 말인가? 앞에서 말했듯이 우리는 남을 심판할 자격이나 능력이 없다. 그리고 해서도 안 된다는 것이 자명해졌다. 그런데 6절은 이를 또 뒤집는 말씀처럼 보인다. 진주를 돼지에게 던지지 말라. 진리를 깨닫지 못하는 사람에게 진리를 말하지 말라. 진실을 짓밟고 왜곡하는 사람들에게 진실을 말하지 말라.

남을 심판해서는 안 되지만, 분별은 하라는 것이다. 거룩한 것을 개에게 주지 말고, 진주를 돼지에게 던지지 말라. 거룩한 것을 인정하지 않는 존재에게 거룩을 말해서는 안 되며, 진주를 귀한 줄 모르는 존재에게 진주를 주어서는 안 된다. 개는 거룩한 것을 속되게 만들고, 돼지는 진주를 돌가루로 만들 존재들이다. 앞의 1절과 5절에서 비판하지 말라는 말씀을 사람들이 오해할까 봐 덧붙이신 말씀으로 보인다.

너희가 사람들 앞에서 재판관처럼 심판할 자격은 없지만, 그렇다고 너희가 다 바보는 아니다. 그리스도인들이 타인의 잘못에 대해 심판할 입장은 안 되지만, 그렇다고 분별력까지 잃어버리라는 것은 아니다. 겉으로는 판단을 하지 않지만 속으로는 다 분별하고 있어야 한다. 말은 하지 않지만 속으로 타인의 선과 악을 분별하고 있다. 이 사람이 무엇을 잘못했는지, 무엇이 문제인지 모두 분별하고 있으라는 말씀이다.

국민을 개, 돼지라고 발언했다가 국민들로부터 호되게 질책을 받은 고위공무원이 있었다. 그가 혼난 이유는 국민을 개와 돼지라고 심판했기 때문이다. 속으로 개, 돼지라고 생각했으면 아무런 문제가 될 것이 없었다. 분별은 속으로 하는 것이다. 그것을 드러내면 심판이 될 수 있고, 그 심판은 항상 또 다른 심판을 가져온다. 예수에게도 개, 돼지가 있었다. 삼 년 동안 다니시면서 개, 돼지 같은 존재들이 있었다. 첫 번째 개, 돼지는 헤롯 안디바스였다. 예수께서 여우라고 표현했던 자이다. 두 번째 개, 돼지는 바리새인들과 서기관들이었다. 어떤 말씀을 해도 짓밟기 바쁜 자들이다. 어떤 진리를 말해도 거부한다. 그래서 주님은 이들을 회칠한 무덤, 독사의 새끼라고 몰아붙이셨다.

예수가 말씀하시는 개, 돼지가 누구인가? 하나님의 분명한 증거를 보고도 하나님에 대해서 냉혹할 정도로 냉담하게 경멸을 보내는 사람들이다. 칼빈의 해석이다. 도저히 병이 깊어서 치유할 수 없는 사람들, 자신을 악한 존재에 완전히 맡긴 사람들, 말을 해도 듣지 않는 사람들이다. 그래서 예수는 이런 사람들을 성령의 역사를 모독하는 자들이라고 말씀하셨다.

어떤 진실을 이야기해도 듣지 않으려는 사람, 어떤 하나님의 말씀을 해도 눈을 탁 막고 있는 사람, 어떤 얘기를 해도 부정적으로 듣는 사람, 이런 사람들에게는 아예 말을 하지 말라는 것이다. 아예 그런 사람에게는 복음을 전하지 마라. 아예 그 사람에게 무슨 진지한 말도 하지 말고, 지적하지도 말고, 도와줄 생각도 하지 말라. 왜냐하면 그런 사람들은 너의 선의를 다 짓밟을 뿐이고 오히려 해악을 끼칠 것이기 때문이다. 예수는 하나님을 향하여 마음의 창을 닫은 사람들에 대해서 너는 아무것도 하지 말고 그저 발의 먼지나 떨 것을 말씀하신다.

중요한 것은 분별이다. 분별이란 말로는 하지 않지만, 이미 눈으로 보고 판단하는 영적 행위다. 본문에서 주님은 상반된 말씀을 두 가지 다 하셨다. 하나는 심판하지 말라. 말로써 심판하지 마라. 그러나 분별하라. 선과 악을 분명히 분별하고, 진리와 거짓을 확실히 분별하라. 그리고 함부로 하나님에게 마음을 막고 있는 사람들에게 접근하여 상처를 받지 않도록 조심하라. 그러므로 네 눈을 먼저 밝게 하는 것이 가장 중요하다. 네 속에 있는 들보를 빼는 것, 즉 자기성찰이 얼마나 중요한가. 먼저 자기를 돌아보는 것, 모든 신앙의 첫 출발이자 이웃 사랑의 시작이다.

THEME 16
자유기도와 아버지

산상의 아버지

> 7. 구하라 그리하면 너희에게 주실 것이요 찾으라 그리하면 찾아낼 것이요 문을 두드리라 그리하면 너희에게 열릴 것이니 8. 구하는 이마다 받을 것이요 찾는 이는 찾아낼 것이요 두드리는 이에게는 열릴 것이니라 9. 너희 중에 누가 아들이 떡을 달라 하는데 돌을 주며 10. 생선을 달라 하는데 뱀을 줄 사람이 있겠느냐 11. 너희가 악한 자라도 좋은 것으로 자식에게 줄 줄 알거든 하물며 하늘에 계신 너희 아버지께서 구하는 자에게 좋은 것으로 주시지 않겠느냐. (마태복음 7장)

모든 기도의 출발은 이기적이다

마태복음 6장에서도 예수께서는 골방기도에 대해 이야기하셨다. 거기서 예수는 기도에 있어서 매우 조심해야 할 것을 말씀하시면서 기도의 본질을 가르쳐 주셨다. 은밀하고 간절하게 드리는 기도가 하나님이 받으시는 기도이고 갚으시는 기도이다. "오직 하나님만이 인정할 수 있는 기도에 초점을 맞추라. 오직 하나님께 집중하고 전심을 다해서 기도하라." 제자들에게 이 가르침은 결코 쉽지도 않을 뿐만 아니라 매우 까다로운 말씀이다. 사람에게 인정받지 못하는 기도, 하나님께만 집중하는 기도, 간절하고도 절실한 기도. 아무나 할 수 없는 기도다.

그런데 7장에서도 기도에 대한 가르침을 주신다. 아마 6장에서의 기도가 너무 어려운 말씀이라고 생각하셨는지 여기서는 아주 평이하고도 단순한 이야기를 하신다. "기도란 그냥 하면 되는 거다. 은밀하게 하는 것도 중요하고, 하나님께 집중하는 것도 필요하지만, 무엇보다 기도는 그냥 구하면 되는 것이다." 기도란 찾으면 찾게 되고, 두드리면 열리는 것이다. 아주 인과율적이다. 사람이 먹을 것이 필요해서 누군가에게 구하면 그 사람이 아주 악한 인간이 아닌 바에는 모두 주게 되어 있다. 사람이 뭐든지 어떤 일을 찾고자 하여 찾기 시작하면 다 찾게 되어있다. 사람이 집에 들어가고자 하여 문을 두드리면 안에 있는 사람은 특별한 경우가 아니면 다 열어주게 되어있다. 기도라고 하는 것은 근본적으로 노력이고 수고다. 기도의 응답이란 노력의 산물이자 수고의 열매다. 기도는 하면 되는 거고, 지극한 정성이면 하늘도 감동한다는 지성감천(至誠感天)의 원리다.

'구하라'는 말은 헬라어 의미로는 '질문한다'라는 뜻이다. 끊임없이 하나님께 질문하고 물어보라는 것이다. '찾으라' 라는 말은 '탐구한다' 라는 의미다. 끊임없이 깊이 찾아보고 연구하면 찾는다. 그러므로 모든 기도는 인과응보다. 사람이 사람에게 어떤 행위를 하면 반응하듯이, 하나님도 인간의 기도행위에 반응하시는 것은 마땅하다는 것이다. 어떠한 기도에도 하나님은 응답하신다. 이것이 기도의 기본원리다. 우리는 자주 하나님께서 내 기도에 응답하지 않으신다고 생각하는데 결코 그럴 수가 없다는 것이 예수의 논조다. 기도는 하면 된다.

우리는 이제 어떻게 기도해야 할까? 무슨 기도를 해야 할까? 하나님께서는 어떤 기도를 좋아하실까? 기도에도 수준 차이가 있는 것은 아닐까? 이기적인 기도를 해도 될까? 내 자식만을 위해 기도해도 되나? 집을 팔아야 하는데, 좀 많이 받고 싶은데 그렇게 기도해도 괜찮을까? 주님께서는 집도 없으신 분이셨는데 부동산 사업이 잘되게 해달라고 기도하는 건 너무 염치없는 짓 아닐까?

기도의 세계에서는 맞는 기도와 틀린 기도는 없다. 기도는 모두 기도일 뿐이다. 성경에는 수많은 기도가 나오고 그 모든 기도를 하나님은 들으시고 받으신다. 수준별로 가려서 응답 여부를 결정하는 일은 없다. 야베스의 기도는 얼마나 현실적이고 이기적이고 기복적인 기도인가! 무슨 이유인지 모르지만 하나님께 복을 달라고 노골적으로 기도한다. 복의 내용을 구체적으로 밝힌다. 지경을 넓혀주시고, 근심과 걱정거리들을 날려 주시고, 환란을 벗어나게 해 달라고 기도한다. 지극히 실리적이고 현실적이고 이기적이다.

그런가 하면 잠언에 나오는 현자 아굴의 기도는 얼마나 아름답고 근사한 기도인가! 죽기 전에 두 가지만 들어달라고 간구한다. 첫째는 거짓말을 하지 않게 해 주시고, 헛된 것에 빠지지 않게 해달라고 기도한다. 두 번째 기도는 더 기가 막힌다. 가난하게도 마시고 부하게도 말게 해달라고 간구한다. 부자가 되면 배불러서 하나님 없다고 헛소리할까 봐 겁나고, 가난하면 도둑질해서 하나님께 욕을 먹일까 두렵다는 것이다. 그저 일용할 양식만 주셔서 하나님을 평생 기억하면서 살아가게 해달라는 기도, 얼마나 아름답고 숭고한 기도인가!

성경은 현자 아굴의 기도는 하나님께서 받아주시고, 야베스와 같이 이기적이고 세속적인 기도는 거절하셨는가? 둘 다 받아주셨다. 하나님 앞에서 우리의 기도는 서로 수준 차이란 것이 존재할 수 없다. 예수께서는 구하라고 하셨지, 무엇을 어떻게 구하라고는 말씀하지 않으셨다. 물론 주기도문에서 하나님 나라와 의, 하나님의 이름, 하나님의 뜻, 일용할 양식을 순차적으로 구하라는 기도의 표본을 밝히신 적은 있지만, 이 본문에서는 무엇을 구할지에 대해서는 말씀이 없으시다. 기도는 기본적으로 이기적이다. 적어도 신앙을 처음 갖는 사람들에게 있어서 기도는 이기적으로 출발해야 한다. 기도를 처음 하는 사람에게 세계평화와 이웃의 안녕을 기도하게 할 수는 없다.

마음대로 기도하라, 응답은 하나님이 하신다

명동 성당에서 주임 신부로 계시던 분의 이야기다. 어느 날 여성분이 오셔서 신부에게 이사를 왔는데 미사를 드려달라고 부탁하더라는 것이다. 그래서 사무장과 일정을 조율하여 그 집으로 갔단다. 알고 보니 이 여성분은 가톨릭 신자가 아니고 아무 종교도 없는 사람이라는 것이다. 하는 말이 가관이다. "사실 제가 이사를 와서 이 터가 뭐

어떨지, 좀 재수가 있을지 없을지 몰라서 굿을 좀 하려고 했는데, 굿은 좀 촌스러워 보여서요. 무식해 보이고 시끄럽기도 하고요. 요즘엔 서양식이 대세라면서요? 아무래도 좀 세련된 서양식 굿이 좋을 것 같아서 신부님을 모시게 되었습니다." 기도에 대해서 신앙에 대해서 아무것도 모르는 분이었다. 황당하고 기가 막히지만 그분의 말 속에는 신앙의 근원적 심리가 들어있다.

신앙도 없고 기도도 모르고 하나님께 무엇을 구해야 할지 모르는 사람에게 기도의 이론을 가르치고, 절차를 말해 주고, 좋은 기도 나쁜 기도 예를 들어 가르칠 것인가. 어린아이가 말을 틀 때, 처음부터 완벽한 문장을 구사하는 것 보았는가. 본능적으로 나오는 소리를 낼 뿐이다. 기도도 그렇다. 그냥 가슴 속에 있는 원하는 바를 내뱉는 것이 기도다. 솔직하게 원하는 바를 구하는 것이 가장 강력한 기도다. 그 솔직함이 바로 이기적인 것이다. 우주의 중심은 누가 뭐라고 해도 나이기에 내가 가장 원하는 것을 구한다. 이것이 기도의 출발이다.

기도는 사람의 일이고 응답은 하나님의 몫이다. 마음대로 기도하라는 것이다. 어차피 응답은 하나님께서 알아서 하실 일이다. 기도하기 전에 미리 하나님의 응답 여부를 계산하지 말라는 것이다. 기도는 내가 알아서 하는 것이다. 원하는 대로 기도하는 것이다. 그러나 하나님은 하나님 마음대로 알아서 응답하실 것이다. 우리가 할 일은 간절히 찾고 구하고 두드리는 것이다.

사람들이 기도에 대해서 많은 연구를 했다. 인간의 기도와 하나님의 응답 관계에 대해서 모범답안을 만들었다. 하나님이 응답하시는 유형이 대략 네 가지가 있더라는 것이다. 첫째, 그래 나의 뜻과 너의 뜻이 맞고 지금 이루어지는 것이 좋으니 들어 주마 하는 "예(Yes)"의 응답. 둘째, 말도 안 되는 소리를 하는구나. 어린아이가 칼을 달라고 하면 그 칼로 생선을 썰겠니, 채소를 썰겠니? 다칠 게 뻔한 것을 줄 수 없다고 하시는 "아니오(No)"의 응답. 셋째, 그 기도가 내 뜻과 맞으나 시간이 맞지 않는구나. 응답의 때가 지금은 아닌 것 같다. 그러니 좀 "기다리라(Wait)"는 응답. 넷째, 너는 지금 이것을 구했지만 내가 볼 때는 다른 것으로 주는 것이 낫겠다고 하여 "다른 것(Another)"으로 응답하는 경우다.

영어 속담에 "무엇을 기도할지를 조심해라. 잘못하다가는 그것을 얻을 수도 있다."라는 말이 있다. 다시 말해서 말조심하라는 것이다. 혹시라도 지나가다 욕하면서 했던 말을 하나님이 응답할 수 있다는 의미다. 무신론의 세계에서 이 말은 일리가 있지만, 인격적인 하나님을 믿는 그리스도인들에게 이 속담은 맞지 않는다. 하나님은 우리를 인격적으로 대하시는 분이기 때문에 우리가 입으로 기도를 어떻게 내뱉었다 할지라도 나의 내면 소리로 판단하신다. 그리고 하나님의 섭리 속에서 나를 생각하시기 때문에 하나님의 뜻대로 알아서 조정하신다. 우리가 할 것은 겁내지 말고, 실수할 것을 두려워하지 말고 마음껏 구하는 일이다.

찾으라. 네가 원하는 것을 찾으라. 두드리라. 그러면 하나님께서 알아서 응답하실 것이다. 철학자 키에르케고르는 이런 이야기를 했다. "기도는 하나님을 바꾸는 게 아니라, 기도하는 사람을 바꾸는 것이다." 결국 우리는 마음대로 기도한다. 서양 굿을 하고 싶었던 이 여성의 기도처럼 자기 복 받고 싶어서라도 기도를 하면 된다. 기도하는 중에 우리가 변한다. 생각이 바뀐다.

기도하는 중에 하나님의 뜻을 헤아린다. 기도하는 중에 기다림의 시련을 겪을 수 있다. 기도하는 중에 하나님께서 다른 것으로 응답하면서 혼란을 겪기도 한다. 그러면서 기도하는 우리가 변화한다. 그래서 기도가 무서운 것이다. 중요한 것은 일단 기도의 자리에 들어와 보라는 것이다. 예수는 먼저 이런 밑자락을 깔고 이야기하시는 것이다. 마음대로 기도하라. 그다음은 모두 내가 알아서 한다. 이것이 하나님이 중심이 되는 기도다.

하나님을 아빠처럼 대하라

예수는 마음껏 기도하라고 하신 후, 9절부터는 새로운 기도의 차원을 열어 보이신다. 간절히 구하고, 즐겁게 찾고, 열심히 두드리는 것도 좋지만, 그리스도인의 기도는 한 발 더 들어가는 것이 있음을 알려주신다. 그것은 기도의 대상에 대한 새로운 인식의 전환이다. 우리가 기도하는 대상이신 하나님을 어떻게 부를 것인가? 아버지라고 생각하라는 것이다. 혁명적인 발상이다.

구약시대에는 사람들이 하나님을 아버지라고 부르지 못했다. 그것은 신성모독처럼 여겨졌다. 만군의 하나님, 만왕의 하나님은 불러보았지만, 아버지 하나님은 상상하지도 못했다. 예수는 하나님을 멀리 두지 말고 나를 낳으시고 기르시고 보살피고 지극히 사랑하시는 아버지로 대할 것을 선언하신다. 엄격하고 무서운 아버지가 아니라 누가복음 15장에서 제시하신 잃어버린 아들의 비유에 나오는 아버지다. 아들의 무례함을 다 받아주시고, 떠나는 아들을 붙잡지도 못하고 돌아오기를 하염없이 매일같이 기다리고, 돌아온 자식을 그저 기뻐하고 모든 것을 다 내어 주시는 그런 아버지다. 복음서에서 아버지 신학은 예수의 가장 파격적인 가르침 가운데 하나다.

어느 누구도 하나님을 아버지라고 부른 적이 없었다. 우리가 흔히 부르는 그 이름, 아버지를 예수는 하나님께 사용했다. 무슨 뜻인가? 우리가 기도하는 대상이신 하나님은 지극히 인격적이고 자비로운 아버지라는 것, 내가 굳이 길게 말하지 않아도 이미 알고 계시는 아버지, 알아서 응답하시고 도와주시는 아버지다.

하나님을 아버지로 부른다는 것은 기도의 세계에서는 혁명적인 발상이다. 일반적으로 기도라고 하면 지성감천이어야 한다고 생각한다. 지극한 정성과 눈물과 간절함이 기도의 원동력이라고 여긴다. 그러나 기독교는 그 반대다. 간절함보다 더 중요한 것은 하나님과의 관계성이다. 하나님이 바알과 아세라 같은 신이라면 지성감천만이 기도의 비결이다. 그러나 하나님이 아버지라면 상황은 달라진다. 아버지가 우리에게 원하시는 것은 간절함이 아니다. 지극정성도 아니다. 사랑이고 믿음이며 기뻐하는 것이다. 그저 아버지를 즐거워하는 것이다. 자녀는 아버지에게 깍듯한 예의를 갖추어 며칠씩 무릎을 꿇고 정성을 다해가며 등록금을 달라고 애원하지 않는다. 당당하다. 한 마디면 충분하다. 문제는 부모와 자식이라는 관계의식이 있느냐 없느냐이다. 이것처럼 위대한 가르침이 어디 있을까.

그러므로 간절히 기도하는 것도 좋지만 내가 기도하는 대상이 아버지라고 하는 것을 잊지 말라는 것이다. 그러면 기도는 다 끝난 것이다. 아버지께서 무엇을 우리에게 주시지 아니하시겠는가. 하나님이 아버지라는 것을 알고 기도하는 사람과 모르고 기도하는 사람은 기도의 깊이 자체가 벌써 다르다.

갈멜산에서 바알 선지자들은 하루 종일 기도했고, 엘리야는 5분도 하지 않았다. 그런데 불은 엘리야에게 떨어졌다. 왜 그런가? "아브라함과 이삭과 이스라엘의 하나님 여호와여 주께서 이스라엘 중에서 하나님이신 것과 내가 주의 종인 것과 내가 주의 말씀대로 이 모든 일을 행하는 것을 오늘날 알게 하옵소서(왕상 18:36)." 바알 선지자들은 바알과 인격적 관계의식이 없다. 그러나 엘리야는 하나님과 자신이 주인과 종이라는 관계의식이 매우 분명했으며, 자신이 무엇을 위해 기도하는지 또렷한 목적의식이 있었다. 기도에서 가장 중요한 것은 관계성이다.

THEME 17
역지사지와 황금률

산상수훈

> 12. 그러므로 무엇이든지 남에게 대접을 받고자 하는 대로 너희도 남을 대접하라 이것이 율법이요 선지자니라. (마태복음 7장)

▌최고의 윤리, 황금률

산상수훈의 마지막 장 7장 12절에 예수는 산상수훈의 핵심 중의 핵심이라고 할 수 있는 말씀을 내놓으신다. "그러므로 무엇이든지 남에게 대접을 받고자 하는 대로 너희도 남을 대접하라." 예수는 이제 산상수훈의 결론을 지금까지 구약성경과 다른 종교에서 이야기했던 인간관계 최고의 윤리 덕목인 황금률이라는 보편적 원리로 마무리하신다.

원래 이 말은 힐렐이라고 하는 유대의 유명한 바리새파 지도자가 얘기했던 말이다. "네가 원하지 않는 것을 남에게 하지 말라." 어떤 이방인이 힐렐에게 와서 토라의 핵심을 내가 한 발로 들고 있을 동안에 말씀해 달라고 했을 때 그가 대답한 말이다. "네가 원하지 않는 것을 남에게 시키지 마라. 이게 율법의 요약이니라." 이것을 인간관계 최고의 원칙이자 기초적 규범이라 하여 황금률(Golden Rule)이라고 부른다.

인간관계에서 가장 중요한 최고의 원리는 자신이 원하지 않는 것을 남에게 하지 않는 것이다. 공자도 그런 얘기를 했다. "다른 사람이 하지 않기를 바라는 것을 너도 다른 사람에게 하지 말라." 이것은 윤리의 기본이다. 스토아 철학자들도 이와 같은 말을 했다. "네가 싫어하는 것을 남에게 하지 마라." 네가 남에게 맞는 것이 싫으면 너도 남을 때리지 말라. 네가 남에게 욕먹는 것이 싫으면 너도 남을 욕하지 마라. 이게 윤리의 기본이라는 것이다.

예수께서는 그것을 뒤집어 긍정적인 방식으로 이야기하신다. 무슨 일이든지 남에게 대접받고 싶으면, 너도 남을 대접하라. 네가 남에게 사랑받고 싶으면 너도 남을 사랑하라. 네가 남에게 위로받고 싶으면 너도 남을 위로하라. 남에게 인정받고 싶은 만큼 너도 남을 인정하라.

그래서 황금률에는 두 가지 갈래가 있다. 하나는 정의이고, 다른 하나는 사랑이다. 공자가 얘기한 것, "내가 원하지 않는 걸 남에게 하지 마!" 이것은 정의다. 내가 원하지 않는 것을 남에게 시키지 않는 것이 정의다. 내가 싫어하는 것은 남도 싫어하는 것이므로 남이 싫어하는 것을 내가 하지 않는 것, 내가 상처를 받고 싶지 않으면 남에게도 상처를 주지 않는 것, 내가 폭력을 당하고 싶지 않다면 남에게도 폭력을 행하지 않는 것, 이것이 정의다. 예수는 정의에서 한 걸음 더 나아간다. "네가 원하는 것을 남에게 베풀어라!" 이것은 사랑이다. 네가 대접받는 것을 좋아하듯이 너도 남을 대접하는 것, 너도 사랑받는 것을 좋아하듯 남도 사랑받는 것을 좋아하니 남에게 베푸는 것, 그것이 사랑이다. 힐렐이나 공자나 스토아 철학자들은 황금률을 정의의 관점에서 말했지만, 예수는 사랑의 측면에서 황금률을 새롭게 말씀하신 것이다.

마태복음 7장 12절 말씀은 산상수훈의 요약이다. 황금률이란 한마디로 "역지사지(易地思之)"다. 이 세상의 모든 관계는 입장을 바꾸어 놓고 생각하면 풀린다. 다른 사람이 나에게 원하지 않는다고 생각하면 나도 안 하면 된다. 그러면 세상은 평화롭고 정의로워진다. 내가 원하는 것을 남에게도 해 주면 된다. 그게 사랑이고 복지이며 안녕이다. 사랑과 정의가 입 맞출 때 평화가 찾아온다.

그런데 예수는 황금률의 원리를 인간들 사이의 관계에서만 제한하지 않으셨다. 하나님과의 관계에서도 생각하라는 것이다. 기도할 때 하나님의 입장에서 깊이 생각하고 묵상하라는 것이다. 하나님이 무엇을 원하실지를 생각하면 기도란 쉬운 것이다. 항상 나 중심의 이기적인 생각에 매몰되어 있기 때문에 기도가 꼬이는 것이다. 하나님의 입장에서 생각하면 모든 실타래가 풀린다. 타인의 입장에서 생각하는 것이야말로 모든 지혜의 완성이고, 하나님의 입장에서 생각하는 것이야말로 모든 신앙의 완성이다.

윤리의 기본은 입장 바꿔 생각하기

문제는 어느 시대든 항상 어느 한쪽으로만 기울어진다는 것이다. 특히 자기중심적 사고로 급격히 경도되어 있다는 것이다. 너무나 이기적이어서 타자의 음성을 듣지 못한다. 타자의 상황을 이해하지 못한다. 타자의 입장이 보이지 않는다. 내가 세운 삶의 기준에서 볼 때, 타자는 항상 불만족스럽고 원망스럽고 부족하기 이를 데 없다. 타자의 생각과 행위가 이해가 되지 않는다. 자신의 에고(ego)가 강하면 강할수록 타자에 대한 이해력은 떨어진다.

오늘날 지식 공부가 그렇다. 타자에 대한 공감 능력이 결여된 교육뿐이다. 타인의 입장에서 생각하는 훈련을 하지 않는다. 자녀는 부모의 마음을 헤아리지 못하여 불효한다. 학생은 책을 읽으면서 한 번도 저자의 생각을 알려 하지 않고 글자만 본다. 자기의 생각만으로 읽으려 한다. 저자의 입장을 한 번도 생각해 보지 않는다. 그래서 문제가 나오면 항상 틀린다. 직장에서 신입사원들은 사장의 생각을 헤아리지 못한다. 그래서 항상 혼이 난다. 자기 생각대로 일을 처리한다. 사장이 무엇을 좋아하고 싫어하는지 관심이 없다. 교회도 마찬가지다. 타자에 대한 공부가 너무나 부족하다.

막상 현실에서 능력 있는 사람은 모두 타자에 대한 이해가 탁월한 사람들이다. 외교가 그렇고, 비즈니스가 그러하며, 마케팅이 그렇다. 상대방의 마음을 잘 아는 사람들이 성공한다. 인간에 대한 이해, 타자에 대한 지식이 있는 자가 시장을 지배한다. 오늘날 젊은이들에게 공감훈련이 강조되는 이유가 바로 여기에 있다. 이제는 타자의 고통을 나의 고통으로 전이시키는 공감의 능력이 중요한 시대다. 많이 알고 많이 외우는 지적 능력보다 훨씬 중요한 때를 맞고 있다.

한편, 예수는 "네 이웃을 네 몸과 같이 사랑하라"는 보편적 이웃 사랑의 명령을 주셨다. 이웃 사랑의 방법 또한 역지사지로만 이해할 수 있다. 여기서 역지사지는 타자를 사랑하기 위해서는 나 자신을 알아야만 한다. 내가 나를 얼마나 사랑하는가를 생각해 보고, 그 기준과 타자에 대한 사랑의 수위를 맞추라는 것이다. 나는 손가락에 가시 하나만 박혀도 고통스러워한다. 내가 고통스러워하듯이 타자도 그럴 것이라고 이해하라는 것이다. 나는 지나가는 사람이 어깨를 살짝만 건들어도 기분이 불쾌하다. 내가 불쾌한 만큼 타자의 심기를 함부로 건들지 말라는 것이다. 그러므로 역지사지는 타자에 대한 이해와 자기에 대한 지식이 만났을 때에야 발휘되는 관계의 놀라운 능력이다.

이 능력은 인간 사이의 윤리에만 적용되는 것이 아니다. 신앙의 세계 또한 역지사지의 지혜가 매우 필요하다. 예수께서 말씀하신 골방기도, 구제, 금식, 하나님 나라 등 하나님과의 관계를 말해 주는 신앙의 영역에서도 중요한 것은 하나님의 입장에서 생각해야 한다는 것이다. 신앙의 시각을 갖는다는 것은 곧 하나님의 시각을 갖는다는 말이고, 하나님의 시각이란 곧 하나님의 입장에서 생각하는 사람들만이 가질 수 있는 능력이다. 기도란 하나님과 깊이 교제하는 중에 하나님의 입장을 알아가는 과정이다.

원래 기도란 의미는 나의 몸을 떠나 멀리서 나를 바라본다는 의미의 '테오리아'에서 왔다. 멀리서 본다는 말은 곧 하나님의 입장 가까이 가서 보고자 하는 시도다. 말씀묵상이란 하나님이 자신을 계시하신 모습이 어떤 것인지 깊이 생각하는 훈련이다. 성경을 통해 하나님이 어떤 분인가를 이해하는 과정이다. 봉사와 섬김이란 하나님이 하신 일을 몸으로 따라 하는 실천이다. 이 모든 신앙의 행위들은 알고 보면 하나님의 입장에서 생각하고 묵상하고 실천하는 역지사지의 과정이다. 신앙생활이든 인간관계이든 지식습득이든 역지사지의 능력만 갖출 수 있다면 풀리지 않는 것은 없다.

THEME 18
천국입장론과 천국지위론

산상수훈

> 13. 좁은 문으로 들어가라 멸망으로 인도하는 문은 크고 그 길이 넓어 그리로 들어가는 자가 많고 14. 생명으로 인도하는 문은 좁고 길이 협착하여 찾는 자가 적음이라 15. 거짓 선지자들을 삼가라 양의 옷을 입고 너희에게 나아오나 속에는 노략질하는 이리라 16. 그들의 열매로 그들을 알지니 가시나무에서 포도를, 또는 엉겅퀴에서 무화과를 따겠느냐 17. 이와 같이 좋은 나무마다 아름다운 열매를 맺고 못된 나무가 나쁜 열매를 맺나니 18. 좋은 나무가 나쁜 열매를 맺을 수 없고 못된 나무가 아름다운 열매를 맺을 수 없느니라 19. 아름다운 열매를 맺지 아니하는 나무마다 찍혀 불에 던져지느니라 20. 이러므로 그들의 열매로 그들을 알리라 21. 나더러 주여 주여 하는 자마다 다 천국에 들어갈 것이 아니요 다만 하늘에 계신 내 아버지의 뜻대로 행하는 자라야

> 들어가리라 22. 그 날에 많은 사람이 나더러 이르되 주여 주여 우리가 주의 이름으로 선지자 노릇 하며 주의 이름으로 귀신을 쫓아 내며 주의 이름으로 많은 권능을 행하지 아니하였나이까 하리니 23. 그 때에 내가 그들에게 밝히 말하되 내가 너희를 도무지 알지 못하니 불법을 행하는 자들아 내게서 떠나가라 하리라 24. 그러므로 누구든지 나의 이 말을 듣고 행하는 자는 그 집을 반석 위에 지은 지혜로운 사람 같으리니 25. 비가 내리고 창수가 나고 바람이 불어 그 집에 부딪치되 무너지지 아니하나니 이는 주추를 반석 위에 놓은 까닭이요 26. 나의 이 말을 듣고 행하지 아니하는 자는 그 집을 모래 위에 지은 어리석은 사람 같으리니 27. 비가 내리고 창수가 나고 바람이 불어 그 집에 부딪치매 무너져 그 무너짐이 심하니라. (마태복음 7장)

누가 천국에서 칭찬받을까

이 본문은 산상수훈의 결론이자, 종말론이다. 말씀의 핵심은 누가 천국에 들어가는가와 누가 천국에서 큰 자인가이다. 하나님의 말씀과 천국의 관계에 관한 가르침이다. 우리는 하나님의 말씀, 즉 쉐마의 말씀을 듣는 자들이자 그 말씀을 최고의 가치로 알고 따라서 사는 사람들이다. 그러므로 우리가 천국에 어떻게 들어가는가와 천국에서 어떤 대접을 받느냐의 문제는 이 땅에서 어떻게 하나님의 말씀을 따라 사느냐가 관건이다.

말씀을 어떻게 살았느냐에 따라 하늘에서 영접을 받느냐, 아니면 내쳐짐을 당하느냐가 판가름 나기 때문이다. 예수는 이것을 아주 냉정하게 이야기하신다. 누가 천국에 들어가느냐, 누가 천국에서 칭찬받느냐의 문제는 '우리의 구원과 관계된 이야기이자, 동시에 이 땅에서의 삶을 어떻게 살아야 하는가'라는 구체적인 삶의 문제라는 것이다.

여기서 오해하지 말 것이 있다. 예수만 믿으면 천국에 들어가는 것 아닌가? 우리의 구원자 되시는 예수의 십자가 보혈과 부활의 능력에 힘입어 그분을 믿기만 하면 천국에 들어가는 것 아닌가? 천국 들어가는 게 뭐 그리 어려운 것인가? 맞는 말이다. 우리는 예수를 나의 구세주로 믿고 영접하여 하나님의 자녀가 되는 구원을 받았다. 믿음으로 말미암아 의롭다고 인정받았고, 죄사함을 받았으며, 영원한 내세의 생명을 보장받았다. 우리가 구원을 받는 데에 우리가 한 것은 아무것도 없다. 전적인 하나님의 은혜로 말미암았다. 그래서 구원은 선물이라고 하는 것이다. 예수만 믿으면 천국에 들어가는 것이다. 쉬운 구원론, 쉬운 천국론이다. 우리가 배운 쉬운 구원론은 주로 바울의 신학에서 나온 것이다. 누구나 예수를 믿으면 구원받고 천국의 시민이 될 수 있다는 기독교의 보편 구원론이다. 이것은 반은 맞고 반은 부족한 이야기다.

우리는 지나치게 바울의 구원론에만 기울어져 있다. 구원을 너무 쉽게 생각한 나머지, 마치 예수를 자동판매기처럼 여긴다. 믿음이라는 지폐를 넣으면 구원이라는 물건이 나오는 것처럼 말이다. "예수 천국, 불신 지옥"이라는 전도 표어가 이를 잘 보여준다. 예수만 믿으면 천국 간다는 아주 단순한 논리인데, 여기에는 어떠한 깊이 있는 설명도 지식도 없다. 예수 자신이 말씀하신 것에는 아무런 관심이 없다. 그저 예수를 도구화하여 구원받고 천국 가는 티켓만 얻으면 그만이라는 심보다.

정작 예수께서는 천국에 들어가는 것과 천국에서 칭찬받는 것에 대한 매우 구체적인 말씀을 하셨다는 것이다. 이른바 천국입장론과 천국지위론에 관한 말씀이다. 산상수훈에서 예수께서 분명히 밝히고 계신 천국입장론의 핵심은 천국은 좁다는 것이며, 천국지위론의 핵심은 이 땅에서의 삶이 저 하늘에서의 삶을 결정한다는 것이다. 13-14절이 천국입장론의 말씀이고, 15절이 천국지위론의 말씀이다. 천국에 들어가는 길은 좁은 문이라고 선언하신다. 천국으로 가는 문은 좁은 문인데, 내가 지금까지 너희에게 말해 주었던 모든 가르침은 사실 좁은 문이자 협착한 문이지만, 동시에 생명의 문이자 영생의 문이다. 그리고 아무나 들어가지 못하는 문이기도 하다.

15절 "거짓 선지자들을 삼가라"는 말씀은 천국을 왜곡하는 사람들의 말에 속지 말라는 것이다. 천국은 의외의 현실이 펼쳐지는 미래다. 이곳에서의 삶이 저곳에서의 삶과 연결되는데, 그 결과는 이곳에서 전혀 생각하지 못했던 현실이다. 겉보기에는 천국에 들어갈 것처럼 보이지만 결국에는 하나님께 내쳐질 사람들이 있고, 여기서는 별 볼 일 없이 산 사람이 저곳에서는 칭찬과 영광의 자리에 앉을 사람들이 있다. 천국은 의외와 전복과 역설의 현장이다. 그렇다면 천국에서 환영받을 사람과 거부될 사람은 누구일까? 하나님께 칭찬받을 사람과 비난받을 사람은 무엇이 다를까? 그 기준은 이 땅에서 어떤 삶의 태도를 가지고 살았느냐에 달렸다. 이것을 분별하기 위하여 예수는 천국에서 환영받을 사람의 여러 가지 모습을 풀어주신다. 누가 천국에서 큰 자일까?

마음의 밭을 잘 가꾼 사람들

예수는 무엇보다도 마음이 중요하다고 하신다. 사람을 분별할 때는 열매를 보고 분별하는데 열매를 보면 그 가지와 뿌리까지 알 수 있다. 사람의 근본을 알려면 열매를 보면 알 수 있다. 열매가 나쁜 뿌리에서 좋은 열매가 날 수 없는 것처럼, 사람도 똑같다고 하신다.

사람도 나쁜 마음에서 나쁜 말이 나오고, 나쁜 말에서 나쁜 행동이 나온다. 그러므로 사람의 말과 행동을 보면, 그 사람의 속 깊은 마음을 알 수 있다. 그래서 모든 것은 마음에 있다.

사실 산상수훈에서 예수께서 집중하시는 것이 마음이다. 행동이 아니라 마음을 이야기하신다. 가난한 마음, 애통하는 마음, 깨끗하고 단순한 마음, 이러한 마음들이 모든 신앙의 출발이자 행위의 시작이기 때문이다. 아름답지 못한 마음에서 아름답지 못한 열매가 맺혀지므로 그런 열매는 찍혀 불에 던져진다. 결국 행위라는 열매는 마음이라는 씨앗의 결과다. 무엇보다 마음이 중요하다.

계산할 줄 모르는 사람들

우리는 하나님을 위해 무엇을 했다고 계산할 수 없다. 21절에 이런 말씀을 하신다. "그날에 많은 사람이 나더러 이르되 주여 주여 우리가 주의 이름으로 선지자 노릇 하며 주의 이름으로 귀신을 쫓아내며 주의 이름으로 많은 권능을 행하지 아니하였나이까 하리니 그때에 내가 그들에게 밝히 말하되 내가 너희를 도무지 알지 못하니 불법을 행하는 자들아 내게서 떠나가라 하리라."

주의 이름으로 말씀을 전하고 주의 이름으로 귀신을 쫓아내었는데 왜 그것이 불법을 행한 것인가? 하나님은 왜 평생 주의 이름으로 주를 위해서 살아온 사람에게 떠나가라고 소리를 치시는가? 자기가 한 일을 정확하게 계산하고 기억한다는 것이다. 이것이 문제다. 많은 사람은 자기가 하나님 앞에서 하나님을 위해서 했다고 생각하는 것들을 기록해 놓았다가 줄줄 외워서 하나님께 내놓는다는 것이다.

하나님의 은혜를 입었다고 깊이 믿는 사람들은 자신의 행위를 계산해 낼 수 없다. 자신이 한 일에 자신의 이름을 넣을 자신도 없다. 그저 모든 일이 하나님이 하신 일이었노라 고백하고 물러갈 뿐이다. 그런데 굳이 자신이 무엇을 했다고 나열하는 사람들은 철저히 율법적 가치관에 매몰된 사람이다. 철저히 자기의 의를 드러내기를 기뻐한다.

언젠가 어떤 교우분이 나에게 급하게 요청을 하셨다. 병원에 남편의 어린 시절 친구가 뇌졸중으로 쓰러져 돌아가실 것 같다는 것이다. 그는 신앙이 없는 분인데 예수를 전해서 믿게 하여 세례까지 받았으면 좋겠다는 것이다. 특별히 큰아들이 원하고 있다고 말했다. 지금까지 나는 목회자로서 병상에서 세례를 많이 베풀어 봤지만 의식이 없는 분에게 세례를 주기는 처음이었다. 상식적으로 주님을 영접한다고 하는 것은 자기 의지가 있어야 하고, 또 자기가 말로써 고백하여야 할 텐데 의식이 없는 분에게 어떻게 복음을 전하고 세례를 줄 것인가? 참 막막한 마음으로 가방에 세례 그릇을 담고 성경책을 들고 갔다. 어떻게 해야 할지 정말 앞이 캄캄했다. 온 가족이 둘러보는 자리에서 나는 예수의 복음을 전했는데 말이 풀리지를 않는다. 너무 어색하고 썰렁해서 시편 23편을 펴고 귀에다 대고 간절히 읽어드렸다.

그때 그 순간 내가 체험한 것은 내가 스스로 말하려 할 때와 성경 말씀에 의지해서 읽는 것이 얼마나 다른가? 내가 나의 말을 하고자 할 때는 말이 꼬이더니, 일단 하나님의 말씀을 읽을 때는 말이 풀리기 시작하는 것을 느꼈다. 그리고 뜨거워지는 걸 느꼈다. 시편의 말씀을 읽어주면서 그냥 말씀에 의지해서 복음을 전하기 시작했다. '에라 모르겠다. 하나님 알아서 하세요.' 아무런 의식도 없어 보이고 하나님이라고는 전혀 믿지 않는 분에게 말씀을 전하고 그릇에 물을 담고 성부와 성자와 성령의 이름으로 세례를 베풀었다. 이분이 예수를 마음속으로 영접했는지, 그래서 구원을 받은 자인지 아닌지는 나에게 보여주지 않았다. 그냥 믿음으로 그에게 세례를 베풀며 하나님의 자녀임을 선포해 버렸다.

　말도 안 되는 것 같았지만 그렇게 할 수밖에 없었다. 그리고 속으로 기도했다. '하나님 마음대로 하세요. 정말 저는 모르겠습니다. 살리시든지 죽이시든지 주님 알아서 하세요.' 내가 지금 하고 있는 일을 판단할 수도, 계산할 수도 없었다. 이것이 하나님의 일인지 나의 일인지 도저히 알 수가 없었다. 우리가 하나님의 일을 할 때 그것이 정말 하나님의 일이 된다는 것은 내가 그 일에 쓰임은 받지만 내가 했다고 말할 수 없는 혼란스러움이 있다는 것이다. 내가 한 것은 아무것도 없는 것 같거나, 아니면 잘못한 것 같은 후회감이 들 때이다. 누가 수고했다고 하면 정말 창피할 정도다. 그런데 놀라운 것은 이분이 세례를 받은 후에 돌아가시지 않고 회복되어서 지금은 요양병원에서 가족들과 치료를 받고 있다는 것이다. 죽을 것으로 알고 임종기도를 하고 세례를 베푼 것이 오히려 살아난 것이다.

　어떻게 보면 예수의 말씀은 이것이다. "내가 주의 이름으로 선지자 노릇을 했어요. 제가 주의 이름으로 권능을 행했어요. 제가 주의 이름으로 교회 일 열심히 했어요. 그런데 하나님께 내쳐짐을 당해요?" 왜 그런가? 내가 한 일에 대해 스스로 판단하고 계산하기 때문이다.

　내가 무엇을 했고, 어떤 일을 이루었고, 무엇을 만들었다고 스스로 만족하며 자신의 업적을 생각하는 것 자체가 하나님께는 매우 역겨운 일이다. 하나님이 모두 하신 일을 자신이 했다고 주장하는 것 자체가 하나님의 주권을 빼앗는 일이다. 하나님의 은혜 원리를 뒤집는 행위다. 이것은 율법의 세계에서만 가능한 계산법이다. 자신의 행위를 계산하는 자, 하나님으로부터 버려질 것이다.

자신의 선행을 기억할 줄 모르는 사람들

하나님께 받아들여지는 사람들은 자신이 행한 모든 선한 일을 기억하지 못한다. 천국에서 주님으로부터 받아들여지는 사람은 누구인가? 마태복음 25장에 주님께서 종말론 강의하실 때 확실한 답을 주신다. 천국에서 일어난 일을 주님이 하시는 말씀이다. 하나님 보좌 오른쪽과 왼쪽에 사람들이 있는데, 의인과 악인들이다. 오른쪽에 있는 의인들에게 하나님은 엄청난 칭찬을 하신다. 듣는 사람들이 민망할 정도다. "얘들아, 너희가 세상에서 살아갈 때 나에게 얼마나 잘 해줬는지 몰라. 내가 너희만 보면 너무너무 정말 보고 싶었다" 하고는 "이쪽에 앉아라. 오른쪽에 앉아라" 하신다.

오른쪽 사람들은 민망함을 견디지 못해 묻는다. "우리가 도대체 뭘 했는데요?" 하나님은 그 이유를 이렇게 설명하신다. "너희가 말이지 내가 배고플 때 먹을 것을 줬지. 내가 목마를 때 마실 것 줬지. 내가 나그네 되어서 외로울 때 나를 친구로 영접해서 대접해 줬지. 내가 헐벗었을 때 너는 옷을 입혀줬지. 내가 병들었을 때 병문안 왔었지. 내가 옥에 갇혔을 때 고통당하고 사람들에게 비난받을 때, 나에게 와서 위로해 주고 면회 왔지."

그 소리를 들은 오른쪽 사람들은 얼굴이 화끈거려 어찌할 바를 몰라 하며 다시 묻는다. "제가 언제요? 제가 언제 주님이 목마를 때 마실 것을 주고, 언제 주님이 옥에 갇혔을 때 제가 면회 갔습니까?" 하나님이 하시는 말씀이, "내 형제 중에 지극히 작은 자들에게 했던 것이 나에게 한 것이야." 이 말에 오른쪽 사람들은 입을 벌리고 한동안 말을 잇지 못한다.

천국에서 칭찬받는 사람은 자기가 한 것을 기억하지 못하는 사람들이다. 자신들의 선행과 섬김이 너무 자연스럽고 일상적이어서 계산할 생각도 못 하는 자들이다. 오른손이 하는 걸 왼손이 모를 정도로 그들은 자신들이 한 행위들에 대해서 점수를 매길 생각도 못 하는 자들이다. 하나님께서 은혜를 베푸셔서 하는 모든 행위는 기억을 못 한다. 우리에게 은혜를 베푸셔서 하신 자연스러운 행동인데 그것을 어떻게 기억하겠는가? 오른쪽 의인들은 그 은혜의 깊이에 빠진 사람들이다. 그러나 왼쪽 자리에 있는 사람들, 하나님께 버려진 사람들의 특징은 자신들의 일거수일투족을 모두 기억하고 계산하고 따지는 사람들이다. 그리고 하나님께 계산서를 내놓으며 자신의 권리를 주장하는 사람들이다.

고통받는 자에게 잘해준 사람들

하나님 섬김과 사람 섬김이 별개의 사안이 아니다. 인간 윤리가 곧 하나님 신앙이다. 하나님을 섬김은 곧 사람을 섬김이다. 사람을 잘 섬기는 것이 하나님을 잘 섬기는 것이다. 소자를 섬김이 하나님을 섬김임을 아는 자, 주님께 받아들여지리라. 천국에서 하나님이 칭찬하는 사람들은 이 땅에서 사람들에게 잘한 사람들이다. 사람을 하나님처럼 여기고 잘 대접한 사람들이다. 천국에서 버려짐을 당하는 사람들은 이 땅에서 사람들을 무시한 사람들이다. 예배와 기도는 잘 드리면서 사람들을 막대한 사람들이다. 신앙과 윤리가 분리된 사람들이다.

지금 예수의 말씀은 하늘의 말씀이지만 동시에 인간을 위한 말씀이다. 이 땅에서 고통받는 사람들에게 해 준 것이 곧 하나님께 한 것인데, 왜 다른 것에서 찾으려 하느냐? 예배드리고 하나님을 찬양하고 주여 주여 한다고 해서 이것이 하나님께서 받을 줄로 생각하느냐? 천만의 말씀, 만만의 말씀이다. 말로써 내가 주여 주여 내가 무엇을 했나이다, 말로써 내가 주님을 노래하는 것이 신앙의 전부가 아니라는 것이다. 이 땅에서 고통받는 자가 곧 하나님이다. 고통받는 자가 곧 예수 그리스도요, 우리 주변에서 힘들고 외로워하는 자들, 감옥에 있는 사람, 병원에 있는 사람, 아픈 사람, 배고픈 사람, 소외된 사람들이 곧 하나님이다. 그들에게 잘하는 것이 나에게 잘하는 것이야. 전혀 예상치 못한 놀라운 말씀이다.

영원한 진리란 멀리 있는 것이 아니다. 사람 속에서 하나님을 찾으라. 사람 속에 하나님이 계신다. 아주 단순한 것 같지만 참으로 놀랍고 위대한 가르침이다. 그래서 예수의 말씀은 세상에서 그 누구도 따라올 수 없는 말씀이다. 하늘을 말하는 것 같지만, 알고 보면 그 하늘 이야기가 모두 땅의 이야기이다. 산상수훈의 마지막 결론은 너무나 단순하고 의외의 말씀처럼 들린다. "사람들에게 잘하는 게 하나님께 잘하는 거야!"

말씀을 경청하고 순종하는 사람들

산에서의 가르침을 마무리하시면서 예수는 천국에 들어

갈 사람들의 면면을 말씀하고 계신다. 과연 천국에서는 어떤 사람이 받아들여지고, 어떤 사람이 내쳐질 것인가? 천국에서는 어떤 사람이 큰 사람이고 어떤 사람이 작은 사람이 될까? 놀랍게도 천국은 지상에서의 상식과 생각을 뒤집는 역설과 충격의 공간처럼 그려진다. 이 땅에서 잘 나가면 천국에서도 잘 나갈 것이라고 생각했는데 그 반대다. 현세에서 힘 좀 꽤나 썼다 싶었으면 내세에서도 그럴 것이라 생각했는데 완전히 뒤집힌다. 주여 주여 하며 하나님을 소리치며 찾는 것이 신앙 좋은 것이라 생각했는데, 아니란다. 하나님의 뜻을 조용히 행한 삶이 천국에서 칭찬받는 것이란다. 이 땅에서 주의 이름으로 선지자 노릇하고 주의 이름으로 귀신을 내어쫓았으니, 천국에서 엄청난 상을 받을 줄 알았는데, 웬일인지 하나님이 모른다 하신다. 심지어 불법을 행하는 자들이라 소리치시며 심지어 내어쫓기까지 하신다.

도대체 예수의 가르침은 왜 이토록 전복적이고 파격적인가? 어쩜 이렇게 우리의 생각과 고정관념을 뒤집으신단 말인가! 그럼 어떤 사람이 천국에 들어가 환영을 받는가? 자신이 한 일을 계산하지 못하는 사람들, 마음의 밭을 잘 가꾼 사람들, 소자에게 냉수 한 그릇 떠다 준 사람들, 고통받는 사람을 하나님으로 알고 잘 대해준 사람들, 주여 주여 하고 떠들기보다 조용히 하나님의 뜻대로 산 사람들이 천국에서 칭찬받고 환영받는 사람들이라는 것이다.

이제 마지막으로 주님이 하시는 말씀이 24-26절이다. 평소에 하나님의 말씀을 경청하는 자들이 천국에서 높은 사람들이다. 경청한다는 것은 하나님의 말씀을 듣고 행한다는 뜻이다. 모든 순종은 경청에서 나오기 때문이다. 불순종은 잘 듣지 않는 데서 온다. 대충 듣는 사람이 순종할 리 없다. 예수는 산상수훈의 말씀을 다 전하시고 듣는 자를 두 종류로 나누셨다. 듣고 행하는 자와 듣고도 행하지 않는 자. 행하지 않는 자는 모래 위에 성을 쌓은 것과 같고, 어리석은 자다. 그러나 듣고 행하는 자는 반석 위에 지은 자와 같아서, 지혜로운 자다. 그러면 듣고 행하는 자는 누구인가? 이 사람은 바로 순종하는 자다.

도대체 좋은 나무와 나쁜 열매는 언제 드러나는가? 비가 올 때 드러난다. 비가 올 때, 홍수가 칠 때, 알게 된다. 홍수가 쳐보면, 반석 위에 지은 집은 아무 이상이 없고, 모래 위에 지은 집은 말로 지은 집이다. 말로써 주여 주여 하는 자요, 귀로 듣고도 행하지 않는 자요 그리고 고통받는 자를 보고도 아무 느낌이 없이 그냥 살아왔던 자들이다. 너무나 가볍고 깊이가 없는 사람들이다. 이런 자들은 비가 오고 홍수가 나면 다 드러난다.

고난을 받아보면 다 속이 다 드러난다. 그러므로 너희는 지혜 있는 자와 같이 귀로 듣고 행하는 자가 되어서 반석 위에 지은 그런 사람이 되라고 하신다. 그랬더니 이 말씀을 듣고 많은 사람이 놀라고 깨닫는다. 기가 막혀 한다. 그 권위가 시내산에서 모세가 십계명을 들고 내려오는 것 같은 느낌이다.

예수 가르침의 핵심이요, 요약판이요, 정수인 산상수훈. 기독교 신앙과 윤리를 대표하는 최고의 상징적 가르침인 산상수훈. 모세의 토라를 부수고 새로운 기독교의 토라인 산상수훈. 예수께서 산에서 베푸신 하나님 나라의 가르침을 마무리하면서 이제 스스로 물어보자.

당신은 어떤 마음이 드는가? 속이 시원한가? 아니면 속이 먹먹한가? 아니면 답답한가? 산상수훈은 우리에게 무거운 짐과 같이 느껴지는 말씀이다. 그러나 주님께서 분명히 말씀하셨다. "무릇 사람이 할 수 없는 것을 하나님을 하실 수 있느니라(눅 18:27)." 우리는 할 수 없지만 하나님은 우리를 통해서 하신다. 이 말씀은 우리가 이루기도 어렵거니와 그렇다고 해서 못 이룰 것도 없는 말씀임에는 틀림이 없다. 이것은 결코 주님만이 이룰 수 있는 말씀만도 아니다. 우리 또한 할 수 있고, 모든 제자가 이 말씀을 따라 살 수 있다. 실제로 제자들은 성령을 받고 나서 산상수훈의 말씀을 살아냈고, 예수보다 더한 능력을 가지고 세상을 변화시켰다.

PART 3

하늘의 그리스도

땅 위의 예수에서 하늘의 그리스도로

머리말

이 세상에는 두 가지 종류의 사람이 있다. 신을 믿는 사람과 믿지 않는 사람, 즉 신앙인과 불신앙인이 있다. 불신앙인을 자연인이라고 하자. 자연인에게 중요한 것은 대인 관계와 대물 관계이다. 사람과의 관계가 중요하고 자연과의 관계 혹은 물질과의 관계 등이 중요하다. 그것만 잘하면 잘 살 수 있다. 그러나 신앙인에게는 여기에 하나가 더 추가된다. 바로 대신(對神) 관계이다. 즉 신과의 관계가 새로운 삶의 관심사로 떠오른다. 특별히 사람이 기독교 신앙을 가지고 산다는 것은 하나님과의 관계를 맺고 유지하며 사는 것을 말한다. 신앙생활을 잘한다는 것은 하나님과 좋은 관계 속에 산다는 뜻이다. 핵심은 관계이다.

기독교 신앙은 어디에서 출발하는가? 간단하다. 예수 그리스도를 믿음으로 시작한다. 예수 그리스도는 누구인가? 하나님의 아들이자, 구세주이자, 그분 자체가 하나님 자신이다. 모든 그리스도인은 예수를 하나님으로 영접하고 믿는다. 그 믿음의 결과로 구원을 받아 하나님의 자녀가 되었다. 어떻게 이런 일이 가능한가? 2천 년 전 팔레스타인 땅에 인간으로 와서 33년을 살다가 십자가에서 죽은 예수라는 젊은 청년을 오늘날 내가 어떻게 하나님으로 고백하고 살 수 있는가? 여기에 기독교 신앙의 신비가 있다. 우리는 어떻게 땅 위의 인간 예수를 하늘의 그리스도, 즉 구세주로 믿게 되었으며, 나아가 하나님으로 섬기게 되었는가?

이것을 우리는 하늘의 그리스도, 즉 신앙의 그리스도라고 한다. 내가 처음 예수를 알게 된 것은 바로 신앙의 그리스도였다. 나에게 예수는 중학교 3학년 학생 시절 누군가에 의해서 전도를 받아 알게 된 분이었고, 그분을 믿으면 하나님의 자녀가 되고, 영원한 생명을 보장받는다고 들었다. 예수라는 분이 2000년 전 팔레스타인 땅에서 어떻게 살았고, 어떤 말씀을 했으며, 어떤 일을 했는지는 전혀 말해 주지 않았다. 그분이 누군지 자세히 말하지는 않았지만, 단지 그분이 나를 위해 십자가에 죽었다고만 했다. 그리고 그분을 믿고 영접하면 나는 구원을 받고 천국에 갈 수 있다고 말해 주었다. 땅 위의 예수는 아무도 가르쳐주지 않았다.

나는 어떤 이유였는지는 잘 모르겠으나 그 말을 받아들였고, 내 발로 걸어서 교회를 나갔다. 나는 그분을 잘 모르지만 내 인생의 어느 시점에 예수라는 신이 내 속에 들어왔다. 내가 처음 만난 예수는 하늘의 그리스도였다. 그저 예수를 영접하고 믿으면 된다고 해서 교회를 나갔고, 세례를 받았고, 신앙생활이라는 것을 시작했다. 그렇게 살아온 지 40년이 지났고, 지금 나는 예수를 전하는 일을 업으로 사는 목사까지 되어 살고 있다. 그때 내가 들었던 예수는 어떻게 나에게 기쁜 소식, 즉 복음이 될 수 있었을까? 내 인생을 송두리째 바꿔놓은 예수는 어떻게 내 삶의 주인이 되어 40년을 살아올 수 있었을까?

그 어린 중학생에게 형수가 나에게 전한 복음이었던 예수는 성경에서 어떤 맥락에서 온 걸까? 어떤 성서적 논리로 땅 위의 예수는 나에게 하늘의 그리스도가 된 것일까? 예수를 믿어야 구원을 받는다는, 어떻게 보면 협박 같은 단순명제는 아무런 맥락이 없어 보였다. 그러나 지금 예수를 조금이나마 알아가는 과정에서 보니 성경 전체를 꿰뚫는 놀라운 맥락이 있었음을 깨닫는다. 그것도 창세기부터 시작하여 신구약 전체가 그리스도 예수로 요약되어 나에게 전달되었다는 사실이다.

성경은 2000년 전 팔레스타인에 살던 30세 청년 예수가 오늘 나에게 기쁜 소식, 곧 복음이 되기까지 여러 가지 메시지가 있었음을 보여주었다. 훗날 나는 이 메시지들이 기독교 신앙에서 가장 중요하다는 창조론, 인간론, 죄론, 성육신론, 그리스도론 그리고 구원론이라는 것을 알게 되었다. 이제 땅 위의 예수가 하늘의 그리스도가 되어 나에게 구원의 주님이 되고, 나는 그분으로 말미암아 하나님의 자녀, 그리스도의 제자, 하나님의 종이 되었다는 성경 전체의 논리를 "아홉 가지 메시지"를 통해서 더듬어 보도록 하자.

MESSAGE 1 – 창조
"하나님이 인간을 창조하셨다"

메시지 이들앞

    성경의 첫 번째 책 창세기는 태초에 하나님이 세상을 창조했다는 선언으로 시작한다. 그리고 인간을 만드셨다고 선포한다. 인간과 세상의 근원에 대한 단언적인 메시지다. 인간이 어디서 왔는가? 세상은 어디로부터 비롯되었는가? 간단하다. 하나님으로부터 왔고 하나님에 의해 창조되었다는 것이 성경의 첫 번째 메시지였다. 여기서 중요한 것은 인간이다. 하나님으로부터 빚어진 인간이란 어떤 존재인가?

    첫째, 인간은 피조된 존재다. 스스로를 스스로의 힘에 의해 창조한 존재가 아니다. 하나님이라는 절대적 타자에 의해 만들어진 존재다. 그것도 두 가지 재료를 가지고 만들었다. 흙(dust)이라는 소재에 하나님의 숨(spirit)을 넣어 살아있는 영혼(living soul), 곧 인간이라는 생명체를 빚어내었다. 그래서 성서는 인간이 세 가지 요소로 이루어졌다고 말한다. 육체덩어리(flesh), 정신덩어리(mind) 그리고 영혼덩어리(soul)다. 그래서 우리는 인간을 육체적 존재이자 물질적 존재이며, 정신적 존재이자 영적 존재라고 부르는 것이다.

둘째, 인간은 하나님의 호흡이 들어와 있어서 어쩔 수 없이 하나님과 관계를 맺은 존재로 빚어졌다. 하나님은 인간이 맺은 최초의 관계자이다. 인간의 첫 관계의 시작은 하나님이며, 하나님과의 관계가 시작되지 않고 인간은 존재할 수 없다. 인간에게 하나님의 영이 들어와 관계하고 있기 때문에 하나님의 영이 없는 인간은 공허하고 혼란스럽고 좌절할 수밖에 없는 상태에 이른다.

알베르 카뮈는 무신론적 실존주의자로서 하나님과 관계없는 인간의 모습을 이렇게 표현했다. "나를 두렵게 하는 것은 없다. 있다면 그것은 존재의 이유를 찾을 수 없다는 것을 알게 될까 두려울 뿐이다." 하나님과 관계가 없는 인간에게 존재의 이유를 찾을 수 있을까? 그래서 어거스틴은 인간의 궁극적인 평안의 근원을 이렇게 말했다. "당신은 나를 당신과의 관계 속에 설정하셨기에 나의 영혼은 당신의 품을 떠나서는 평안을 찾을 수 없나이다." 하나님은 인간 존재의 근원이다.

셋째, 인간은 하나님을 닮은 존재다. 창세기는 하나님이 인간을 만드실 때 그분의 형상을 닮게 했다고 말한다. '이마고 데이(imago Dei)', 즉 '하나님의 형상'을 따라 인간을 빚어내었다. 하나님은 보이지 않는 분이기에 보이는 형상이 없다. 따라서 하나님의 형상이라는 말은 하나님의 신적 속성을 닮았다는 것이다. 인간에게는 하나님의 거룩한 성품

이 들어있다. 인간은 신적 존재라는 것이다. 그래서 인간은 고귀하고 존귀하다.

성서는 바로 이 말씀에 기대어 인간을 존중할 것을 강조하고 또 강조한다. 가난한 사람을 학대하는 것은 하나님을 학대하는 것이라고 가르친다. 목마른 사람에게 냉수 한 잔 건네는 것은 하나님을 대접하는 행위라고 선언한다. 극단적으로 말하자면, 인간을 죽이는 것은 하나님을 죽이는 것이다. 인간 속에는 하나님의 형상이 들어있기 때문이다. 그래서 인간은 너무나 존엄한 존재다.

넷째, 인간은 하나님이 긍정하신 존재다. 창세기를 보면 하나님이 만물을 창조하실 때마다 평가하신 장면이 나온다. 만들어 놓고 보시면서 너무 좋아하셨다. 이것을 7번이나 반복하신다. 모든 피조물을 만드실 때마다 아주 만족스러웠고 아름다웠다. 특히 인간을 만드시고 하나님은 매우 좋아하셨다. 그래서 인간은 어느 누구로부터도 부정되거나 거부될 수 없는 존재이다. 이 땅에 존재하는 것 자체가 하나님에게는 크나큰 의미가 있다.

다섯째, 인간은 복 받은 존재다. 하나님은 남자와 여자를 만드시고 나서 좋아하는 것을 넘어 그들에게 복을 주셨다. 사람은 피조된 존재이기 때문에 의존적인 존재이기도 하다. 의존한다는 것은 누군가의 도움이 필요하다는 뜻이다. 사람은 누군가의 도움 없이는 살 수 없는 존재다. 스스로 노력하여 성공한다는 '자수성가'란 말은 기독교 신앙에서 볼 때 언어도단이다. 인간 존재의 근원자로부터 보호와 도움을 받아야 한다. 이것을 복이라고 한다. 인간은 하나님이 도와주셔야 살 수 있는 존재다. 그래서 하나님은 처음부터 인간의 삶에 개입하셔서 도와주기로 하셨다. 인간의 모든 일거수일투족이 하나님의 관심사다. 그냥 내버려 두지 않으신다. 인간을 만드신 분이 인간을 책임지시겠다는 것이다. 그것이 복이다.

이처럼 성경은 인간의 첫 모습을 피조된 존재, 하나님과 관계된 존재, 하나님을 닮은 존재, 하나님이 긍정하신 존재 그리고 복받은 존재라고 분명히 밝힌다. 그러므로 기독교는 죄가 들어오기 전의 처음 인간의 상태를 지극히 선하고 존귀한 존재로 본다. 인간은 원래 하나님으로부터 나온 신적 존재라는 것이 인간에 대한 성경의 첫 번째 메시지다.

MESSAGE 2 - 타락
"인간은 하나님을 떠나 타락했다"

하늘이 그린 땅

창세기는 인간의 첫 모형으로 아담과 하와라는 두 인물을 등장시킨다. 흙이라는 뜻을 가진 아담은 그 이름 속에 인간이 어디서 왔는지 보여준다. 아담과 하와는 에덴동산이라는 곳에서 인생을 시작한다. 에덴동산은 하나님이 우리에게 보여주신 최초의 사회이자 환경이다. 완벽한 곳이다. 이곳에는 생명나무와 선악을 알게 하는 나무가 있다(창 2:9). 동산의 각종 나무의 열매를 마음대로 먹을 수 있는 자유가 있다(창 2:16). 그러나 선악을 알게 하는 나무는 먹어서는 안 된다는 정의와 법이 있다(창2:17). 에덴동산에서 두 사람은 벌거벗었으나 부끄러워하지 않는 사랑을 나눈다(창 2:25). 하나님께서 최초로 인간에게 주신 에덴동산은 생명과 자유와 정의와 사랑으로 움직이는 사회였다. 에덴을 인간의 가장 이상적인 공간이라고 부르는 이유다.

바로 이곳에 뱀이 등장한다. 뱀은 하나님의 피조물 중에 가장 간교한 짐승이다. 기독교에서는 뱀을 사탄의 상징으로 여긴다. 그는 혼자 있는 하와에게 하나님이 하신 말씀에 토를 달며 도전한다. "하나님이 참으로 너희에게 동산 모든 나무의 열매를 먹지 말라 하시더냐(창 3:1)?" 하나님의 정의를 문제 삼는 질문이다. 하와는 하나님의 말씀을 들어 대답한다. "동산 중앙에 있는 나무의 열매는 하나님의 말씀에 너희는 먹지도 말고 만지지도 말라 너희가 죽을까 하노라 하셨느니라(창 3:3)."

여기서부터 인간의 거짓 언어가 등장한다. 과장과 왜곡이다. 먹지 말라고만 했지 만지지 말라는 말씀은 없었다. 반드시 죽는다고 했지 죽을지도 모른다고 하지 않으셨다. 하나님 말씀에 대한 인간의 부정확한 지식과 거짓말은 뱀에게 공격의 빌미를 제공했다. "너희가 결코 죽지 아니하리라. 너희가 그것을 먹는 날에는 너희 눈이 밝아져 하나님과 같이 되어 선악을 알 줄 하나님이 아심이니라(창 3:4-5)."

하나님의 말씀에 대한 확신이 없어 혼란스러워하는 하와의 영혼에 뱀은 반대 명제를 단호하게 집어넣는다. "결코 죽지 않는다." 그리고 여기에 덧붙여 먹지 말라고 하신 하나님의 의도를 새롭게 해석해 준다. "하나님과 같아져서 자신의 자리가 위협당할까 봐 먹지 말라고 한 거야." 뱀은 하나님이 인간을 시기하고 견제하고 억압하는 분으로 묘사한다. 하나님은 인간의 눈이 밝아지는 것을 원하지 않는다고 뱀은 하와에게 속삭인다. 하와에게는 바로 그것이 유혹이었다. 눈이 밝아져서 하나님과 같이 되고 싶다. 새로운 세계를 보고 싶은 안목의 정욕과 흙덩

어리 존재가 영덩어리 존재가 되고자 하는 신적 욕망을 자극한다.

　욕망은 사람을 움직이는 힘이다. 눈이 밝아지고 싶어 하는 욕망과 하나님처럼 되고 싶은 욕망에 사로잡히면서 하와는 벌써 눈빛이 바뀌고 손이 움직이기 시작한다. 뱀의 말은 하와의 시각을 바꾸어 주었고, 금단의 열매가 갑자기 먹음직스럽고 보암직하고 지혜롭게 할 만큼 탐스럽게 보이기 시작한다. 뒤바뀐 안목은 마음을 움직이고 몸을 흔들기 시작한다. 하와의 손은 과감하게 열매로 향했고 그 손에 들어온 열매는 하와의 입으로 들어가 유혹의 종지부를 찍는다. 그러나 죄는 혼자만 지을 수 없는 법. 공범을 만들어야 한다. 하와는 곧바로 아담에게 열매를 먹인다. 인간이 하나님과의 관계를 깨면서 떠나는 최초의 행위다. 이를 성서는 죄(sin)라 이름 짓는다.

　하나님과 인간 사이의 정의가 깨어지는 순간 아담과 하와는 뱀의 말처럼 눈이 밝아진다. 뱀은 두 가지를 약속했다. 눈이 밝아질 것과 하나님처럼 될 것이다. 그러나 하나는 맞았고 하나는 틀렸다. 뱀의 언어는 항상 양날의 검처럼 인간에게 다가온다. 눈은 밝아졌다. 그런데 하나님이 보이지 않고 하나님처럼 되지도 않는다. 밝아진 눈으로 인간이 처음 본 것은 자신들이 벌거벗었다는 현실이다. 사랑과 정의의 가죽으로 덮여져 있어 부끄러운 줄 몰랐던 알몸이 부끄러운 것이 되어버렸다. 사랑과 정의의 눈이 떨어져 나간 자리에 인간에게 남는 것은 부끄러움과 두려움이었다. 두려움은 인간으로 하여금 하나님을 피하게 하고 숨게 만든다.

　하나님은 자신을 피하여 숨는 인간을 끝까지 찾아 나선다. 왜냐하면 하나님은 인간을 만든 주인이기 때문이다. 성서의 하나님은 인간을 만들어 놓고 내버려 두는 무책임한 분이 아니다. 하나님은 자신이 손수 자신의 생각과 꿈을 가지고 인간을 빚으셨기에 인간에 대한 무한한 책임감을 떨치지 못하신다. 인간의 삶에 깊이 참여하셔서 관계하신다. 인간은 그런 하나님이 무섭고 싫어서 도피하여 숨고 싶어 하지만, 하나님은 그런 인간을 끝까지 간섭하신다. 성서가 하나님을 인격적인 분이라고 말하는 이유다. 하나님은 열매를 먹고 숨어버린 아담과 하와를 부르신다. 그리고 왜 나를 피하는지, 왜 먹었는지를 따져 물으신다.

아담은 하나님이 하지 말라고 하신 것을 어겼기에 하나님이 두려워졌고, 그래서 도망쳤다고 대답한다. 왜 먹었는지에 대해서는 하와에게 핑계를 돌린다. 자기는 주는 것을 아무 생각 없이 받아먹었을 뿐이라고 말한다. 여기서 아담은 이 사태의 원인을 하나님께 살짝 돌린다. "이 여자가 누구입니까? 하나님이 주신 사람 아닙니까?" 하나님은 다시 하와에게 묻는다. 하와는 그 이유를 뱀에게 돌린다. 죄를 지은 인간은 일단 숨기고 본다. 그러다 드러나면 부정한다. 그러다 부정할 수 없는 지경에 이르면 합리화한다. 그것도 안 될 때는 누군가에게 책임을 전가한다. 은폐와 부정과 합리화와 희생양 찾기는 인간이 오랜 역사를 통해 터득한 죄에 대한 방어기제다.

이로써 인간의 원형인 아담과 하와는 죄를 지었다. 신학에서 이것을 원죄(original sin)라 말한다. 원죄란 최초의 인간이 지은 처음 죄를 뜻하기도 하지만, 인간이라면 누구나 지을 수 있는 인류보편적 죄를 의미하기도 한다. 그리고 원죄는 하나님과 관계를 맺은 인간이 그 관계를 깨뜨려버림으로 하나님을 떠난 행위를 말한다. 하나님의 형상으로 창조된 피조물이요, 하나님과 관계를 맺은 존재요, 하나님이 긍정하신 존재이자, 하나님이 복 주신 존재인 아름다운 인간은 이제 하나님과 관계 없는 존재가 되었다. 성경은 이것을 죄인이라 말하고, 타락이라고 선언한다.

MESSAGE 3 – 원죄
"하나님을 떠난 인간은 죄인이다"

|
| 창세기 다시보기

에덴동산에서 쫓겨난 두 사람은 자식을 낳으며 인류의 계보를 이어간다. 첫 자식이 가인이요 둘째 자식이 아벨인데, 첫째가 둘째를 죽인다. 형제살해라는 인간 죄악의 극치를 바로 보여준다. 이후 인간의 족보는 죄악의 족보요, 살인의 역사며, 저주의 수레바퀴로 돌아간다. 인간은 도저히 죄악의 구렁텅이에서 헤어 나오질 못한다. 아담과 하와처럼 인간은 끊임없이 하나님의 말씀을 듣지 않았고, 왜곡했으며, 심지어 반역하여 돌아서기를 끊임없이 반복한다. 살인의 범위는 광범위해지고 잔인해졌으며 전쟁은 인류 역사 자체가 되었다. 죄는 죄를 낳았고, 인간은 스스로 죄로부터 벗어날 수 없는 존재가 되어버렸다.

로마서 1장에서 바울은 이런 인간을 '아담 안에 있는 인간'이라 했다. 진노의 자녀라고도 한다. 하나님을 알만한 것을 보여주었지만 외면하는 인간이다. 하나님을 알면서도 영광을 돌리지 않는다. 감사할 줄도 모른다. 아예 마음에 하나님이라는 단어 자체를 두기를 싫어한다. 그 결과 생각이 허망해진다. 마음은 어두워진다. 창조자를 망각한다. 대신 피조물을 창조자인 줄 알고 경배한다. 피조물을 숭배한다는 것은 자기 욕망으로 살아감을 의미한다. 결국 욕망대로 사는 인간은 합당하지 못한 일을 하며 사는 존재가 된다. 에베소서에서 바울은 하나님을 떠나 타락한 인간을 네 가지 상태에 있는 존재라고 진단한다. 허물과 죄로 죽은 존재, 세상 풍조를 따르는 존재, 공중의 권세 잡은 자를 따르는 존재, 그리고 육체와 마음의 원하는 것, 즉 욕심을 따라 사는 존재다.

바울은 또한 타락한 인간을 '모세 안에 있는 인간'이라고도 말한다. 율법으로 사는 인간이라는 뜻이다. 바울은 바리새파 출신의 대단한 율법주의자였으며, 한때 율법에 목숨을 걸었던 사람이었다. 그런 그가 부활하신 그리스도를 만난 후 율법이란 것이 얼마나 초보적인 세계였는지 깨달은 사람이기도 하다. 바울에 따르면, 율법은 지극히 선하고 거룩하고 의로운 것이다. 그러나 율법은 행할 때에만 의미가 있는 것이다. "하나님 앞에서는 율법을 듣는 자가 의인 아니요, 오직 율법을 행하는 자라야 의롭다." 그러므로 아무리 할례를 받아 하나님의 선민이라고 자부해도 율법을 행하지 않는다면 무할례자이며, 할례를 안 받았어도 율법을 행하기만 하면 할례자라고까지 말한다. 그만큼 율법은 행함이 중요하다.

문제는 이것이 어렵다는 것이다. 바울은 아무도 율법을 완벽하게 행할 수 있는 사람은 없다고 외친다. 아무도 율법의 행위로 하나님 앞에서 의롭다는 소리를 들을 수 있는 사람은 없다. 왜냐하면 율법이란 죄를 깨닫게 해 주는 일을 할 뿐, 행하게 해 주는 힘은 없기 때문이다. 그래서 바울은 아브라함의 예를 든다. 아브라함이 행위로 하나님 앞에 자랑할 것이 있을까? 없다. 오직 하나님을 믿으매 하나님께서 이를 의로 여겼다고 창세기는 증언한다. 하나님이 아브라함을 의롭다 하신 것은 행함이 아니라 믿음이었다.

바울은 나아가 율법이 없다면 그곳에는 죄를 짓는 것도 없을 것이라고 말한다. 율법이란 것 자체는 진노를 낳을 뿐이라는 것이다. 역설적이게도 율법이 들어온 것은 범죄를 더하게 하려함이라고 보았다. 율법이 없었으면 나는 죄란 것도 몰랐을 것이다. 바울은 예를 든다. 율법이 탐내지 말라 하지 않았으면 내가 탐심이란 죄를 알았을까? 죄가 기회를 타서 율법을 통해서 내 속의 온갖 탐심을 불러일으켰다는 것이다. 그러므로 율법은 죄를 더욱 죄 되게 하는 역기능이 있다는 것이다. 이 정도 지경에 이르자 바울은 로마서 7장 19-24절에서 자신의 고뇌를 이렇게 표현한다.

> 내가 원하는 바 선은 행하지 아니하고 도리어 원하지 아니하는 바 악을 행하는도다. 만일 내가 원하지 아니하는 그것을 하면 이를 행하는 자는 내가 아니요 내 속에 거하는 죄니라. 그러므로 내가 한 법을 깨달았노니 곧 선을 행하기 원하는 나에게 악이 함께 있는 것이로다. 내 속사람으로는 하나님의 법을 즐거워하되 내 지체 속에서 한 다른 법이 내 마음의 법과 싸워 내 지체 속에 있는 죄의 법으로

> 나를 사로잡는 것을 보는도다. 오호라 나는 곤고한 사람이로다. 이 사망의 몸에서 누가 나를 건져내랴.

내 속에 선과 악이 공존한다. 그런데 악이 더 강하다. 악은 내 마음과 상관없이 나를 이끌고 간다. 이런 나를 이끌고 다니는 실체를 나중에야 깨달았다. 내가 아니고 내 속에 죄란 놈이다. 그것이 나였다면 내가 어떻게든 해보겠다. 그러나 그것이 죄라는 다른 실체이기에 나는 아무것도 할 수 없다. 곤고하고 답답할 뿐이다. 여기서 율법은 나에게 아무것도 해 주는 게 없다.

바울의 말을 정리해 보자. 율법이란 행위의 법이다. 행하면 교만해지고, 행하지 못하면 죄책감에 시달린다. 율법은 하나님 중심의 법이 아니라 인간 중심의 법이다. 율법이 우리를 구원할 거라는 생각은 아예 하지 말아야 한다. 그러나 율법은 우리를 그리스도께 인도하는 초등교사 역할 정도는 한다. 행위로 하나님 앞에 의롭다는 소리를 들을 수 없다는 것을 알게 해 주고, 죄를 깨닫게 해 주고, 결국 인간의 도덕적 능력의 한계 앞에 서게 해 준다는 면에서 그렇다. 이제 인간은 스스로를 구원할 수 없으며, 죄의 권능 앞에서 비참하게 지배당하는 불쌍한 존재가 되어버렸다. 누가 하나님을 떠나 죄인된 인간을 구원할 수 있을까? 그것이 구약성경이 남겨놓은 심각한 문제였다.

MESSAGE 4 – 성육신
"하나님이 인간에게 찾아오셨다"

성육신 메시지

    기독교가 신구약 전체를 통해 강력하게 주장하는 것은 인간은 스스로를 구원할 수 없다는 사상이다. 하나님을 떠난 인간에게는 어떠한 죄의 해방의 가능성이라곤 찾을 수 없다. 피땀 흘려 노력하여 이를 수 있는 거룩의 경지란 인간에게 아예 없다. 윤리적으로 도덕적으로 흠결 없이 살아서 의인이라는 소리를 들으며 천국으로 들려 올라갈 수 있는 인간은 이 땅에 아주 없다. 성경은 인간의 죄 깊이에 대하여 심도 있게 주목한다. 기독교는 죄에 대한 인간의 능력에 근본적으로 회의적이다. 바울은 이런 인간의 실존에 대하여 시편을 인용하여 단정한다.

> 기록된 바 의인은 없나니 하나도 없으며 깨닫는 자도 없고 하나님을 찾는 자도 없고 다 치우쳐 함께 무익하게 되고 선을 행하는 자는 없나니 하나도 없도다. 그들의 목구멍은 열린 무덤이요, 그 혀로는 속임을 일삼으며 그 입술에는 독사의 독이 있고, 그 입에는 저주와 악독이 가득하고, 그 발은 피 흘리는 데 빠른지라. 파멸과 고생이 그 길에 있어 평강의 길을 알지 못하였고 그들의 눈앞에 하나님을 두려워함이 없느니라 함과 같으니라 (롬 3:10-18).

바울이 내린 결론은 "모든 사람이 죄를 범하였으매 하나님의 영광에 이르지 못한다(롬 3:23)"는 것이다. 바울의 이 문장은 기독교의 죄론을 대변하는 사상이다. 어떠한 인간도 스스로의 힘으로, 스스로의 노력으로, 스스로의 간절함으로 하나님의 영광에 이를 수 없다는 것이 성경이 줄기차게 강조하는 가르침이요, 기독교가 2,000년 동안 외쳐온 인간의 전적 타락(Total depravity) 사상이다.

인간은 스스로의 힘으로 하나님과의 관계나 하나님의 형상을 회복할 가능성이 전혀 없다. 이제 인간에게 필요한 것은 하나님 쪽에서의 구원의 손길이다. 성경은 끊임없이 하나님이 인간을 구원하시는 사건의 책이다. 철학적 종교이자 인간 중심적 책임을 강조하는 불교에서는 구원이란 말 자체가 없다. 자기 스스로 노력해야 한다. 그런데 성경은 끊임없이 하나님이 인간 세상에 들어오셔서 간섭하시고 도와주시고 보호하시며 구원하는 사건으로 가득하다. 아브라함을 부르셨고, 이삭을 도우시고, 야곱과 함께하시고, 요셉을 형통하게 하시며, 모세를 인도하시고, 수많은 하나님의 사람들을 이끌어 내시는 하나님의 구원 이야기 책이다.

불교는 자율적 해탈을 촉구하지만, 기독교는 타율적 구원을 선포한다. 불교는 인간의 능력을 신뢰하지만, 기독교는 인간의 능력을 믿지 않는다. 불교는 인간이 스스로 열반에 도달할 수 있다 말하고 수행을 권한다. 그러나 기독교는 인간은 스스로는 아무것도 할 수 없어 누군가 도와주어야 일어설 수 있는 존재라 말하고, 구원한 자에게 겸손하고 감사하라고 가르친다.

신약성서에서 예수의 등장은 바로 하나님 구원의 최종판이다. 예수가 이 땅에 태어났다는 것은 단순히 한 아이가 태어난 것이 아니다. 창세 전에 아버지 하나님과 함께 계셨던 아들 하나님이 예수라는 이름으로 인간 세상에 들어오셨다는 것이다. 이것을 기독교 신학에서는 성육신(Incarnation)이라고 한다. 신이 인간의 몸으로 인간의 세상에 들어와 인간의 삶을 살게 되었다는 뜻이다. 사람이 개미를 구원하기 위해 개미의 몸을 입고 개미의 세상에 들어가 개미의 삶을 산다는 참 신비한 신학이다. 예수 그리스도의 탄생은 바로 죄인된 인간을 구원하시기 위하여 하나님이 팔을 걷어붙이시고 인간의 모습으로 인간의 세상에 들어오신 하나님의 궤도이탈 사건이다.

나의 형수가 중학교 시절 나에게 복음을 전해줄 때, 예수에 대해서 이야기한 것은 오직 한 가지밖에 없었다. 종말에 있을 무서운 이야기를 한참 늘어놓으며 어린 중학생에게 공포심을 조장한 후, 해결책으로 내놓으신 것이 교회로 나가 예수를 영접하라는 것이었다. 예수가 누구인지, 어떤 분인지에 대해서는 한 마디도 없었다. 무서운 마음에 교회를 직접 걸어 나간 나는 그때부터 교회를 다니며 예수를 믿었지만, 예수가 누구인지에 대해서는 신학대학에 들어가고 나서부터였다. 고등학교 3년 동안 교회를 다녔어도 목사님을 통해 들은 이야기는 예수의 십자가와 부활뿐이었다. 너의 죄를 위해 십자가에서 대신 돌아가셨고 부활하셨으며, 너를 용서하셨다는 복음이었다.

지금 생각해도 나의 시골교회 목사님은 복음의 핵심만 이야기하신 것 같다. 죽었다 살아나셨다는 것이다. 바로 그 과정에 구원의 길이 열렸다는 것이다. 구원의 길이 바로 예수이며, 예수가 십자가의 죽음을 통해 헬라어로 크리스투스, 히브리어로 메시아, 우리말로 구세주가 되었다는 것이 복음의 핵심 아닌가? 물론 예수는 이 땅에 오셔서 3년 동안 하신 일이 많았다. 천국 복음을 선포하는 일(preaching)에 집중하셨고, 이를 어려워하는 사람들에게 풀어서 가르치셨고(teaching), 몸이 아프고 마음이 괴로운 자들을 치유(healing)하셨으며, 귀신들을 내쫓으셨다.

MESSAGE 5 – 인간 예수
"예수는 네 가지 모습으로 나타나셨다"

하늘의 그리스도

　예수의 모습을 놓고 많은 이름이 붙여졌다. 무엇보다 이른 아침 미명이나 밤늦은 시간을 찾아 항상 기도하는 습관 때문에 예수는 **신비주의자**(Mythicist)의 모습을 보여주었다. 성경에서 신비주의자란 하나님, 곧 성스러운 존재에 대한 생생한 체험을 갖고 있는 사람을 말한다. 아브라함, 야곱, 모세, 엘리야, 엘리사로 이어지는 영적 전통이다.

　특히 예수는 환상을 보았고, 금식을 비롯하여 오랜 시간 동안 기도하였으며, 끊임없이 하나님과 친밀하고자 애쓰고 직접 소통하고자 하셨다. 신비주의자로서 예수는 철저히 하나님을 중심에 모시고 사셨다. 광야에서의 40일 금식이나, 새벽이나 밤늦은 시간의 기도, 변화산에서의 기도, 겟세마네에서의 피땀 흘린 기도는 예수께서 얼마나 기도의 사람이었는지를 잘 보여주는 사례들이다.

예수는 **치유자**(Healer)이기도 하셨다. 고치시는 예수다. 사실 예수의 공생애 일정의 25퍼센트가 치유 사역으로 가득하다. 앞을 못 보는 자, 못 걷는 자, 손 마른 사람, 한센병 환자, 열병 걸린 자, 귀신 들린 자, 심지어 죽은 자까지 살리는 놀라운 치유의 능력을 베푸셨다. 예수의 치유는 육체로부터 시작하여 정신과 영혼까지 아우르는 전인적인 회복이자 재창조였다. 육체로 인해 망가진 것은 육체만이 아니었다. 마음의 자존감이 망가졌고, 하나님과 소통할 영적 통로마저 막혀 있음을 보셨다. 육체를 고치는 것으로 끝나지 않고 정신세계를 바로잡고, 영혼을 새롭게 하여 하나님을 만날 수 있도록 이끌어 주셨다. 예수의 병고침을 영어로 치료(cure)라 하지 않고 치유(healing)라 하는 이유가 그것이다. 영과 혼과 육을 모두 아우른다는 것이다.

예수는 **지혜의 스승**(a wisdom Teacher)이다. 당시 유대교의 눈으로 볼 때, 예수의 모습은 놀라운 능력을 소유한 권위 있는 랍비였다. 실제로 많은 사람이 예수를 부를 때 랍비라고 불렀다. 예수는 실제로 제자들을 두고 있는 스승이었고, 그가 가르친 내용의 핵심은 하나님 나라의 본질과 가치였다. 추상적이고 형이상학적일 수 있는 하나님 나라를 일반 민중들에게 가르치기 위해 예수는 기가 막힌 비유를 통해 전달했고, 그 속에는 항상 이야기와 은유가 있었다.

그의 가르침은 전통적인 편견과 선입관을 깨뜨리는 것이었고, 모세의 율법을 뒤집는 것처럼 보일 정도로 새로웠으며, 바리새인과 서기관들처럼 전문적인 종교인들에 비해 권위가 있었다. 나아가, 단순히 설명으로만 그치지 않고 예수는 이를 제자들에게 세상에 보내어 실습하게 했고, 적잖은 효과를 거두기도 했다. 그의 가르침 속에는 이 세상 사람들이 추구하는 것과는 다른 길을 제시했다. 좁은 길을 추천했고, 보이지 않는 것을 추구하게 했으며, 하나님께로 돌아서길 원했고, 하나님의 자녀이자 자신의 제자로서 십자가를 질 것을 촉구했다. 이웃의 범위를 좀 더 확장하기를 원했으며, 그들을 사랑하는 것이 곧 하나님을 사랑하는 것이라고까지 해석했다. 그야말로 파격적인 가르침이었다.

예수의 파격적 가르침은 **사회적 예언자**(a social Prophet)의 모습으로 발전한다. 예수의 가르침은 근본적으로 당시의 종교지도자와 정치지도자와는 궤를 같이할 수 없었다. 그들은 식민지 사회에서 사회적 기득권을 공유하는 관계였고, 그들은 부와 명예와 권력을 함께 누리는 지배계층의 사람들이었다. 그들과 같은 소수의 부자가 더 부자가 되고 수많은 사람이 가난하게 되는 지배체제에 대하여 예수는 급진적인 비판자로 각을 세웠다.

예수는 종교지도자들에 대하여, 정치지도자들에 대하여, 과거의 낡은 전통적 가치에 대하여 과감한 비판을 멈추지 않았다. 성전을 둘러엎으며 "내 집은 기도하는 집인데 너희들이 강도의 소굴로 만들었도다" 하신 선언이나, "새 포도주는 새 부대에 담아야 한다"라고 하신 말씀이나, "사람이 안식일을 위하여 있는 것이 아니라 안식일이 사람을 위하여 있느니라" 하신 주장은 예수를 지혜의 스승을 넘어, 이사야나 예레미야와 같이 선지자의 모습으로 비치기에 충분했다.

예수께서 가이사랴 빌립보에서 제자들에게 사람들이 나를 누구라 하느냐 물으셨을 때, 제자들이 조사한 결과는 엘리야, 예레미야, 세례요한이었다. 능력을 행하는 걸로 보아서는 엘리야 같고, 이스라엘 민족을 사랑하고 눈물을 흘리는 것을 보면 예레미야 같고, 과감하게 지배계층의 사람들을 향해 쓴소리를 하는 것을 보면 세례요한 같다고 느낀 것이다. 당시 사람들에게 예수는 예언자의 모습으로 보인 것은 분명한 사실이다.

MESSAGE 6 – 십자가와 부활
"예수는 십자가에서 죽고 부활하셨다"

하늘의 그리스도

    위에서 요약한 예수의 네 가지 이름은 당시 예수를 만났던 사람들, 따라다니던 제자들의 눈에 비친 모습이었다. 기도하는 신비주의자, 병 고치는 치유자, 잘 가르치는 랍비 그리고 하나님의 공의를 직설적으로 던지는 사회적 예언자는 당시 예수 주변의 모든 사람이 증언하는 예수의 면면들이다. 여기까지가 역사적 예수가 보여준 모습이다. 그러나 이제부터 말하는 두 가지 모습은 신앙의 그리스도로서 제자들이 후에 성령을 받고 고백한 모습이다. 이른바 하늘의 그리스도요, 우리의 구세주요, 메시아로 영접한 예수의 모습이다.
    첫째, 예수는 고난의 그리스도다. 예수는 하나님의 어린 양이다. 나를 위해 돌아가신 예수의 모습을 일컫는 말이다. 예수 인생의 끝은 십자가의 죽음이었다. 33년 인생 중 1주일밖에 안 되는 짧은 기간 중에 일어난 죽음의 사건이다. 그 사건이 그의 33년 인생 모두를 말해 주는 대표적인 상징이 되었다.

예수의 사상은 워낙 과감하고 급진적이어서 종교지도자들로부터 강한 반발을 샀고, 하나님을 모독하는 자라는 비난을 끝까지 받았다. 하나님은 아버지이시고, 자신은 하나님의 아들이며, 하나님의 일을 하며, 하나님이 자신 안에, 자신이 하나님 안에 있으며, 하나님을 사랑한다는 말을 공공연히 강조하고 다니셨고, 이에 종교지도자들은 신성모독죄를 씌워 재판에 넘긴다. 물론 산헤드린 공의회와 같은 종교의결기관이 신성모독죄인을 죽일 권한이 없음에도 불구하고 너무나 죽이고 싶었던 것이다.

종교적인 사안에 비교적 관대했던 로마제국의 속성을 잘 알았던 유대 종교지도자들은 예수를 정치적 사안으로 바꾸어 빌라도의 재판정에 세운다. 로마제국이 가장 싫어하고 예민해 하는 것, 반역의 혐의를 씌운 것이다. 유대인들을 선동하여 전쟁을 일으켜 로마제국으로부터 해방하여 자신이 유대의 왕이 되고자 하는 열혈무장투쟁 지도자의 모습으로 둔갑시켜 버린다. 결국 예수의 십자가 죄패의 이름은 "유대인의 왕"이었고, 철저히 정치적 죽음으로 위장된다.

제자들은 이후 성령을 받고 나서 예수의 죽음을 새롭게 깨닫게 된다. 예수의 죽음은 "나와 너, 우리 모두의 죄악을 대신 짊어지고 돌아가신 대속의 사건"이었다. 나아가 모든 "인류의 죄를 위하여 대신 돌아가신 구원의 사건"이었다. 구약의 이스라엘 사람들이 하나님 앞에 나아가려면 양을 잡아서 바치면서 자신의 모든 죄를 양에게 뒤집어씌우는 동물을 통한 속죄를 해야 했듯이, 이제 예수의 죽음은 우리의 죄에 대해 속죄하는 어린 양이다.

예수의 죽음으로 죄인 된 우리가 하나님과 화목할 수 있게 되었고, 하나님과 우리 사이에 죄악의 막힌 담이 무너졌으며, 하나님께 한 발자국도 나아갈 수 없었던 우리가 이제는 하나님을 아버지라 부르게 되었다. 아담과 함께 죄인이 되었던 우리가 이제 예수의 죽음을 힘입어 의롭다 인정을 받았으며, 하나님의 자녀라는 칭호를 다시금 얻게 되었다. 거듭났고 구원받았으며, 나아가 영원한 생명을 선물로 받은 존재가 되었다. 새사람이 되었고, 새로운 피조물이 되었으며, 하나님이 입양하신 양자가 되었다.

둘째, **예수는 부활의 그리스도**다. 십자가에서 죽임을 당하고 영원히 무덤에 묻히지 아니하고 3일 만에 다시 살아나셨다. 부활하신 주님은 40일 동안 이 땅에 계시면서 마리아를 비롯한 모든 제자에게 그 모습을 보이셨고, 500여 제자들에게까지 나타내셨으며, 심지어 예수를 핍박했던 바울에게까지 부활의 모습으로 보이셨다. 만일 예수께서 십자가에 못 박혀 죽었다는 것으로 끝났다면 기독교는 훌륭한 사상을 전파하다 억울하게 죽은 한 성인을 추모하는 종파로 남았을 것이다. 소크라테스의 죽음처럼 말이다.

예수는 부활하심으로 기독교는 추모와 애통의 종교가 아니라 희망과 생명의 종교, 증언과 선포의 종교로 급변한다. 이제 제자들에게 예수의 삶은 오직 두 가지로 요약된다. 십자가와 부활, 고난과 영광, 죽음과 생명이다. 십자가 없이 부활이 없으며, 고난 없이 영광이 없으며, 죽음 없는 생명은 없다. 이것이 기독교 신앙의 축이며, 예수의 전부이며, 복음의 핵심이다. 결국 복음서라고 하는 것은 예수라는 분에 대한 일대기이고 전기이며 요약이다. 그 속에서 예수는 기도하는 신비주의자, 말씀을 가르치는 지혜의 스승, 하나님의 뜻을 과감히 외치는 선지자, 사람들의 영혼육을 고치는 치유자의 모습으로 비치고 있다. 그러나 십자가의 죽음을 거치고 부활의 영광에 이르신 예수의 모습을 모두 목격한 제자들에게 예수는 오직 두 가지 모습밖에 남지 않았다. 바로 고난의 주와 부활의 주다.

복음서라고 하는 것은 예수의 여러 가지 모습이 있음에도 불구하고 오직 십자가와 부활 때문에 쓰인 책이다. 마태복음이 40퍼센트, 마가복음이 60퍼센트, 누가복음이 33퍼센트, 요한복음이 50퍼센트나 되는 분량을 왜 십자가와 부활 이야기에 할애했겠는가? 우리가 역사적인 인물을 기억할 때는 항상 그 인물의 인생에서 가장 대표적인 사건이 하나씩 있게 마련이다. 이순신 장군 하면 누가 뭐래도 임진왜란이다. 세종대왕은 수많은 일을 했지만 단연 한글 창제다. 스티브 잡스 하면 곧바로 애플이다. 마찬가지로 예수 그리스도 하면 십자가와 부활이다. 그렇게 많이 공부한 바울은 예수를 믿고 나서 지식관이 이렇게 바뀌었다. "내가 너희 중에서 예수 그리스도와 그가 십자가에 못 박히신 것 외에는 아무것도 알지 아니하기로 작정하였음이라(고전 2:2)."

바울을 비롯한 모든 제자, 이제 그 전통을 이어받은 우리에게 예수 그리스도는 구원자이며, 그 구원은 십자가의 죽음과 부활의 생명에서 비롯함을 알게 되었다. 이제 그의 죽음과 부활은 "허물로 죽은 우리를 그리스도와 함께 살리셨고(엡 2:5)", "전에 멀리 있던 너희가 그리스도 예수 안에서 그리스도의 피로 가까워졌으며(엡 2:13)", "둘로 하나를 만드사 막힌 담을 허셨으며(엡 2:14)", "우리가 아직 죄인 되었을 때에 그리스도께서 우리를 위하여 돌아가심으로 하나님께서 우리에 대한 자기의 사랑을 확증(로마서 5:8)"하셨다.

예수의 십자가와 부활은 하나님이 우리를 사랑하신다는 결정적 확증의 사건이 되었다. 그렇다면 우리는 어떻게 확증하신 그 하나님의 사랑이 나의 것이 될 수 있을까? 하나님께서 예수를 통하여 구원의 길은 열어놓으셨는데, 그것이 어떻게 나의 것이 될 수 있을까? 나는 어떻게 그 길에 들어갈 수 있을까?

MESSAGE 7 - 믿음
"나는 예수를 믿음으로 구원을 받았다"

하늘의 마지막

    모든 연설이나 대화나 이야기에서 가장 중요한 것은 마지막에 있다. 그래서 모든 말은 끝까지 들어보아야 한다. 구원도 마찬가지다. 앞에서 말한 메시지들은 구원에 이르는 예비단계. "하나님이 세상만물과 인간을 창조하셨다(제1 메시지)." "그런데 인간은 하나님을 떠나 타락했다(제2 메시지)." "그래서 하나님이 예수 그리스도를 보내주셨다(제3 메시지)."

    이것만으로도 엄청난 이야기다. 그런데 나와는 상관이 없다. 예수 그리스도가 이 땅에 오셔서 십자가에서 죽고 부활했다는데, 어쩌란 말인가? 심지어 나를 위해 죽었다고 제자들이 입에 거품을 물고 외치는

데, 나보고 어쩌란 말인가? 내가 무엇을 어떻게 해야 한단 말인가? 이제 중요한 것은 예수의 죽음과 부활이 나의 구원과 어떻게 연결될 수 있는가에 관한 것이다. 십자가와 나를 연결하는 고리는 무엇인가? 타락하여 하나님을 떠난 내가 하나님과 다시 화해하고 하나님의 사람으로 관계할 수 있는 구원의 매개는 무엇인가? 성경은 이것을 '믿음'이라고 선언한다.

신약성경은 구원의 길로서의 믿음의 법을 말한다. 예수는 요한복음 3장에서 한밤에 조용히 찾아온 유대의 원로 랍비 니고데모에게 거듭나야 할 것을 거듭 세 번이나 강조하신다. 거듭나야 하나님 나라를 볼 수도 있고 들어갈 수 있다고 말이다. "게네데(태어남) 아노덴(거듭) 해야 한다." "아노덴"이 문제다. "하늘로부터"라는 뜻과 "다시, 새롭게"라는 이중 의미가 있는 단어다. 하늘로부터 다시 태어나지 않으면 구원이란 없다는 것이다. 도대체 이해하지 못하는 노학자에게 30대의 젊은 청년 예수는 답답해하면서 구체적인 사례를 들어 풀어주신다.

모세가 광야에서 놋뱀을 들어서 그것을 쳐다본 백성들이 나았던 것처럼, 나도 십자가에 들릴 것인데 그것을 바라보는 자가 구원을 받을 것이다. 여전히 알아듣지 못하는 니고데모에게 예수는 '바라봄'이란 무엇인가를 그 유명한 요한복음 3장 16절로 요약해 주신다. "하나님이 세상을 이처럼 사랑하사 독생자를 주셨으니 이는 그를 믿는 자마다 멸망하지 않고 영생을 얻게 하려 하심이라." 십자가의 예수를 바라본다는 말은 결국 믿음이라는 것이다.

예수께서 요한복음에서 밝힌 거듭남의 비밀로서 내놓은 믿음을 기독교 구원의 핵심으로 올려다 놓은 사람이 사도 바울이다. 바울은 비록 땅 위의 예수를 직접 따랐던 직제자는 아니다. 그러나 부활한 그리스도를 다메섹에서 체험한 이후 그는 자신이 30년 이상 몸담았던 바리새파의 율법 체계를 그리스도 예수를 중심으로 비판적으로 주변화시키고 해체해 버린다. 예수의 죽음과 부활이 바울에게 "게데네 아노덴(하늘로부터 다시 태어남)"이 되었다. 이제 바울에게 중요한 것은 율법을 외우고 지키고 수행하는 인간의 수고가 아니다. 오직 예수 그리스도를 통하여 하나님이 자신에게 주신 일방적 구원의 은혜가 모든 것이 되었다.

그는 다메섹 체험 이후 30년 동안 지중해 전역을 떠돌면서 로마에서 참수당하여 죽기까지 예수 그리스도로 말미암는 하나님의 구원만을 외쳤다. 그가 자신이 개척한 교회들에게 쓴 13개가량의 편지는 모두 예수 그리스도의 십자가와 부활 이야기로 가득하다. 특히 로마서는 그가 가장 체계적이고 논리적으로 쓴 구원 설명서다. 그가 남은 반평생 동안 지중해 19,000킬로미터를 돌아다니며 전하고자 했던 구원의 메시지에서 가장 주요한 것은 믿음이다.

> "너희는 그 은혜에 의하여 믿음으로 말미암아 구원을 받았다(엡 2:8)."
> "그것은 너희에게서 난 것이 아니고 하나님의 선물이다(엡 2:8)."
> "행위에서 난 것이 아니다. 그러므로 누구든지 자랑하지 못한다(엡 2:9)."
> "이제는 율법 외에 하나님의 한 의가 나타났다. 예수 그리스도를 믿음으로 말미암아 모든 믿는 자에게 미치는 하나님의 의다.(롬 3:21-22)"
> "사람이 의롭다 하심을 얻는 것은 율법의 행위에 있지 않고 믿음으로 되는 줄 우리가 인정하노라(로마서 3:28)."

MESSAGE 7 - 믿음 "나는 예수를 믿음으로 구원을 받았다"

"복음에는 하나님의 의가 나타나서 믿음으로 믿음에 이르게 하나니 기록된 바, 오직 의인은 믿음으로 말미암아 살리라 함과 같으니라"(롬 1:17)
"성경이 무엇을 말하느냐 아브라함이 하나님을 믿으매 그것이 그에게 의로 여겨진 바 되었느니라(롬 4:3)."
"우리가 믿음으로 의롭다 하심을 받았으니 우리 주 예수 그리스도로 말미암아 하나님과 화평을 누리자(롬 5:1)."

바울 자신에게 믿음은 천지개벽할 깨달음의 결정체였다. 그는 어린 시절 지금 튀르키예 중남부의 다소에서 태어난 해외파 유대인으로서 어린 시절 예루살렘으로 역유학을 와서 당시 바리새파 최고의 학자 가말리엘 밑에서 율법을 수학한 수재였다. 그는 머리보다 가슴이 뜨거워 율법수호에 목숨을 걸고 충성했던 열혈 바리새인이었다. 그 열정이 스데반을 죽음에 이르게 했고, 수많은 그리스도인을 힘들게 했다. 그런 그였다.

그런 그가 부활한 예수를 만나고 아라비아 사막에서 3년의 깊은 침잠의 기간을 보내고, 예루살렘으로 돌아왔으나 교회에서 받아들여지지 않아 할 수 없이 고향 다소로 가 10년의 세월을 보내다, 안디옥교회의 초청으로 공동목회를 하다가 본격적으로 이방인의 사도로 지중해 연안을 세 차례를 돌며 마지막 인생을 불태웠을 때, 그가 오롯이 전한 복음의 핵심은 "예수 그리스도를 믿음으로 말미암는 하나님의 구원"이었다. 이 세상에 어떤 율법의 거룩함도, 윤리적 행위도, 종교적 수행도 따라올 수 없는 새로운 구원의 세계에 눈을 뜬 것이다.

바울에게 있어서 믿음은 하나님이 인간에게 베푸신 은혜의 선물이며, 구원의 연결고리다. 바울은 믿음이라는 것을 두 가지 차원으로 나누어 사용했다. 하늘로부터 내려와 구원하는 은총으로서의 믿음(faith)과 인간이 노력하여 얻을 수 있는 수단으로서의 믿음(trust)이다. 앞서 말한 바울의 믿음은 바로 은혜로서의 믿음이다.

은혜로서의 믿음은 인간이 노력하여 얻을 수 있는 것이 아니다. 말씀을 많이 읽고 기도를 많이 하고 봉사와 선교에 힘쓰면서 생겨난 믿음이 아니다. 어느 순간 예수를 만나면서 내 속에 생겨난 믿음이다. 하나님으로부터 일방적으로 주어진 믿음이다. 예수가 믿어지고, 그의 십자가와 부활이 믿어지고, 예수가 그리스도인 것이 믿어진다. 그래서 이 믿음을 '믿어지는 믿음'이라고 한다. '은혜로서의 믿음'이다. 수동적이다. 주어진 것이다. 100퍼센트 아니면 0퍼센트이다. 1퍼센트도 의심의 여지가 없다. 사람 사이에 차별이 없다. 하늘이 준 믿음이기 때문이다.

동시에 바울은 **노력으로서의 믿음**도 이야기한다. 내가 애써서 채우는 믿음이다. 열심히 말씀을 보고 기도하고 노력하여 쌓이는 믿음이다. 이 믿음은 앞의 '믿어지는 믿음' 이후에 오는 '믿어주는 믿음'이다. '은혜로서의 믿음'이 아니라 '은사로서의 믿음'이다. 잘 믿어지지 않지만 믿으려고 노력하면 어느 정도 얻을 수 있는 믿음이다. 사람 사이에 차별이 있는 믿음이다. 어떤 이는 병 고치는 믿음이 있고, 어떤 이는 병 고치는 믿음이 없다. 예수께 병 고침 받으러 왔을 때 예수께서 물어보았던 믿음이 이런 믿음이다. 예수의 질문 앞에 사람들의 믿음은 천차만별이었다. 믿음이 강한 이도 있고 약한 이도 있다. 사람마다 다르다. 어떤 이는 의심 없이 믿는 이가 있는가 하면, 어떤 이는 의심하며 믿는다. 100퍼센트 믿음이 있는가 하면, 50퍼센트 믿음이 있다.

바울은 구원을 얻는 데 '믿어지는 믿음'도 필요하지만, '믿어주는 믿음'도 중요함을 잊지 않는다. 최소한 인간이 구원받는 데 필요한 조건으로서의 믿음의 차원도 설명한다. 구원의 역사에서 인간이 할 수 있는 측면의 믿음을 말하는 것이다.

> "네가 만일 네 입으로 예수를 주로 시인하며, 또 하나님께서 그를 죽은 자 가운데서 살리신 것을 네 마음에 믿으면 구원을 받으리라(롬 10:9)."
> "사람이 마음으로 믿어 의에 이르고, 입으로 시인하여 구원에 이르느니라(롬 10:10)."
> "누구든지 주의 이름을 부르는 자는 구원을 받으리라(롬 10:11)."
> "믿음은 들음에서 나며 들음은 그리스도의 말씀으로 말미암았느니라(롬 10:17)."

입으로 시인하고, 마음으로 믿는 것은 인간의 적극적인 행위다. 거저 주는 선물이 아니다. 노력해야 한다. 입을 벌려야 하고 마음이 믿고자 애써야 한다. 믿고자 하는 마음을 먹어야 하고 입으로 고백하고 인정하려 해야 한다. 그리고 그리스도 구원의 말씀을 듣고 또 들어야 한다. 끊임없이 노력하고 부단히 수고해야 하는 믿음이다. 구원의 말씀에 대한 마음과 입과 귀의 적극적인 상호작용을 통해 생겨나는 믿음의 세계다. 이 믿음은 사람에 따라 어떤 이는 100퍼센트 충만한가 하면 어떤 이는 20퍼센트 빈약할 수 있다. 사람마다 다르고, 노력 여하에 따라 달라질 수 있는 믿음이다.

MESSAGE 8 – 구원의 확신
"나는 내가 구원받은 것을 안다"

여덟 번째 메시지

    그렇다면 내가 구원받았다는 확신은 어떻게 오는가? 흥미롭게도 기독교에는 '구원의 확신(Conviction)'이라는 말이 있다. 불교나 다른 종교에서 쓰지 않는 용어다. 이 말은 어떻게 보면 오만해 보이는 개념이다. 인간의 삶이란 겸손하게 노력해 가며 사는 과정인데 어떻게 자기의 상태를 놓고 확신할 수 있는가. 열반이나 해탈에 이르렀다고 어떻게 확신할 수 있는가. 건방져 보인다. 그런데 기독교적 인간은 자기 노력의 존재가 아니라 하나님의 은혜를 입은 존재다. 스스로를 구원하는 존재가 아니라 하나님으로부터 구원받은 존재다. 자율적 수행의 종교가 아니라, 타율적 구원의 종교가 기독교다. 따라서 구원받은 존재는 자신이 건짐을 받았는지 그렇지 않은지 분별할 필요가 있다. 여기서 구원의 확신이라는 말이 등장한다. 그래서 사도 베드로는 교인들에게 이렇게 당부했다.

> 너희 마음에 그리스도를 주로 삼아 거룩하게 하고 너희 속에 있는 소망에 관한 이유를 묻는 자에게는 대답할 것을 항상 준비하되 온유와 두려움으로 하고(벧전 3:15).

내가 구원을 받아서 내 안에 그리스도를 주로 삼아서 산다면, 남들이 내 안에 있는 그리스도가 누구이며, 그로 말미암는 소망이 무엇이냐고 물을 때 답할 준비를 항상 해 놓으라는 것이다. 내 안에 누가 사는지 나 스스로 인지를 하고, 그것을 누구에게든 말할 수 있어야 한다는 것이다. 바울은 이를 더 구체적으로 강조한다.

> 너희는 믿음 안에 있는가 너희 자신을 시험하고 너희 자신을 확증하라. 예수 그리스도께서 너희 안에 계신 줄을 너희가 스스로 알지 못하느냐 그렇지 않으면 너희는 버림받은 자니라(고전 13:5).

내가 믿음 안에 있는가를 스스로에게 시험(test)하고 확증(examine)할 수 있어야 한다. 다시 말해 내 안에 그리스도가 있는지 스스로 알아야 하고, 남들에게도 드러내어 증명해 줄 수 있어야 한다. 내가 누구인지, 내 안에 누가 있는지 내가 알아야 하고 남이 알아야 한다.

이것이 바로 기독교적 자기 정체성(christian self identity)이다. 이것을 구원의 확신이라 하고, 우리는 이 확신을 토대로 신앙생활의 줄기를 뻗어간다. 나는 구원받았는지 구원받지 못했는지 안다. 사람들은 어떻게 교만하게 내가 구원받았는지 못 받았는지 알 수 있느냐고 되묻는다.

천국은 죽어봐야 알지, 어떻게 지금 알 수 있느냐고 말한다. 열길 수심은 알아도 한길 사람 마음은 모른다고, 어떻게 내 마음을 내가 알 수 있느냐고 반박한다.

그러나 분명하고 신비한 사실은, 기독교는 자신이 구원받은 사실을 아는 종교라는 것이다. 모른다면 버림받은 자라고 바울은 일갈한다. 따라서 기독교는 철저한 자기확인의 신앙이다. 문제는 어떻게 내가 나의 구원 상태를 알 수 있는가이다. 예수의 용어에 따르면, 어떻게 내가 거듭난 것을 알 수 있는가 말이다. 확증이 있어야 확신에 이를 수 있지 않겠는가. 예수를 영접하는 기도의 순간인가? 입에서 방언이 터지는 때인가? 기도 중에 환상이 보이는 날인가? 무엇으로 내가 구원받았음을 확신할 수 있는가? 세례를 받는 날이 구원받은 날인가? 어려운 문제다.

구원의 확신이라는 것이 우리를 혼란스럽게 한다는 것을 잘 알고 아주 쉽게 단순화하여 해결해 주겠다고 나선 이단이 구원파다. 그들은 우리에게 묻는다. 당신은 어머니로부터 언제 태어났는가? 아주 쉬운 문제다. 대답하고 나면 그다음 묻는다. 그럼 영적으로 태어난 날은 언제인가? 순간 당황한다.

이 순간을 놓치지 않고 치고 들어온다. "어떻게 육으로 태어난 날은 기억하면서 영으로 태어난 날을 모를 수 있단 말인가! 디엘 무디는 1855년 4월 21일 거듭났다고 고백했고, 찰스 스펄전은 1850년 1월 6일 구원의 길을 보았다고 말했으며, 감리교 창시자 존 웨슬리는 1738년 5월 24일 거듭남을 체험했다고 기록하고 있는데, 어떻게 당신은 그 날짜를 모를 수 있단 말인가?!"

웬만큼 신학 공부를 하지 않은 사람들은 이 물음에 당혹스러울 수밖에 없다. 예수는 요한복음 3장에서 니고데모에게 거듭남의 과정, 구원의 신비를 바람으로 설명하셨다. 성령으로 난 사람은 바람과 같다고 하셨다. 바람이란 어디서 와서 어디로 가는지 알 수 없다. 보이지도 않는다. 그러나 내 머리카락이 흩날리고 나뭇잎이 날아가는 것을 보면 바람임을 확신한다. 바람이 지나간 자리에는 흔적이 남는다. 머릿결이 바뀌어 있고 볼은 붉어지고 나뭇잎은 떨어져 있다.

바람이 어디서 와서 어디로 가는 것을 알 수 없듯이 우리는 거듭나는 과정을 알 길이 없다. 바람이 보이지 않듯이 내가 언제 어디서 거듭났는지 알 방법이 없다. 그러나 분명한 사실은 바람과 같은 성령이 지나간 자리에 내가 변했다는 것은 안다. 머릿결이 흩날리고 볼이 붉어졌듯이, 내가 영적으로 변한 사실은 알 수 있다. 예전에 하지 않던 기도를 하고, 예전에 꿈도 꾸지 못했던 예배를 드리며, 유튜브를 보아야 할 시간에 성경을 보고, 구두쇠 같은 내가 헌금을 다 한다.

심지어 다른 사람에게 예수를 믿으라고 권하고, 가요밖에 모르던 내가 하나님의 이름을 부르며 찬양을 한다. 심지어 내가 예수를 주라고 고백하고 있다. 바울은 말한다. "성령으로 말미암지 않고는 누구든지 예수를 주시라 할 수 없느니라(고전 12:3)." 성령의 바람이 지나가지 않고는 우리 입에서 예수를 주라고 고백할 도리가 없다. 적어도 우리는 예수를 이웃집 아저씨로 고백하지는 않지 않는가.

이 변화는 어떻게 된 것인가? 바람이 불고 지나간 것이다. 성령이 임한 흔적이다. 구원의 확신은 어떻게 아는가? 과정은 모른다. 결과로 안다. 성령이 지나간 자리가 변해 있다. 우리가 알 수 있는 것은 오직 결과일 뿐이다. 내가 지금 예수를 그리스도로 믿고 있는 현상 자체로 아는 것이다. 요한복음 9장에서 날 때부터 시각장애를 가진 사람이 예수를 만나서 고침을 받고 눈을 뜨고 돌아왔을 때 사람들이 묻는다. 어떻게 눈을 떴느냐고. 그는 대답한다. "어떻게 떴는지는 나도 모른다. 예수라는 분이 오셔서 흙에 침을 이겨서 실로암 연못에 가서 씻으라고 한 게 전부다." 눈을 뜨게 한 방법과 원인은 도저히 알 길이 없다. 그러나 그는 구원의 확신을 이렇게 말한다. "내가 분명히 아는 것이 하나 있다. 어제까지는 눈을 감은 시각장애인이었으나 지금은 눈을 떴다는 것이다. 지금 눈을 떠서 당신을 보고 있다는 것은 확실하다. 어제는 소경이었으나 지금은 정상이다. 그것은 확실하지 않느냐."

구원받은 과정은 알 수 없으나, 구원받은 결과는 분명히 안다. 이것이 구원의 확신이다. 구원파가 묻는 질문에 당황할 필요가 없다. 언제 구원받았냐고 물으면 모른다고 말하라. 그러나 구원받았다고 말하라. 어떻게 알 수 있느냐고 따지면, 내가 지금 기도하고, 찬양하고, 말씀을 사모하고, 예배하고, 봉사하고, 전도하고, 하나님이 기뻐하는 일을 원하고, 죄를 지으면 마음이 불편하고, 하나님의 뜻이 이루어지기를 바라는 지금 내 상태가 구원받은 상태라고 말하라.

구원의 확신과 관련하여 네 가지 종류의 사람이 있다. ① 구원을 받았는데 구원을 받았다고 확신하는 사람 ② 구원을 받았는데 구원을 받지 못했다고 생각하는 사람 ③ 구원을 받지 못했는데 구원받았다고 생각하는 사람 ④ 구원을 받지 못했는데 구원을 받지 못했다고 생각하는 사람이다. 이 사람 중에 ①번과 ④번은 차라리 정직한 사람들이다. 문제는 ②번과 ③번이다. 특히 수많은 그리스도인 중에 가장 비참한 사람이 ②번이다. 자신이 구원받은 하나님 자녀의 삶을 살면서도 머릿속

인식의 세계에서는 하나님의 자녀라고 생각하지 않는 것이다. 생활과 생각이 따로 가는 사람이다. 존재와 인식이 분리된 것이다. 기독교의 구원이란 삶과 인식이 일치해야 한다.

쉬운 예로, 10년을 감옥에서 살던 아들을 아버지의 노력으로 석방시켜서 이제는 아버지의 집에 산다고 치자. 그런데 아들은 감옥살이의 고통이 너무 심했는지 항상 아버지 집을 감옥이라고 생각한다. 이 아들은 진정으로 석방되었는가? 감옥에서는 수감자의 인식이 필요하고, 아버지 집에서는 자녀의 인식이 당연하다. 그러나 아버지 집에서 수감자의 인식을 한다. 하나님 자녀의 삶을 살면서 머릿속에는 죄인의 정체성을 갖고 산다. 사도 바울은 이런 사람을 버린 자라 표현한다. 구원이란 자신이 구원받았다는 '실재'와 구원받았다는 '의식'이 같은 것을 말한다. 구원의 의식과 생활이 동일해야 한다. 그리스도인은 이 땅에서 이미 천국의 삶을 확신하는 사람들이다. 쉬운 말로, 내가 죽어서 천국에 갈지 못 갈지는 죽어봐야 안다는 말은 기독교 구원과 상관없는 유교적 사고다.

바울은 구원의 확신이 얼마나 중요한지 잘 아는 사람이었다. 그는 에베소서 6장에서 하나님의 전신갑주, 곧 전투하는 그리스도인의 이미지에서 갑옷의 구조를 신앙의 주요 요소들과 대비하여 설명해 주었다. 진리의 허리띠, 정의의 가슴막, 복음의 신발, 믿음의 방패, 성령의 검 곧 하나님의 말씀으로 비유했다. 여기에서 사람의 목숨을 지키는 최종적인 무기는 머리를 보호하는 투구다. 팔은 잘려도 발은 부러져도 죽지는 않는다. 그러나 머리에 화살을 맞으면 즉사다. 생명의 최종 보루다. 신앙의 생명을 마지막까지 지키는 것이 구원의 확신이다. 구원의 확신이 무너지면 믿음도, 말씀도, 진리도, 복음도, 기도도 소용없다. 영적으로 죽은 존재다. 그만큼 내가 구원받았는가를 확신하는 자기의식이 기독교 신앙에 얼마나 중요한지를 말해 주는 대목이다. 이것은 교만도 아니고 우월의식도 아니며, 자부심은 더더욱 아니다.

MESSAGE 9 - 구원 이후
"나는 흔들릴지언정 버림받지 않는다"

한국을 리셋하라

구원의 확신을 가진 그리스도인은 이후 어떻게 살아가는가? 전쟁 같은 삶을 살게 된다. 구원이란 자리의 이동이다. 죄의 자리에서 은혜의 자리로의 옮김이다. 구원이란 신분의 변화다. 죄의 종에서 하나님의 자녀로의 상승이다. 구원이란 수준의 변화다. 거듭남과 함께 시작되는 성화(sanctilfication)와 영화(glorification)의 길로 가는 출발이다. 구원의 확신은 구원의 시작일 뿐이다. 끊임없이 우리 안에 남아있는 죄의 잔재들, 하나님과의 어색한 관계, 세속적 욕망의 잔뿌리들을 뽑아내는 싸움의 시작이다. 평생 계속될 과정이다. 그러므로 구원이란 우리에게 일생에 한 번 있는 하나님의 일방적인 회복의 사건이자, 이후 평생 계속되는 선한 싸움의 여정이다.

구원이란 예수의 생명이라는 씨앗이 내 안에 들어온 사건이다. 그리고 자라기 시작한다. 예수의 유전인자(DNA)가 들어와 나를 자라게 한다. 송아지 안에는 소의 유전자가 들어와 있으므로 송아지는 소처럼 살아갈 수 있다. 강아지는 개처럼 살아간다. 마찬가지로 하나님의 자녀에게는 하나님의 유전자, 예수 그리스도의 성령이 들어와 있어서 하나님처럼 살아갈 수 있다. 그러나 송아지나 강아지는 항상 넘어지고 쓰러진다. 이 세상의 모든 하나님의 자녀는 쓰러지고 넘어진다.

문제는 넘어질 때 어떻게 생각하느냐다. 빨리 일어나는 사람이 있고 늦게 일어나는 사람이 있다. 어떤 사람은 아예 일어나지 못하는 사람도 있다. 넘어졌을 때 해야 할 말이 있고 하지 말아야 할 말이 있다. "내가 왜 이러는가, 내가 그리스도 안에 있는 자인데 이럴 수 있나, 난 왜 이토록 어리석고 미련한가?"라는 말은 모든 그리스도인이 할 수 있는 말이다.

믿음으로 구원받고 하나님의 자녀가 된 모든 사람은 세상을 살아가면서 번뇌하고 고뇌한다. 번뇌는 자연스러운 것이다. 고뇌하다 쓰러지고 넘어진다. 누구나 그러하다. 자책할 수 있고 부끄러워할 수 있으며 괴롭기가 한이 없다. 그렇다고 해서 "나는 하나님의 자녀가 아닌가 보다, 나는 구원받지 못했나 보다, 난 어차피 안 되나 보다"라는 말은 해서는 안 된다. 자책할 수는 있어도 자포자기는 안 된다.

하나님의 구원은 우리에 대한 하나님의 사랑에서 비롯하였다. 따라서 우리는 그 사랑으로 우리 자신을 사랑할 수 있다. 하나님이 나를 용서했듯이, 나도 나를 용납할 수 있어야 한다. 하나님이 나를 위로하셨듯이, 나도 나를 위로할 수 있어야 한다. 이것이 하나님의 자비(God's compassion)에서 비롯한 자기 자비(self compassion)다. 내가 나를 향하여 연민의 정을 가지고 불쌍하게 여기고 사랑하는 것이다. 자기 자비를 생활에서 가장 잘 적용한 말이 "괜찮아"이다. 구원을 받았다 함은 하나님으로부터 "괜찮다"라는 선언이요, 나를 향하여도 "괜찮다"라고 말해 주는 것이다.

바울이 깨달은 이신칭의, 믿음으로 말미암아 의롭다 인정받는다는 말을 오늘날 우리말로 하면 "괜찮다고 보아주는 것"이다. 그래서 바울은 그리스도와 우리가 결코 끊어질 수 없는 사랑의 관계 속에 묶여 있음을 다음과 같은 강렬한 어조로 외치고 있다.

> 누가 우리를 그리스도의 사랑에서 끊으리요 환난이나 곤고나 박해나 기근이나 적신이나 위험이나 칼이랴… 내가 확신하노니 사망이나 생명이나 천사들이나 권세자들이나 현재 일이나 장래 일이나 능력이나 높음이나 깊음이나 다른 어떤 피조물이라도 우리를 우리 주 그리스도 예수 안에 있는 하나님의 사랑에서 끊을 수 없으리라(롬 8:35-39).

한번 신자는 영원한 신자요, 한번 구원은 영원한 구원이며, 비록 임종 때 딴소리하고 헛소리를 한다 하더라도 구원은 하나님의 소관이다. 구원은 우리에게 달린 것이 아니라 하나님의 섭리 속에 있다. 하나님의 섭리는 일관적이고 끈질기며 결국에는 승리한다. 그리스도인에게 있어서 반복할 수 없는 두 가지 예식이 있다. 그것은 세례와 임직이다.

세례는 하나님의 구원과 거듭남의 응답이며, 임직은 하나님의 사명에 대한 응답이다. 임직은 오늘날 교회에서 두세 번 바꾸는 사람들도 있어 많이 퇴색되었다. 그러나 세례는 여전히 일생에 한 번이다. 두 번은 없다. 왜냐하면 하나님의 구원은 내 일생에 오직 한 번에 이루어진 일회적 사건이기 때문이다. 그리스도인은 끊임없이 흔들릴지언정 결코 버림받지 않는다.